Exemplarisch
VEGETARISCH

In Dankbarkeit meinem verehrten Lehrer
S. Darshan Singh Ji und seiner lieben Frau
Harbhajan Kaur gewidmet

Originalausgabe!
3., völlig überarbeitete Auflage Sept. 2011
Idee und Rezepte: Brigitta Klingel, Mannheim
Lektorat: Juliane Weller-Bartels, Stuttgart
Layout und Satz: Antje Betken, Oldenbüttel
Umschlag: Frank-Karsten Eckardt, Weichs

Fotos: Fotolia, siehe Bildnachweis S. 353
sowie Frank-Karsten Eckardt (S. 346 ff. und 351)
© 2011 und 1995 SK-Publikationen Verlags-GmbH
Schleißheimer Str. 22a, D-80333 München,
Tel. (0 89) 84 79 74, Fax (089) 84 00 62 62
E-Mail info@skp-verlag.de
Druck: Finidr, s.r.o.

Printed in EU

ISBN 978-3-86826-115-8

Exemplarisch
VEGETARISCH

Brigitta Klingel

480 beispielhafte Rezepte
aus der vegetarischen Vollwertküche

Alle Rezepte ohne Ei!

SK-Publikationen Verlags-GmbH · München

Inhalt

Vorwort

Liebe Freunde
der vegetarischen Vollwertkost!

Mitte der siebziger Jahre fasste ich den Entschluss, mich vollwertig und vegetarisch zu ernähren. Da ich jedoch auf die gewohnte Hausmannskost nicht verzichten und auch meinen Kindern die 'neue' Kost schmackhaft machen wollte, experimentierte ich so lange, bis ich unsere Lieblingsgerichte auf vegetarische Art zubereiten konnte. Dabei entstanden oft neue Gerichte und ich entdeckte, dass diese kreative Art zu kochen richtig Spaß machen kann. Sich über das Essen freuen zu können, weil es fantastisch schmeckt, gesund ist und kein fühlendes Geschöpf dafür leiden muss, war eine neue, sehr erfreuliche Erfahrung für meine Familie und mich.

Meine Kinder stellten außerdem fest, dass sie sich wesentlich besser und länger konzentrieren konnten. Die Widerstandskraft gegen Infekte erhöhte sich deutlich und zu ihrer größten Überraschung entdeckten sie, dass sich Gefühle wie Angst und Wut sehr verringerten.

Während eines fünfwöchigen Aufenthaltes bei Dr. med. Max Otto Bruker konnte ich mein Wissen über die vegetarische Vollwerternährung vertiefen. Ich begann Kochkurse und Seminare für Kinder und Erwachsene zu geben und konnte an zahlreichen Beispielen sehen, wie gut ernährungsbedingte Krankheiten beeinflusst werden können.

Die größte Hilfe und Unterstützung bekam ich jedoch von meinem spirituellen Lehrer Sant Darshan Singh Ji. Unermüdlich setzte er sich für den Weltfrieden ein. Er leitete die Wissenschaft der Spiritualität, ein weltweites Werk, das ihm sein Vater Sant Kirpal Singh Ji hinterließ und war, ebenso wie er, Präsident der Weltgemeinschaft der Religionen. Ihm habe ich das Verständnis über die geistigen Zusammenhänge der vegetarischen Ernährungsweise zu verdanken.

1980 empfahl er mir zu schreiben und weiterhin vegetarische Kochkurse zu geben. Es lag ihm sehr am Herzen, dass Menschen, die sich auf die vegetarische Ernährung umstellen wollen, die nötige Hilfe und Unterstützung bekommen. Es ist der Verdienst von Sant Darshan Singh Ji und seines Nachfolgers Sant Rajinder Singh Ji, dass dieses Buch entstand. Ohne ihre tatkräftige Hilfe wäre ich nicht in der Lage gewesen, diese Arbeit zu tun. So möchte ich mich an dieser Stelle von ganzem Herzen bei meinen wunderbaren Lehrern bedanken. Mein Dank gilt auch allen Freunden, die in vorbildlicher und selbstloser Art an dem Buch mitgewirkt haben oder in der einen oder anderen Weise halfen, dass dieses Buch erscheinen konnte. Besonders danke ich auch allen meinen KursteilnehmerInnen für die Ermutigungen und vor allem meinem Mann Günther und unseren Kindern Markus, Christian und Regina für ihre liebevolle Unterstützung und Motivation.

Die vegetarische Lebensweise fördert neben dem körperlichen Wohlbefinden vor allem auch den Frieden in der Welt. Es ist mir ein großes Anliegen, zum Erscheinen der neuen Auflage besonders diesen Aspekt hervorzuheben.

Die Rezeptesammlung aus meinem 'Hobbyraum Küche' ist als Basiswerk sicher nützlich zum Nachkochen, aber auch als Anregung zum Weiterentwickeln und Experimentieren gedacht. Ich wünsche Ihnen viel Freude und Erfolg dabei, beste Gesundheit an Leib und Seele und einen guten Appetit!

Herzlichst
Brigitta Klingel

Mannheim, im September 2011

Wissenswertes

Bevor es losgeht

- Wenn nicht anders vermerkt, gelten die in den Rezepten genannten Mengen für 4 Personen.
- Getreide vor dem Kochen sorgfältig waschen.
- Ungeschältes Getreide wird immer in ungesalzenem Wasser aufgesetzt und erst nach 10 Minuten Kochzeit gesalzen, wenn das Korn geöffnet ist.
- Blanchieren = Gemüse in wenig kochendem (Salz-)Wasser kurz kochen lassen.
- Darren = Getreide im Backofen bei ca. 80 °C 10 Minuten lang rösten.

 Dieses Symbol zeichnet vegane Rezepte oder Rezeptvarianten aus.

 Glutenfreie Rezepte oder Rezeptvarianten sind mit diesem Symbol gekennzeichnet.

Was ist gemeint mit?

Salz	=	Meersalz
Öl	=	kalt gepresstes Pflanzenöl
Reismehl	=	fein gemahlener Vollreis oder Basmatireis
Weizenmehl	=	Weizen auf feinster Stufe gemahlen
Weizenmehl T 1050	=	Weizenmehl mit relativ hohem Anteil an Rand- und Keimschichten und damit hohem Mineralstoffgehalt
Weizenmehl T 405	=	Weizenmehl mit niedrigem Mineralstoffgehalt

Wie viel ist?

1 TL	=	1 Teelöffel
1 EL	=	1 Esslöffel
1 Msp.	=	1 Messerspitze
g	=	Gramm
l	=	Liter
1 Tasse	=	200 ml

P.	=	Päckchen (handelsübliche Packung)
geh.	=	gehäufte(r) z. B. TL
gestr.	=	gestrichene(r) z. B. TL

Womit kann ersetzt werden?

Für cholesterinreduzierte Kost:

Butter	durch ungehärtete Pflanzenmargarine
süße Sahne	durch Sojasahne
Vollmilch	durch Magermilch
saure Sahne	durch Sojajoghurt
fetthaltiger Joghurt	durch fettarmen Joghurt
fetthaltiger Quark	durch Magerquark oder Tofu
fetthaltiger Käse	durch fettarmen Käse

Bevorzugte Öle: Distelöl, Baumwollsamenöl, Olivenöl, Sesamöl, Walnussöl, Sojaöl, Erdnussöl, Leinöl

Für die vegane Ernährung:

Milch	durch Sojamilch, Reismilch, Hafermilch
Sahne	durch Sojasahne (Soja Cuisine), Hafersahne, Reissahne
Schlagsahne	durch Sojaschlagcreme oder Reisschlagcreme
Joghurt	durch Soja- oder Reisjoghurt
Butter	durch Pflanzenmargarine
Quark	durch Seidentofu oder Tofu mit etwas Sojamilch gemixt
Käse	durch veganen Käse (Bioladen) oder Tofu
geriebener Käse	durch veganen Käse, Hefeflocken oder gemahlene Nüsse
Honig	durch Agavendicksaft

Für Glutenallergiker:

Glutenhaltige Mehle je nach Rezept durch ein Gemisch aus Reis-, Mais-, Buchweizen-, Hirse-(Braunhirse-), Soja-Mehlen und Reis-, Mais- oder Kartoffelstärke ersetzen.

Beim Backen:

Mehl durch glutenfreie Mehle ergänzt durch gemahlene Nüsse ersetzen.
Mehlsorten zum Andicken oder Binden durch Mais- oder Kartoffelstärke ersetzen.

Selbst gemacht: Aber wie?

Apfelessig

Bioäpfel waschen, in Stücke schneiden oder, wenn Äpfel für ein Gericht geschält und entkernt werden sollen, diese Reste in ein Glas oder in einen Steinguttopf geben, mit Wasser begießen und so abdecken, dass noch Luft nachströmen kann. Nach 7 – 10 Tagen bildet sich an der Oberfläche eine dünne, runzelige, weiße Haut: die Essigmutter. Etwas davon in eine Flasche Apfelwein geben, der in wenigen Tagen zu Essig wird. Die Apfelreste abseihen, das Wasser hat sich ebenfalls in Essig verwandelt.

Buttermilchmolke

Buttermilch (Reformhaus, Bioladen) zum Kochen bringen, das geronnene Eiweiß abseihen. So entsteht rechtsdrehende Molke. Sie wird benötigt zur Herstellung von milchsauer vergorenem Gemüse.

Frischmilchkäse (Paneer)

1 l Milch zum Kochen bringen. (Rohmilch auf 60 °C erhitzen und wieder abkühlen lassen. Am nächsten Tag weiterverarbeiten.) Beim Aufwallen 200 g Joghurt vorsichtig einrühren, bis das Milcheiweiß gerinnt. Sollte die Gerinnung verzögert sein, etwas Zitronensaft zugeben. Ist die Molke leicht grünlich, sofort abseihen und den Käse zum Laib formen. Abkühlen lassen. Dieser Frischmilchkäse eignet sich als Brotbelag mit Salz und Pfeffer, in Würfel geschnitten für Gemüsegerichte und im Ausbackteig frittiert.

Ghee

Butter in einer Pfanne 40 Minuten bei geringer Hitze schmelzen. Durch ein dünnes Baumwolltuch (doppelte Mullbinde) in ein geeignetes Gefäß abseihen.

Gluten/Seitan

1 kg Mehl Type 405 mit ½ l Wasser und 1 EL Salz zu einem festen Teig kneten. In 4 Stücke teilen und eine halbe Stunde ruhen lassen. Die Teigkugeln in kaltem Wasser gut durchkneten, damit die Stärke herausgewaschen wird. Diesen Vorgang 3 bis 4 Mal in frischem, kaltem Wasser wiederholen. Ganz oder in Scheiben oder Würfel geschnitten in kräftiger Gemüsebrühe 20 Minuten kochen. Weiter verwenden wie in den Rezepten beschrieben.

Gomasio

Sesam und ¼ TL Salz bodenbedeckend in eine Pfanne geben. Unter Rühren vorsichtig goldbraun rösten. In Mixer oder Kaffeemühle kurz zerkleinern. Die Sesamkörner sollten nicht zu fein gemahlen werden. In luftdichtem Glas aufbewahren. Eine größere Menge kann man auch im Backofen auf einem Blech bei nicht zu großer Hitze in etwa 20 Min. rösten.

Knoblauchbutter

1 bis 2 Knoblauchzehen durch die Knoblauchpresse drücken, mit etwas Salz und 250 g Butter verrühren, in Alufolie zu einer Rolle formen und kühl stellen.

Kokosmilch I

Eine Kokosnuss öffnen, die Flüssigkeit auffangen. Das Fruchtfleisch fein raspeln, mit zwei Tassen kochendem Wasser übergießen, gut verrühren, mixen, durch ein Sieb drücken, um möglichst die ganze Flüssigkeit herauszupressen.

Kokosmilch II

10 EL Kokosraspel in eine Schüssel geben. Zwei Tassen kochendes Wasser darübergießen und mindestens eine Stunde stehen lassen, mixen, abseihen und fest ausdrücken, um möglichst viel Kokosnussaroma zu erhalten.

Kräuterbutter

Butter mit gemischten, klein gehackten Kräutern und etwas Kräutersalz vermischen. In Alufolie zu einer Rolle formen, kühl stellen und in Scheibchen servieren.

Labersatz zur Käseherstellung

Das 'Heu' einer Artischocke (das Innere der Blüte) in ungesalzenem Wasser aufkochen, über Nacht stehen lassen. Pro Liter Milch benötigt man einen Teelöffel dieser Flüssigkeit, um sie gerinnen zu lassen.

Milchsaures Gemüse

Gemüse wie Karotten, Blumenkohl, Bohnen, Sellerie, roh oder kurz angedünstet (Bohnen 15 Minuten kochen lassen!) schichtweise in Gläser füllen. Kräuter wie Dillsamen, Estragon, Liebstöckel und Zitronenmelisse zugeben, mit leicht gesalzenem, kochendem Wasser übergießen, je Liter Flüssigkeit 2 TL Buttermilchmolke (s. Rez.) zugeben und rasch verschließen. Bei Zimmertemperatur 2 Wochen gären lassen. Bei kühler Lagerung bis zu 2 Jahre lang haltbar.

Mozzarella

Herstellung s. Frischmilchkäse, zusätzlich 200 g süße Sahne und 1 TL Zitronensaft.

Nudeln

300 g Weizen oder Dinkel fein mahlen, eventuell aussieben. Auf ein Nudelbrett geben, in der Mitte eine Vertiefung machen, etwa $\frac{1}{8}$ l Mineralwasser und ½ TL Salz zugeben. Sehr gut kneten, bis ein geschmeidiger Teig entsteht (Küchenmaschine). Den Teig vierteln und 20 Minuten ruhen lassen. Auf einem bemehlten Brett dünn ausrollen, einige Minuten antrocknen lassen. Die Teigplatte zusammenrollen, beliebig breit schneiden, gut trocknen lassen (je nach Raumtemperatur 1 bis 2 Stunden). Falls kürzere Nudeln gewünscht werden, die Teigplatte in entsprechende Streifen teilen, aufeinanderlegen und in beliebiger Breite schneiden. In kochendem Salzwasser ca. 10 Minuten garen. Abspülen und mit süßer Beilage (Apfelmus, Kompott) oder als Beilage zu soßenhaltigen Gerichten oder mit Tomatensoße, Spinat, Champignons etc. servieren. Die gut getrockneten Nudeln lassen sich in einem dicht schließenden Gefäß einige Wochen aufbewahren.

Sauerkraut

Weißkraut hobeln, für kleinere Portionen lageweise in Schraubgläser füllen, dazwischen leicht salzen und etwas Kümmel zugeben. Jede Lage fest pressen, etwas kochendes Wasser darüber geben, ein Lorbeerblatt darauf legen, den Schraubdeckel zudrehen und gären lassen (2 Wochen bei Zimmertemperatur), danach kühl lagern.

Sauerrahmbutter

Rohmilch 24 Stunden stehen lassen. Den Rahm (Sahne) vorsichtig abnehmen, auf ca. 40 °C erwärmen, einige Tage stehen lassen, bis er gerinnt, gut kühlen. Mit einem Rührgerät den Sauerrahm so lange schlagen, bis er klumpt und sich die Molke (Buttermilch) absetzt. Abseihen, den Butterkloß so lange in eiskaltem Wasser auswaschen, bis nur noch klares Wasser bleibt. Nun das Wasser 'herausschlagen', indem man die Butter kräftig von einer Hand in die andere klatscht. Zu einem länglichen Laib formen.

Schabziger Mozzarella

Mozzarella (s. Rez. oben) noch warm in Schabzigerklee (erhältlich in Reformhaus, Bioladen, beim Fachhändler) wälzen. Nach dem Abkühlen in Öl einlegen. Ein bis zwei Tage ziehen lassen.

Senfbutter

Butter mit Senf und etwas Salz mixen. In eine Spritztülle füllen und auf Alufolie kleine Portionen spritzen. Kühl stellen und die erhärtete Butter servieren.

Sojadickmilch

Lauwarme Sojamilch (s. Rez.) mit 'Biogarde' (Reformhaus) impfen und an einem warmen Ort stocken lassen.

Sojamayonnaise

Gut gekühlte, ungezuckerte Sojamilch mit etwas Kartoffelpüree-Flocken und Zitronen-saft verrühren. Salz und Pfeffer zufügen. Während die Sojamilch mit einem Mixstab ver-quirlt wird, langsam dieselbe Menge Öl zufügen.

Sojamilch

100 g gelbe Sojabohnen verlesen und waschen. Ca. 12 Stunden einweichen, abseihen und mixen. ¾ l Wasser zum Kochen bringen. Den Brei in das kochende Wasser geben und verrühren. 5 Minuten kochen lassen, mit einem feinmaschigen Sieb abseihen.

Süßrahmbutter

Dieselbe Zubereitung wie bei Sauerrahmbutter, jedoch mit ungesäuerter Sahne.

Kapitel 1

Hauptgerichte

Essen heißt nicht nur den Magen zu füllen und den Körper mit den notwendigen Nährstoffen zu versorgen. Eine liebevoll zubereitete Mahlzeit, in guter Atmosphäre eingenommen, baut Körper und Geist gleichermaßen auf. Wir fühlen uns nicht nur gestärkt, sondern auch heiter und ausgeglichen. Insbesondere die vegetarische Ernährung hat diesen Effekt, da sie einerseits gesund ist, andererseits sich im Einklang mit Natur und Umwelt befindet. So können wir die leckersten Gerichte wirklich frohen Herzens genießen.

Die folgenden Rezepte mögen Ihnen Anregung zum eigenen kreativen Kochen sein oder als Anleitung sowohl für die tägliche Küche wie auch für Festtagsmenüs dienen.

Rezeptübersicht

Kapitel 1

Gerichte
aus Seitan und Tofu

Vegetarische Schnitzel und Seitangerichte

Was machen Vegetarier, die herzhafte Gerichte lieben und auf schnitzel- und bratenähnliche Gerichte nicht verzichten möchten? Was können wir unserem Besuch, der es deftig mag, Unvergessliches kredenzen? Einige Geheimtipps finden Sie hier.

Wissenswertes

zum Thema Seitan und Gluten

Seitan besteht aus Weizeneiweiß (Gluten), Sojasoße, Sojamehl, Algen und verschiedenen Gewürzen. Seitan wird traditionell in Japan hergestellt und ist fester Bestandteil der Makrobiotik. Je weniger Wasseranteil er enthält, desto zäher und faseriger wird er. Im Seitan sind zwar alle essentiellen Aminosäuren enthalten, doch einige nur in geringer Menge. Ernährungsphysiologisch vollständig wird der Seitan zusammen mit Erdnüssen und Hefeflocken. Seitan in Hefeflocken paniert, ein Seitangericht nach indonesischer Art mit Erdnusssoße oder Vegabraten sind nur drei der vielen Möglichkeiten, eine hohe Bioverfügbarkeit des Eiweißes zu erzielen. Daneben versorgt Seitan den Körper mit vielen Mineralstoffen, wobei sein Reichtum an Kalzium besonders hervorzuheben ist. Idealerweise hat er so gut wie kein Fett.

In Bioläden und Reformhäusern wird er in Gläsern, inzwischen aber auch folienverpackt angeboten. Daneben gibt es unzählige Produkte wie vegetarische Würstchen, Schnitzel, Geschnetzeltes, Braten und Brotbelag, die sowohl Tofu, Lupinen- oder Erbsmehl als auch Gluten enthalten.

Seitan (Gluten) ist sehr einfach selbst herzustellen (s. Grundrezept S. 20). Möchte man sich jedoch die Arbeit ersparen, so erleichtern dies zwei Fertigprodukte: 'Gluten pur' von Grünland und 'Vegavita' von granoVita, beides in Reformhäusern erhältlich.

Bei 'Gluten pur' handelt es sich um ein ungewürztes Weizenglutenpulver. Es hat den höchsten Eiweißanteil, nämlich ca. 80 g pro 100 g. Es ist wie der selbstgemachte Seitan völlig geschmacksneutral und kann dadurch auch glutenarmen Mehlen zum Backen zugefügt werden. Gut gewürzt dient es als Grundlage für die Herstellung vieler pikanter Gerichte. Das Pulver wird je nach gewünschter Konsistenz mindestens 1:1 mit Wasser verknetet und, wie in den Rezepten angegeben, weiterverarbeitet.

'Vegavita'-Fertig-Mix aus Weizeneiweiß ist vorgewürzt und eignet sich hervorragend für pikante Gerichte wie vegetarische Schnitzel & Co. Je nach gewünschter Konsistenz mindestens 1:1 mit Wasser verkneten und, wie in den Rezepten angegeben, weiterverarbeiten.

Für beide Produkte gilt Folgendes, wenn der Seitan nicht so bissfest ausfallen soll: Entweder einfach etwas mehr Wasser als angegeben verwenden oder einige EL pürierten Tofu zufügen.

Grundrezept:

Seitan (Gluten)

Zutaten

1 kg Mehl Type 405
oder 1050
½ l Wasser

Arbeitsschritte

- In einer Küchenmaschine zunächst die Hälfte des Mehls mit dem Wasser verrühren.
- Nach und nach das restliche Mehl zufügen und zu einem festen Teig verkneten.
- Den Teig in drei gleich große Stücke teilen.
- Kugeln formen und unbedeckt mindestens eine Stunde ruhen lassen. (Besser über Nacht im Kühlschrank austrocknen lassen.)
- In reichlich kaltem Wasser 'auswaschen', d. h. den Teig im Wasser kneten und dabei die Stärke herauswaschen.
- Wenn das Wasser keine Stärke mehr aufnehmen kann, durch ein Sieb laufen lassen, um den Teig zusammenzuhalten.
- Frisches Wasser nehmen, den Teig weiter waschen und so oft das Wasser wechseln, bis ein zäher, faseriger Rest, das Gluten, übrig bleibt.
- An dem Punkt bestimmen Sie, wie bissfest der Seitan sein soll. Je länger er ausgewaschen wird, desto faseriger ist das Produkt.
- Der Seitan wird je nach Verwendungszweck in kräftig gewürzter Gemüsebrühe im Ganzen, in Scheiben oder Stücken gekocht. Danach in Öl gebraten oder mariniert. Gut gekühlt hält sich Seitan etwa eine Woche. Für eine längere Vorratshaltung wird der Seitan gut abgetupft in ein möglichst passendes Gefäß gegeben. Nach Geschmack Sojasoße oder Tamari, Knoblauch und Kräuter zufügen und völlig mit Öl bedecken. So kann er viele Wochen aufbewahrt werden. Die Marinade ist eine wunderbare Basis für Soßen. Der marinierte Seitan kann pur auf Brot gegessen oder zu vielen Gerichten weiterverarbeitet werden.

Wenn Sie Schnitzel lieben, ist hier die vegetarische Lösung. So können wir dem treuen Blick eines Kälbchens standhalten und getrost das schelmische Zwinkern eines Schweinchens erwidern.

Vegetarische Schnitzel natur

Zutaten

1 P. Vegavita oder selbst gemachter Seitan, Grundrezept (s. links)

Arbeitsschritte

- Vegavita nach Vorschrift anrühren oder selbstgemachten Seitan vorbereiten und einen Kloß formen.
- In Scheiben schneiden, nach Anleitung kochen und trocken tupfen.
- Die Schnitzel weiterverwenden wie in den folgenden Rezepten angegeben.

Marinierte Vegaschnitzel

Zutaten

1 P. Vegavita oder selbst gemachter Seitan
Öl
Tamari
Knoblauchpulver nach Geschmack

Arbeitsschritte

- Vegaschnitzel oder Seitan nach Vorschrift zubereiten und mit Haushaltspapier sorgfältig trockentupfen.
- Marinade aus Öl, Tamari und eventuell Knoblauch herstellen.
- Schnitzel in die Marinade legen, mit so viel Öl begießen, dass sie völlig bedeckt sind. Im Kühlschrank ca. 1 Woche haltbar.
- Sie sollten jedoch mindestens einen Tag in der Marinade liegen, ehe sie zu folgenden Gerichten verwendet werden:
  - natur als Brotbelag
  - zum Fondue
  - Geschnetzeltes (s. Rez. S. 23)
  - Mais-Salat (s. Rez. S. 162)
  - Paprika- oder Rahmschnitzel (s. Rez. S. 22)
  - Naturschnitzel, knusprig gebraten
  - mit Mayonnaise, Käse und Essiggurken

Tipp: Die Marinade lässt sich hervorragend zu leckeren Soßen und Suppen verwenden.

Vegetarische Schnitzel paniert

Zutaten

1 P. Vegavita oder
selbst gemachter Seitan

Panade:
3 EL Mehl
4 EL saure Sahne/Sojasahne
1 EL Lezithin flüssig*
1 EL Hefeflocken
Salz
Pfeffer
Curry
Paniermehl
Butterschmalz oder Öl
Zitronenscheiben zum
Garnieren

* s. Info S. 351

Arbeitsschritte

- Selbstgemachten Seitan oder Vegavita nach Vorschrift zubereiten, in Scheiben schneiden, nach Vorschrift kochen und trocken tupfen.
- Mehl in einen flachen Teller geben, zur Seite stellen.
- In einem tiefen Teller saure Sahne mit dem Lezithin verrühren.
- Hefeflocken und Gewürze zufügen und das Ganze zu einer dicklichen Creme verrühren.
- Die Schnitzel zunächst auf beiden Seiten im Mehl wälzen, in die Panade tauchen und im Paniermehl wenden.
- In Butterschmalz einige Minuten auf beiden Seiten knusprig braten.
- Mit Zitronenscheiben servieren.

Tipp: Ernährungsphysiologisch wertvoller und geschmacklich höchst interessant ist eine Panade aus Hefeflocken oder gemahlenen Mandeln anstelle der Semmelbrösel.

Vegetarische Paprika-Rahm-Schnitzel

Zutaten

1 P. Vegavita oder Seitan
Mehl
400 g Champignons
Salz
Pfeffer
Öl zum Braten
2 EL Rosenpaprika
100 g Sahne oder Soja
Cuisine
¼ l Gemüsebrühe oder
Gluten-Kochsud

Arbeitsschritte

- Schnitzel nach Anleitung vorbereiten, salzen, pfeffern und in Mehl wenden.
- Die Champignons säubern und blättrig schneiden, kurz in etwas Öl anbraten, salzen und pfeffern. Warm stellen.
- Die Schnitzel auf beiden Seiten anbraten und reichlich mit Paprikapulver bestäuben.
- Gluten-Kochsud oder Gemüsebrühe zugießen und kurz aufkochen lassen, damit die Soße sämig wird.
- Sahne oder Soja Cuisine zufügen und gut verrühren.
- Die gebratenen Champignons darübergeben und mit Pommes frites, Reis oder Kartoffeln servieren.

Vega-Cordon-bleu

Zutaten

4 dicke Vega- oder
Seitanschnitzel (s. Rez. S. 21)
4 Scheiben Räucherkäse
4 Scheiben Räuchertofu
Salz, Pfeffer
Mehl
saure Sahne
Hefeflocken
Öl zum Braten

*Für die Gourmets,
die dem Leben
mindestens zwei gute
Seiten abgewinnen
wollen!*

Arbeitsschritte

- 4 etwa 3 cm dicke Vegaschnitzel nach Rezept zubereiten und abkühlen lassen.
- Mit einem scharfen Messer jeweils eine Tasche einschneiden.
- Die Tasche mit Räucherkäse und Räuchertofu füllen.
- Salzen und pfeffern.
- Mit Mehl bestäuben.
- Saure Sahne und die Hefeflocken in jeweils einen flachen Teller geben. Die Schnitzel zuerst in der Sahne, dann in den Hefeflocken wenden.
- Öl in einer Pfanne erhitzen und Schnitzel auf jeder Seite goldgelb braten.

Dieses Gericht hat etwas Königliches an sich. Dennoch ist es kinderleicht zu kochen!

Geschnetzeltes à la Regina

Zutaten

2 Seitan- oder
Vegaschnitzel (s. Rez. S. 21)
500 g Champignons
3 Zwiebeln
2 EL Butter oder Öl
¼ TL Muskatnuss
¼ TL Grillgewürz oder
Pfeffer
¼ TL Paprikapulver mild
Flüssigwürze nach
Geschmack
1½ EL Mehl oder Reismehl
1 Tasse Wasser
2 EL Crème fraîche

Arbeitsschritte

- Die Schnitzel nach Anleitung zubereiten.
- Champignons putzen und in dünne Scheiben schneiden.
- Zwiebeln in Ringe schneiden.
- Butter oder Öl erhitzen.
- Die Schnitzel in feine Streifen schneiden und mit den Zwiebeln in der Pfanne knusprig anbraten.
- Champignons zugeben und einige Minuten mitschmoren lassen.
- Gewürze darüberstreuen und verrühren.
- Mehl mit Wasser verrühren, zugeben und aufkochen lassen.
- Crème fraîche einrühren.
- Passt hervorragend zu Reis oder Getreide, aber auch zu Kartoffeln oder Kartoffelpüree.

Tipp: Versuchen Sie dieses Gericht mit den marinierten Schnitzeln von S. 21, dann jedoch nicht oder nur sehr vorsichtig würzen.

Gefüllte Seitan-Rollen

Zutaten

4 Vegavita- oder
Seitanschnitzel (s. Rez. S. 21)
½ Brötchen (altbacken)
100 g Austernpilze
1 Zwiebel
2 EL Butter
¼ TL Thymian
¼ TL Pfeffer
¼ TL Salz
1 EL Petersilie, gehackt

Soße:
2 EL Öl
⅛ l Apfelsaft
⅛ l saure Sahne
1 EL Speisestärke
Tamari oder Flüssigwürze

Arbeitsschritte

- Schnitzel nach Anleitung vorbereiten.
- Brötchen in heißem Wasser einweichen und ausdrücken.
- Austernpilze und Zwiebel klein schneiden.
- Butter in einer Pfanne erhitzen.
- Der Reihe nach Zwiebeln, Austernpilze, Thymian, Salz und Pfeffer zugeben und 10 Minuten unter Rühren anbraten und in eine Schüssel umfüllen.
- Das eingeweichte, ausgedrückte Brötchen und die Petersilie dazugeben.
- Alles zu einer Masse verkneten und auf die Schnitzel verteilen.
- Die Schnitzel zu Rollen formen, mit Zahnstochern feststecken oder mit Bindfaden umwickeln.
- Öl erhitzen, die Rollen von allen Seiten anbraten, mit Apfelsaft löschen und 5 – 10 Minuten ziehen lassen.
- Speisestärke mit der Sahne verrühren und die Soße damit binden.
- Mit Flüssigwürze oder Tamari abschmecken.
- Zu Kartoffel-, Reis- oder Nudelgerichten servieren.

Variante:

- Statt Austernpilzen klein gehackten Räuchertofu verwenden, vor dem Belegen mit Senf bestreichen.

Gefüllte Zucchini mit Vegaschnitzeln

Zutaten

4 kleine Zucchini
4 kleine Seitan- oder
Vegaschnitzel (s. Rez. S. 21)

Füllung:
500 g Spinat oder
Spinat mit Wildkräutern
(s. Rez. S. 53)
Salz
Pfeffer
4 EL Hefeflocken oder
Semmelbrösel
2 EL Öl
Salz
Pfeffer
Muskat
6 – 8 EL geriebenen Gouda

Arbeitsschritte

- Zucchini halbieren, aushöhlen, salzen und pfeffern und zur Seite stellen.
- Für die Füllung den Spinat waschen und tropfnass in einer Pfanne auf kleiner Hitze kurz garen. (Es wird kein zusätzliches Wasser mehr benötigt.)
- In eine Schüssel geben und etwas zerkleinern.
- Das Fruchtfleisch der Zucchini klein schneiden und zufügen.
- Hefeflocken oder Semmelbrösel und Gewürze zufügen und vermengen.
- Die vorbereiteten Zucchini damit füllen.
- Mit je einem kleinen Vegaschnitzel bedecken und den Käse darüberstreuen.
- In eine Auflaufform 2 EL Öl geben, Zucchini zufügen und bei Mittelhitze ca. 30 Minuten backen.

Variante:

- Einige EL Frischkäse oder passierten Tofu zum Spinat geben, mit frischen Kräutern wie Bärlauch, Liebstöckel, Thymian, Petersilie oder Basilikum verfeinern.

Vegabraten ✓

Zutaten

2 P. Vegavita
250 g Hefeflocken
1 Zwiebel grob gehackt
und überbrüht
3 – 4 EL Olivenöl
ev. 1 EL Lezithin flüssig
200 g Tomatensaft
Schale v. ½ Bio-Zitrone
1 – 2 EL Ajwar (pikante
Paprikapaste)
1 TL weißer Pfeffer
3 EL Tamari
5 EL Öl
3 Knoblauchzehen
7 – 10 Wacholderbeeren

Arbeitsschritte

- Vegavita und Hefeflocken verrühren, zur Seite stellen.
- Zwiebel mit dem Öl und Lezithin in einer Küchen-maschine pürieren.
- In einen Messbecher geben und mit Tomatensaft, Tamari, Gewürzen und Wasser auf insgesamt 600 ml auffüllen.
- In die Küchenmaschine geben.
- Vegavita-Hefeflocken-Gemisch auf einmal zufügen, die Maschine einige Male auf Momentschaltung stellen und sehr schnell zu einem Kloß formen.
- Öl, zerstoßene Wacholderbeeren und feingehackten Knoblauch in die Form (Römertopf) geben.
- Den Vegakloß im Öl wenden, damit er von allen Seiten mit Öl benetzt ist.
- Bei 180 °C ca. 2 Stunden braten.

Tipp: Wird der Braten in einer Auflauf- oder Kastenform gegart, einige Male während der Garzeit mit etwas Öl beträufeln und mit Alufolie abdecken.

Seitan indonesisch mit Erdnusssoße

Zutaten

Erdnusssoße (s. Rez. S. 201)

1 P. Vegavita oder
selbst gemachter Seitan
(s. Rez. S. 20)
Gemüsebrühe zum Kochen
je 2 rote und gelbe
Paprikaschoten
1 Chilischote
1 große, weiße
Gemüsezwiebel
1 – 2 Knoblauchzehen nach
Geschmack
100 g gekeimte
Mungbohnen oder
1 Glas abgetropfte
Sojakeime
Tamari und Flüssigwürze
nach Bedarf
½ Ananas
einige EL Sesam- oder
Olivenöl zum Braten
1 EL Obstessig
1 EL Agavendicksaft

Arbeitsschritte

- Erdnusssoße nach Anleitung zubereiten und warm stellen.
- Vegavita oder Seitan nach Anleitung zubereiten. In kleine Würfel schneiden und 20 Minuten in der Brühe kochen.
- Abseihen und den Kochsud zur Seite stellen.
- Inzwischen die Paprikaschoten in kleine Würfel von ca. 2 x 2 cm vorbereiten.
- Chilischote putzen und in kleine Streifen schneiden.
- Zwiebeln halbieren, in feine Streifen schneiden.
- Ananas in kleine Stücke schneiden.
- In einer großen Pfanne Öl heiß werden lassen, die Zwiebeln und Paprikawürfel darin anbraten.
- Sojakeime und Chilischoten zufügen, gelegentlich umrühren und alles zusammen 5 Minuten schmoren lassen.
- Die Vega-Würfel zufügen und nochmals 5 Minuten kochen lassen.
- Zum Schluss Tamari nach Geschmack einrühren.
- Währenddessen in einer zweiten Pfanne die Ananasstückchen in etwas Öl braten und mit Obstessig und Agavendicksaft verfeinern.
- Alle Zutaten in der großen Pfanne vermischen, bei Bedarf etwas vom Kochsud zugeben.
- Als Beilage passt Reis.

Tipp: Reste kann man gut mit blättrig geschnittenen Champignons zu einer zweiten Mahlzeit verlängern.

- Seitan kann für eine glutenfreie Mahlzeit durch Tofu ersetzt werden. Um den Tofu bissfest zu machen, mindestens 12 Stunden einfrieren, auftauen, das Auftauwasser weggießen, in Würfel schneiden und wie im Rezept angegeben weiterverarbeiten.

Vegastückchen nach Sauerbratenart

Zutaten

1 P. Vegavita oder Seitan
selbst gemacht (s. Rez. S. 20)
Salzwasser zum Kochen

Soße:
2 EL Butterschmalz oder Öl
5 Nelken
2 Zwiebeln
2 Lorbeerblätter
4 Wacholderbeeren
¼ TL Pfeffer, schwarz
¼ l Kochsud
⅛ l Obstessig
1 TL Gemüsebrühe
4 EL Mehl
200 g Crème fraîche

Arbeitsschritte

- Vegavita oder Seitan nach Anleitung anrühren und zu einem Kloß formen.
- In kleine Würfel schneiden, 25 Minuten in Salzwasser kochen und zur Seite stellen.
- Inzwischen Zwiebeln schälen und in Streifen schneiden.
- Butterschmalz erhitzen, die Nelken darin anrösten.
- Die Zwiebelstreifen und Lorbeerblätter zufügen.
- Wacholderbeeren quetschen, zufügen und das Ganze unter ständigem Rühren 5 Minuten braten.
- Mit Mehl bestäuben, nach und nach ¼ l Kochsud, Essig und Gemüsebrühe zufügen.
- Die abgeseihten Vega-Würfel zugeben und 10 Minuten auf kleiner Hitze kochen lassen.
- Mit Crème fraîche verfeinern.

Variante:
- Einige Rosinen mitschmoren.

Tipp: Wenn Sie im fertigen Gericht nicht auf ein Gewürz beißen wollen, dann lieber eine Marinade aus den Gewürzen und ¼ l Wasser 15 Min. kochen, abseihen und damit die Soße aufgießen.

Vegetarische Rouladen

Zutaten

4 möglichst große Scheiben Vegabraten (s. Rez. S. 26)

Füllung:
1 trockenes Brötchen
1 Zwiebel
Öl zum Braten
100 g Räuchertofu
2 EL Hefeflocken
Pfeffer nach Geschmack
2 Msp. Muskat
½ TL Paprika
2 EL Petersilie, gehackt
Öl zum Braten

¼ l Gemüsebrühe
2–3 EL Mehl
Tamari

Arbeitsschritte

- Von der Mitte des Vegabratens, wo er am dicksten ist, 4 Scheiben mit je ½ cm Dicke schneiden und mit Senf bestreichen, zur Seite stellen.
- Für die Füllung das Brötchen in etwas heißem Wasser einweichen und ausdrücken.
- Zwiebel fein schneiden und in Pflanzenöl kurz glasig rösten.
- Räuchertofu pürieren und mit Hefeflocken, Pfeffer, Muskat, Paprika, Zwiebel, Petersilie und dem ausgedrückten Brötchen vermischen.
- Die Füllung gleichmäßig auf die vorbereiteten Scheiben verteilen, aufrollen und mit Bindfaden umwickeln.
- Die Rouladen von allen Seiten in Öl anbraten und auf einer Servierplatte warm stellen.
- In den Bratenfond das Mehl einrühren, mit der Gemüsebrühe auffüllen und unter Rühren kurz aufkochen lassen.
- Mit Tamari abschmecken.
- Dazu passen Rotkohl und Kartoffelklöße.

Variante:
- Anstelle der Füllung je ½ gegarte Möhre und einen Streifen Essiggurke einrollen.

Tipp für die schnelle Variante: Naturschnitzel herstellen und wie oben beschrieben füllen und braten.

Vegagulasch

Zutaten

1 P. Vegavita oder
selbst gemachter Seitan
(s. Rez. S. 20)
Gemüsebrühe zum Kochen
3 – 4 Zwiebeln
2 EL Butterschmalz
1 TL Kümmel
2 EL milder Paprika
1 – 2 EL Reismehl
1 EL Ajwar (pikante
Paprikapaste)
1 EL Sahne/Sojasahne
1 TL Essig
Tamari

Arbeitsschritte

- Vegavita oder Seitan nach Anleitung zubereiten, in kleine Würfel schneiden und 15 Minuten in der Brühe kochen.
- Abseihen und den Kochsud zu Seite stellen.
- Inzwischen Zwiebeln halbieren, in feine Streifen schneiden und in Butterschmalz glasig rösten.
- Die gegarten Vega-Würfel und Kümmel zu den Zwiebeln geben, anbraten und 5 Minuten dünsten lassen.
- Mit Paprika und Mehl bestäuben, mit dem Sud ablöschen.
- Ajwar zugeben und 5 Minuten weitergaren.
- Mit Sahne, Essig und eventuell Tamari abschmecken.
- Dazu schmecken selbstgemachte Spätzle besonders gut.
- Als Beilagen passen auch Reis, Kartoffeln, Nudeln oder Klöße.

Tipp: Reste kann man mit blättrig geschnittenen Champignons zu einer zweiten Mahlzeit verlängern.

- Seitan kann für eine glutenfreie Mahlzeit mit Tofu ausgetauscht werden. Um den Tofu bissfest zu machen, mindestens 12 Stunden einfrieren, auftauen, das Auftauwasser weggießen, in Würfel schneiden und wie im Rezept angegeben weiterverarbeiten.

Bunte Spieße

Zutaten

Für 8 Spieße
Tofu, Räuchertofu,
Seitan und vegetarische
Würstchen
Salz, Pfeffer
2 grüne Paprikaschoten
2 große Gemüsezwiebeln
16 große
Champignonköpfe
Öl zum Braten
1 – 2 TL gekörnte
Gemüsebrühe
etwas Mehl zum Binden
1 TL Curry
Ketchup
8 Holzspieße

Arbeitsschritte

- Sie benötigen zu diesem Rezept etwa 32 Stücke von jeweils etwa 2 x 2 cm Größe.
- Am besten ist eine Mischung aus je 8 Stücken von Tofu, Räuchertofu, Seitan und 8 Stücken einer Seitan-Wurst.
- Die Tofustücke salzen, pfeffern.
- Paprika entkernen, in 16 etwa gleich große Würfel wie die Seitan- und Tofu-Würfel schneiden.
- Zwiebeln achteln, die Champignonköpfe säubern.
- Alle Stücke in bunter Reihe auf die Holzspieße aufstecken.
- In einer großen Pfanne Öl erhitzen und jeweils 4 Spieße auf allen Seiten knusprig braten, warm stellen.
- Den Bratenfond mit etwas Wasser löschen.
- Gekörnte Gemüsebrühe und in kaltem Wasser angerührtes Mehl zugeben, kurz aufkochen lassen.
- Curry und Ketchup zugeben, nochmals durchziehen lassen.
- Dazu Reis servieren.

Tipp: Falls Sie die Spieße grillen möchten, die Holzspieße zuvor einige Stunden in Wasser einweichen, damit sie sich auf dem Grill nicht entzünden.

Frischmilchkäse

Zutaten

1 l Milch
1 Becher Joghurt

Ursprünglich aus Indien, wird der Frischmilchkäse mehr und mehr vom Tofu abgelöst. Er bleibt aber eine besondere Köstlichkeit und ein guter Eiweißlieferant.

Arbeitsschritte

- Falls Rohmilch verwendet wird, die Milch auf ca. 60 °C erhitzen und wieder abkühlen lassen. Am nächsten Tag weiterverarbeiten. Milch zum Kochen bringen.
- Beim Aufwallen Joghurt vorsichtig einrühren, bis das Milcheiweiß gerinnt. Falls die Gerinnung verzögert ist, Zitronensaft zugeben.
- Ist die Molke leicht grünlich, sofort abseihen und den Käse zum Laib formen. Abkühlen lassen.
- Dieser Frischmilchkäse eignet sich:
  - noch warm als Brotbelag mit Salz und Pfeffer
  - in Würfel geschnitten für Gemüsegerichte
  - zum Frittieren im Ausbackteig

Tofu und seine Bedeutung für die vegetarische Ernährung

Wissenswertes

Tofu ist die zeitgemäße Eiweißversorgung nicht nur für Vegetarier. Tofu liefert uns darüber hinaus wichtige Mineralstoffe, wobei der hohe Kalziumgehalt besondere Beachtung verdient. 100 g enthalten 105 mg Kalzium. Daneben versorgt uns Tofu mit Natrium, Eisen und Phosphor, Vitaminen der B-Gruppe (außer Vitamin B 12) und mit Spuren des kostbaren Vitamin E.

Tofu ist leicht verdaulich, was besonders für Kinder und ältere Menschen von großer Bedeutung ist.

Und so bekommen wir unsere essentiellen
Aminosäuren (Eiweißbausteine)
auch ohne tierisches Eiweiß:

Ergänzende Eiweißkombinationen

Hülsenfrüchte	mit	Reis, Weizen, Roggen
Mais	mit	Soja/Sojaprodukten
Weizen	mit	Erdnüssen oder Hefeflocken
Hafer	mit	Erdnüssen

Keinen Ergänzungswert haben folgende Kombinationen

Getreide	mit	Kartoffeln
Getreide	mit	Soja/Sojaprodukten
Brot	mit	Gemüse
Hülsenfrüchte	mit	Kartoffeln

Mit Tofu lassen sich die herkömmlichen Speisen leicht und gesund in vegetarische Köstlichkeiten verwandeln. Für Gerichte, die etwas mehr Biss haben sollen, den Tofu mindestens über Nacht einfrieren, auftauen und das Auftauwasser weggießen. Für welches Rezept Sie sich entscheiden oder welches Sie selbst kreieren, wichtig ist die gekonnte Würzung, die Ihre persönliche Note widerspiegeln soll. Ihrer Fantasie sind keine Grenzen gesetzt!

Weitere Informationen über Tofu s. auch S. 338

Tofu-Geschnetzeltes

Zutaten

600 g Tofu
Salz
Pfeffer
2 EL Öl
100 g Karotten
100 g Zuckererbsen
1/8 l Apfelsaft

Soße:
Zitronensoße (s. Rez. S. 196)

Arbeitsschritte

- Tofu in Scheiben schneiden, salzen und pfeffern.
- Öl erhitzen, den Tofu auf beiden Seiten knusprig anbraten, die Scheiben aus der Pfanne nehmen und in dünne Streifen schneiden.
- Karotten säubern und in sehr dünne, lange Streifen schneiden. Mit den Zuckererbsen zum Tofu geben und einige Minuten knackig garen.
- Mit Apfelsaft ablöschen, warm stellen.
- Zitronensoße nach Rezept herstellen und zum Schluss Tofu und Gemüse zugeben.

Tofu-Geschnetzeltes mit Austernpilzen

Zutaten

500 g Tofu
400 g Austernpilze
Salz
Pfeffer
4 EL Öl
2 EL Mehl
1/8 l Apfelsaft
1/8 l Gemüsebrühe

Arbeitsschritte

- Tofu und Austernpilze in längliche Streifen schneiden.
- In Öl anbraten, salzen und pfeffern.
- Wenn alles knusprig gebraten ist, Mehl darüberstäuben, mit Apfelsaft und Gemüsebrühe ablöschen und aufkochen lassen.
- Mit Polenta, Basmatireis, Kartoffeln oder Pommes frites servieren.

Tofu in Senfsoße

Zutaten

400 g Tofu
1 Tasse Vollreis
2 TL Gemüsebrühe
½ TL Zucker
Salz, Pfeffer
1 Spritzer Essig
Saft u. Schale ½ Bio-Zitrone
1 EL mittelscharfer Senf
½ TL Curry (nach Geschmack)
½ TL Paprika
2 Msp. Dill, gehackt
200 g Soja Cuisine

Arbeitsschritte

- Tofu grob zerdrücken und zur Seite stellen.
- Reis fein mahlen und mit Gemüsebrühe, Salz, Pfeffer und der geriebenen Zitronenschale in ca. 1 l Wasser aufkochen.
- Tofu zugeben und kurz aufkochen lassen.
- Dann sämtliche Gewürze zugeben, 5 Minuten ziehen lassen und abschmecken.
- Soja Cuisine und etwas frisch gehackten Dill zugeben.
- Je nach Geschmack mit Kartoffeln oder Getreide und Salat servieren.

Tofu-Creme mit Pellkartoffeln

Zutaten

1 kg Kartoffeln
Salz
1 TL Kümmel
250 g Tofu
125 g Tomaten
½ rote Paprikaschote
125 g Karotten
200 g Crème fraîche
2 TL eingelegte grüne
Pfefferkörner
2 – 3 TL Essig
schwarzer Pfeffer

Arbeitsschritte

- Die Kartoffeln waschen und gründlich bürsten.
- Salz und Kümmel in Wasser geben. Die Kartoffeln etwa 20 Minuten darin kochen.
- Tofu abtropfen lassen.
- Die Tomaten überbrühen, häuten, vierteln, entkernen und die Stielansätze wegschneiden.
- Karotten und Paprikaschote waschen und in 2 – 3 cm große Stücke schneiden, mit Tomaten und Tofu im Mixer fein pürieren.
- Nach und nach Crème fraîche und grünen Pfeffer zugeben. Kurz mit pürieren.
- Mit Salz und Essig abschmecken.
- Die Kartoffeln abgießen und mit der Tofucreme servieren.

Tofu nach 'Kasseler Art' mit Sauerkraut

Zutaten

800 g Sauerkraut
1 Zwiebel
1 Kartoffel
1 EL Öl
1 Lorbeerblatt
Wacholderbeeren und
Kümmel
500 g Räuchertofu
Käse, gerieben
Pfeffer

Arbeitsschritte

- Sauerkraut, Lorbeerblatt, Wacholderbeeren und Kümmel zugeben und 15 Minuten garen.
- Zwiebel klein hacken, in Öl glasig rösten. Tofu in dünne Scheiben schneiden und mit Pfeffer bestreuen.
- Auf die Hälfte der Scheiben den geriebenen Käse verteilen.
- Die restlichen Tofu-Scheiben auf einer Seite anbraten.
- Mit der gebratenen Seite auf die belegten Tofu-Scheiben legen und festdrücken.
- Bei mäßiger Hitze auf beiden Seiten braten.
- Kartoffel schälen und fein reiben, das Sauerkraut unterrühren und einmal aufkochen lassen.
- Die Tofu-Stücke auf das fertige Kraut geben und zu Kartoffeln oder Hirse servieren.

Einfacher geht's vegan: Die Tofuscheiben etwas dicker schneiden, braten und auf das Sauerkraut legen.

Mineralstoff- und eiweißreiches Gericht, das deutlich nach 'Meer' schmeckt:

Panierte Tofu-Stäbchen maritim

Zutaten

½ l Wasser
1 Gemüsebrühwürfel
1 Lorbeerblatt
5 Pimentkörner
5 Wacholderbeeren
3 Nelken
10 cm Zitronenschale
1 Zwiebel
2 EL Arame-Algen
300 g Tofu
10 EL Hefeflocken
1 TL Salz
½ TL Pfeffer
Petersilie
Vegavita-Pulver*
2 Nori-Algen (Sushi-Nori)

Panade (s. Rez. S. 22
vegetarische Schnitzel)
Zitronenscheiben zum
Garnieren

* Fertigmix aus Weizen-
eiweiß-Gluten, erhältlich
im Reformhaus

Arbeitsschritte

- Am Vortag aus Wasser, Lorbeerblatt, Pimentkörnern, Wacholderbeeren, Nelken, Zitronenschale und Brühwürfel einen Sud kochen, abseihen.
- Zwiebel hacken und hineingeben.
- Die Arame-Algen zufügen, über Nacht darin einweichen.
- Mit dem Mixstab pürieren.
- Den Tofu zerbröckeln oder mit der Gabel zerdrücken.
- Mit Hefeflocken, Salz, Pfeffer, Petersilie und den gemixten Algen mischen.
- Nach und nach so viel Vegavita-Pulver* darüberstreuen und verkneten, bis eine leicht formbare Masse entsteht.
- Ein Nori-Algenblatt auf ein Brett legen, die Masse ca. 2 cm hoch darauf streichen, das zweite Blatt darauflegen und festdrücken.
- Mit einem scharfen Messer in 2 cm breite Stäbchen schneiden.
- Die Stäbchen panieren und in heißem Fett auf beiden Seiten knusprig braten.
- Mit Zitronenscheiben servieren.
- Ganz hervorragend zu Kartoffelsalat oder Salzkartoffeln. Als Beilagen eignen sich aber auch Reis und Salat.

Tofu-Gratin maritim

Zutaten

s. Rez. Tofu-Stäbchen
maritim S. 35
Öl

Belag:
¼ l Gemüsebrühe
3 EL Butter oder Öl
3 EL Reis, fein gemahlen
1 TL Dill
½ TL Muskat
1 EL Zitronensaft
150 g Crème fraîche
Knoblauchpulver nach
Geschmack
3 EL Semmelbrösel
Öl für die Form

Arbeitsschritte

- Aus allen Zutaten, außer den Nori-Algen, die Tofu-Masse nach Anleitung herstellen.
- Öl in eine Auflaufform geben, die Masse einfüllen und glattstreichen.
- Mit Alufolie abdecken und bei 175 °C ca. 50 Minuten backen.
- Inzwischen 1 EL Butter schmelzen, Reismehl einrühren und nach und nach mit Brühe auffüllen.
- Gewürze zufügen, Crème fraîche einrühren und mit Zitronensaft abschmecken.
- Über die gebackene Masse geben.
- Bei 220 °C ca. 10 Minuten backen.
- Mit Semmelbröseln bestreuen und restliche Butter als Flöckchen darüber verteilen.
- Nochmals 5 Minuten überbacken.

Schlemmer-Gratin à la Bordelaise

Zutaten

s. Rez. Tofu-Stäbchen
maritim S. 35

Belag:
3 EL Butter
2 TL Kräuter der Provence
1 EL Zitronenschale
150 g Crème fraîche
Knoblauchpulver nach
Geschmack
6 EL Semmelbrösel
Öl für die Form

Arbeitsschritte

- Aus den Zutaten für Tofu-Stäbchen maritim eine Masse herstellen und in eine Auflaufform geben.
- Die Butter schmelzen.
- Die Trockenkräuter zwischen den Fingern zerreiben.
- Die restlichen Gewürze und die Semmelbrösel zufügen und kurz in der Pfanne ziehen lassen.
- Über die vorbereitete Masse verteilen und im Backofen bei 220 °C 20 Minuten backen.

Tofu-Spinat-Taschen

Zutaten

Hefeteig mit 500 g Mehl
(s. Rez. S. 47)
500 g Spinat
1 Zwiebel
1 EL Öl
200 g Tofu
Salz
Pfeffer
Weizenvollkornmehl

Tipp: Tanken Sie im
Frühjahr ungehemmt
Mineralstoffe: Bereiten
Sie den Spinat zu je
einem Drittel aus
Brennnesseln, Bärlauch
und Spinatblättern,
gewürzt mit jungem
Liebstöckel, zu.
Ein Traum!

Arbeitsschritte

- Den Hefeteig wie gewohnt vorbereiten und gehen lassen.
- Inzwischen den Spinat waschen und blanchieren.
- Zwiebel fein würfeln und in Öl glasig rösten.
- Den Hefeteig auf bemehlter Fläche ½ cm dick ausrollen. Untertassengroße Teigstückchen ausschneiden und nochmals kurz gehen lassen.
- In der Zwischenzeit den Tofu mit der Gabel zerdrücken, Spinat hacken, mit den Zwiebeln vermischen und mit Salz und Pfeffer abschmecken.
- Je einen gehäuften EL Masse auf die Teigstückchen geben, zum Halbkreis zusammenklappen und den Rand mit einer Gabel festdrücken. Ca. ½ Stunde zugedeckt gehen lassen.
- Frittieren oder in reichlich heißem Öl ausbacken, das überschüssige Fett mit Küchenkrepp abtupfen.
- Mit Sauce hollandaise (s. Rez. S. 200) servieren.

Tofu-Sauerkraut-Taschen

Zutaten

500 g Sauerkraut
300 g Räuchertofu
Hefeteig (s. Rez. Tofu-Spinat-Taschen)

Arbeitsschritte

- Sauerkraut nach Geschmack würzen und kurz garen, etwas abkühlen lassen und abseihen.
- Sauerkraut und Räuchertofu klein schneiden.
- Weiterer Vorgang siehe Tofu-Spinat-Taschen.

Rezeptübersicht

Vegetarische Standardrezepte und Hausmannskost

Burritos

Zutaten

4 Bio-Tortilla-Wraps oder türkische Weizenfladen

Füllung:
2 EL Olivenöl
1 TL Bohnenkraut
¼ TL Muskatnuss, gemahlen
2 Dosen Kidneybohnen à 240 g Abtropfgewicht
1 rote Paprika
2 EL getrocknetes Suppengemüse
½ l passierte Tomaten
Cayenne-Pfeffer nach Geschmack
Gemüsebrühe, gekörnt, nach Geschmack
4 EL Crème fraîche
4 EL Gouda, gerieben

Garnitur:
2 Tomaten
½ Eisbergsalat

Arbeitsschritte

- Backofen auf 200 °C vorheizen.
- Öl in einem Topf erhitzen.
- Bohnenkraut und Muskatnuss dazugeben.
- Mit ¼ l passierten Tomaten löschen, Suppengemüse zufügen und kurz aufkochen lassen.
- Die Bohnen abseihen, zufügen und aufkochen lassen.
- Die Paprika in kleine Stücke schneiden und mitkochen.
- Bohnen mit einem Mixstab zu einer dicken Masse zerkleinern (es sollten noch kleine Stückchen übrig bleiben).
- So viel der restlichen passierten Tomaten zugeben, dass eine streichbare Masse entsteht.
- Mit Cayenne-Pfeffer und gekörnter Gemüsebrühe abschmecken.
- Die Bohnenmasse auf die Wraps oder Teigfladen verstreichen, dabei einen Rand freilassen.
- Auf jeden Fladen einige Kleckse Crème fraîche verteilen und den Käse darüberstreuen.
- Die Fladen zu Rollen formen.
- Auf ein beöltes Backblech legen, mit der zurückbehaltenen Tomatensoße die Oberseite der Rollen einstreichen, mit Folie abdecken und bei Mittelhitze 10 Minuten backen.
- Den Burrito mit einem Pfannenheber vom Blech lösen und auf einen Teller geben.
- Tomaten klein würfeln, Salat in Streifen schneiden und den Burrito damit garnieren.

Burritos mit Avocado

Zutaten

siehe Burritos
zusätzlich:
1 reife Avocado, klein gewürfelt

Arbeitsschritte

- Zubereitung wie oben, zusätzlich die Avocadowürfel auf der Masse verteilen oder als Garnitur verwenden.

Reisring mit Schwarzwurzelsoße

Zutaten

2 Tassen Vollreis
1 EL Öl
8 Tassen Wasser
1 TL Salz
20 g Butter

Soße:
750 g Schwarzwurzeln
frisch oder 1 Glas
Salz
Zitronensaft
Sauce hollandaise
(s. Rez. S. 200)

Arbeitsschritte

- Den Reis in Öl kurz anbraten.
- Das Wasser zufügen, salzen und fertig garen.
- Inzwischen Schwarzwurzeln schälen, in kleine Stücke schneiden und in Salzwasser mit etwas Zitronensaft etwa 10 Minuten kochen.
- Die fertigen Schwarzwurzeln abseihen, den Sud auffangen.
- Aus dem Sud eine Sauce hollandaise nach Rezept, jedoch ohne das Salz herstellen.
- Die Schwarzwurzeln zur Soße geben.
- Eine Napfkuchenform mit Butter bepinseln.
- Den Reis hineinfüllen, gut andrücken und auf eine Servierplatte stürzen.
- Schwarzwurzelsoße in die Mitte des Reisrings füllen.
- Mit grünem Salat servieren.

Tipp: Anstelle von Schwarzwurzeln Gemüsesorten Ihrer Wahl verwenden.

Buchweizen mit Paprika und Tofu

Zutaten

3 mittelgroße Tomaten
2 Tassen Buchweizen
1 EL Öl
6 Tassen Wasser
2 TL Salz
Muskatnuss, gerieben
1 TL Majoran
1 TL Thymian

Paprika-Mischgemüse:
1 große Zwiebel
2 grüne, 1 rote und 1 gelbe
Paprika
1 TL Gemüsebrühwürfel

Tofu:
8 Scheiben Tofu
2 EL Tamari
¼ TL Pfeffer
4 EL Öl
2 – 3 EL gehackte Petersilie

Arbeitsschritte

- Tomaten mit kochendem Wasser überbrühen, häuten, in kleine Würfel schneiden, zur Seite stellen.
- Buchweizen waschen und abtropfen lassen.
- In Öl anbraten, mit Wasser auffüllen und die Gewürze zugeben.
- Aufkochen lassen, abschalten und ca. 20 Minuten auf der heißen Platte ausquellen lassen.
- Zwiebel und Paprika in große Würfel schneiden und in Öl anbraten.
- Geschnittene Tomaten zum Gemüse geben.
- Gemüsebrühe zufügen und 5 Minuten dünsten.
- Inzwischen Öl und Tamari in eine Pfanne geben, die Tofuscheiben darin wenden, pfeffern und auf beiden Seiten knusprig braten.
- Den Buchweizen in eine große Servierschüssel geben, das Gemüse am Rand verteilen und die Tofuscheiben dekorativ kreuz und quer auf den Buchweizen legen, mit Petersilie bestreut servieren.

Grünkern italienisch

Zutaten

1 große Tasse Grünkern
2 EL Olivenöl
1 kleine Zwiebel gewürfelt
3 große Tassen Wasser
1 EL Gemüsebrühe

Soße:
1 Zwiebel
½ TL Rosmarin getrocknet,
besser einen frischen Zweig
½ TL Thymian getrocknet,
besser einen frischen Zweig
½ TL Oregano
Knoblauch nach
Geschmack
1 EL Butter oder ÖL
1 kl. Dose geschälte
Tomaten
¼ l passierte Tomaten
1 EL Gemüsebrühe
4 Zweige frisches Basilikum

Arbeitsschritte

- Grünkern grob schroten.
- Öl erhitzen, Zwiebel glasig anbraten.
- Den Grünkern kurz mitrösten, mit dem Wasser aufgießen.
- Gemüsebrühe zugeben, aufkochen lassen und 20 Minuten auf kleiner Hitze garen.
- Für die Soße inzwischen die Zwiebel fein hacken und mit den Kräutern in Butter anrösten.
- Die geschälten Tomaten und die passierten Tomaten dazugeben, mit Gemüsebrühe würzen und einige Minuten köcheln lassen.
- Grünkern auf einem Teller anrichten, Soße darübergießen und mit Basilikumblättern verzieren.

Grünkern mit Gemüse

Zutaten

1 Zwiebel
250 g Suppengemüse
(Sellerie, Lauch, Möhren)
100 – 150 g Grünkern
2 EL Olivenöl
Salz
½ TL Majoran
500 g passierte Tomaten
Wasser nach Bedarf
frisches Basilikum oder
Petersilie

Arbeitsschritte

- Zwiebel klein schneiden.
- Suppengemüse säubern und würfeln. Beides zur Seite stellen.
- Grünkern grob schroten und in Öl anrösten.
- Gemüse und Zwiebeln zugeben, kurz anbraten, Salz und Majoran zugeben und mit den passierten Tomaten löschen.
- Mit so viel Wasser auffüllen, dass das Gemüse bedeckt ist.
- Aufkochen und 20 Minuten ziehen lassen.
- Kräuter waschen, klein schneiden und darüber verteilen.

Varianten:

- Statt Grünkern Roggen, Gerste, Weizen oder Hafer verwenden. Algen oder Pilze mitschmoren. Mit Nüssen nach Geschmack und Vorrat verzieren.

Gefüllte Paprikaschoten

Zutaten

je 4 rote und grüne
Paprikaschoten
Bratlingmasse aus Soja
oder Getreide
(s. Rez. S. 157 f.)
1 EL Olivenöl

Soße:
5 EL Tomatenmark
¼ l kräftig gewürzte
Gemüsebrühe
1 TL Paprikapulver
Pfeffer
2 TL Basilikum getrocknet
100 g Gouda, gerieben

Arbeitsschritte

▪ Paprikaschoten am Stielende aufschneiden, das Kerngehäuse herauslösen und mit der Bratlingmasse füllen.

▪ In eine Auflaufform das Öl geben und die gefüllten Paprikaschoten hineinstellen.

▪ Tomatenmark mit der Gemüsebrühe verrühren, mit Paprika und Pfeffer abschmecken und über die gefüllten Paprikaschoten verteilen.

▪ Basilikum und Käse darüberstreuen und im Backofen bei Mittelhitze ca. 1 Stunde backen.

Variante:

▪ Die Paprikaschoten mit körnig gekochtem Reis füllen.

Zucchini-Cordon-bleu

Zutaten

1 große Zucchini
Salz
Pfeffer
2–3 EL Olivenöl
12 Salbeiblätter halbiert
12 Liebstöckelblätter
12 Zitronenmelisseblätter
12 Käse-Scheibletten
Öl zum Braten

Arbeitsschritte

▪ Zucchini waschen, in 24 Scheiben zu je ½ cm Dicke schneiden, salzen und pfeffern.

▪ In einer Pfanne etwas Öl erhitzen.

▪ Nacheinander 12 Zucchinischeiben auf einer Seite braten und warm stellen.

▪ Die restlichen 12 Scheiben auf beiden Seiten braten.

▪ Jede Scheibe mit 2 halben Salbeiblättern, 1 Liebstöckelblatt, 1 Zitronenmelisseblatt und 1 Käse-Scheiblette belegen.

▪ Die warm gestellten Zucchinischeiben mit der angebratenen Seite auf die mit Kräuterblättern und Käse belegten Zucchinischeiben legen.

▪ Auf der ungebratenen Seite knusprig braten.

▪ Auf ein Backblech legen und im vorgeheizten Backofen warm stellen, während die restlichen fertig gebacken werden.

▪ Als Beilage passen Reis, Kartoffeln oder gekochtes Getreide.

Chinesische Fastenspeise

Zutaten

20 g getr. Shiitake-Pilze
200 g Austernpilze
Salz
Pfeffer
1 EL Butter oder Öl
1 kleiner Chinakohl
500 g Broccoli
Salzwasser
1 Msp. Natron
1 Glas Sojasprossen (175 g)

Soße:
125 g Glasnudeln
½ Tasse Tamari
Cayenne-Pfeffer
Gemüsebrühe nach
Geschmack
2 EL Sesamöl, geröstet

Arbeitsschritte

- Trockenpilze über Nacht einweichen.
- Austernpilze salzen, pfeffern und in Butter goldgelb braten.
- Broccoli in Salzwasser mit etwas Natron knackig garen.
- Chinakohl in breite Streifen schneiden, in Öl anbraten.
- Sojasprossen zufügen und kurz mitbraten.
- Alles Gemüse und Austernpilze in einer großen Pfanne mischen, unter Rühren nochmals kurz durchbraten und warm stellen.

Soße:

- Trockenpilze abseihen, Stiele entfernen, nochmals waschen und abtropfen lassen.
- Mit den Glasnudeln in 1 l kaltem Wasser aufsetzen und kurz kochen lassen.
- Mit Tamari, Cayenne-Pfeffer und Gemüsebrühe abschmecken, Öl zufügen.
- Dazu Basmati- oder Duftreis servieren.

Varianten:

- Anstelle der oben genannten Gemüse passen auch gut Möhren, Zuckererbsen, Spargel oder Schwarzwurzeln, Blumenkohl, Zucchini etc. Sojasprossen sollten jedoch immer dabei sein.

Käsespätzle

Zutaten

Spätzle (s. Rez. S. 57)
1 große Zwiebel
1 Knoblauchzehe nach
Geschmack
4 EL Butter
250 g Gouda, gerieben
1 EL Schnittlauch

Arbeitsschritte

- Spätzle nach Rezept herstellen.
- Zwiebel in Ringe schneiden, Knoblauch klein hacken und in Butter goldgelb rösten, zur Seite stellen.
- Abwechselnd Spätzle und Käse in eine vorgewärmte Schüssel schichten.
- Das Zwiebel-Knoblauchgemisch darübergeben und mit Schnittlauch bestreuen.
- Zu grünem Salat servieren.

Tipp: Wenn es schnell gehen soll, Vollkornspätzle aus dem Bioladen verwenden.

Kohlrouladen

Zutaten

8 große Blätter vom
Chinakohl
Salzwasser

Füllung:
Soja- oder
Getreidebratlingmasse
(s. Rez. S. 157 f.)
1 Bund Petersilie, gehackt

Soße:
1 Msp. Muskat
2 – 3 Tropfen Zitronenöl
oder etwas Zitronenschale
3 EL Reismehl
Sahne/Sojasahne

Arbeitsschritte

- Die Blätter kurz durch das siedende Salzwasser ziehen, abtropfen lassen und zur Seite stellen.
- Soja- oder Getreidebratlingmasse nach Vorschrift zubereiten, Petersilie zugeben.
- Die Kohlblätter füllen, zusammenrollen und festdrücken.
- In Öl von allen Seiten anbraten, zudecken und 15 Minuten bei mäßiger Hitze garen lassen.
- Die Kohlrouladen warm stellen.
- Vom Salzwasser ca. ½ l abgießen, mit Muskat und etwas Zitronenschale abschmecken, mit fein gemahlenem Reis oder Mehl andicken, kurz aufkochen lassen und mit einem Schuss Sahne verfeinern.
- Dazu Kartoffeln reichen.

Grundrezept:

Vollkorn-Hefeteig pikant

Zutaten

350 g Dinkel oder Weizen
frisch gemahlen
1 P. Trockenhefe
200 g Wasser
1 EL Öl
1 EL Lezithin flüssig
(Info s. S. 351)
1 TL Salz

Arbeitsschritte

- Mehl mit Trockenhefe vermischen, Wasser, Öl, Lezithin und Salz zufügen und gut kneten.
- Zugedeckt warm stellen. Ca. 20 – 30 Minuten gehen lassen.
- Den Teig auf einer bemehlten Fläche nochmals durchkneten, zu einer Kugel formen, mit Mehl bestäuben und in eine angewärmte Schüssel geben.
- Zudecken und gehen lassen.
- Den Teig beliebig formen oder zu Kleingebäck verarbeiten.
- Vor und nach dem Belegen nochmals kurz gehen lassen.

Hefe-Lauchtorte

Zutaten

Grundrezept Vollkorn-
Hefeteig s. oben
oder Hefeteig aus einem
Mehlgemisch nach
Belieben

Füllung:
200 g Zwiebel
200 g Räuchertofu
800 g Lauch
³⁄₈ l saure Sahne
oder Soja Cuisine
1 TL Salz
½ TL Pfeffer
½ TL Muskat
½ TL Paprika
100 g Käse, gerieben

Arbeitsschritte

- Aus Mehl, Hefe und lauwarmer Flüssigkeit einen Hefeteig bereiten, zugedeckt an einem warmen Ort gehen lassen.
- Unterdessen Zwiebeln klein hacken.
- Räuchertofu in kleine, längliche Streifen schneiden.
- Lauch waschen und in Ringe schneiden.
- Den Teig auf einer bemehlten Fläche auf die Größe der Auflaufform ausrollen.
- Die Auflaufform mit Öl auspinseln (ersatzweise eine Springform mit Backpapier auslegen und einfetten).
- Nochmals gehen lassen.
- Zwiebeln, Tofu und Lauch auf dem Hefeteigboden verteilen.
- Sauerrahm mit Salz, Pfeffer, Muskat und Paprika verrühren, über die Füllung verteilen.
- Käse darüberstreuen und bei 180 °C ca. 50 Minuten backen.
- Warm oder kalt servieren.

Nudelauflauf mit Curry und Lauch

Zutaten

500 g Nudeln
300 g Lauch
250 g Champignons
2 EL Olivenöl
Gemüsebrühe, gekörnt
200 g saure Sahne
200 g süße Sahne
1 Knoblauchzehe nach
Geschmack
1 TL Kräutersalz
1 TL Curry
200 g Gouda, gerieben

Arbeitsschritte

- Nudeln halb gar kochen und abseihen.
- Lauch waschen und in Ringe schneiden.
- Champignons mit Haushaltspapier säubern und blättrig schneiden.
- Öl in einer großen Pfanne erhitzen, Lauch zugeben, kurz anbraten.
- Die klein geschnittenen Champignons zugeben, mit Gemüsebrühe und Knoblauch abschmecken.
- Süße und saure Sahne, Kräutersalz, Curry und die gekochten Nudeln zugeben und vermischen.
- Alles in eine gefettete Auflaufform geben, Käse darüberstreuen.
- Bei 180 °C 10 – 15 Minuten backen.

Hirse und Gemüse

Zutaten

2 Tassen Hirse
2 Tassen Suppengemüse
1 Zwiebel
2 EL Öl

4 ½ Tassen Wasser
2 TL Gemüsebrühe, gekörnt

Arbeitsschritte

- Hirse mehrmals waschen.
- Das Gemüse putzen und in kleine Würfel, den Lauch in Ringe schneiden.
- Die Zwiebel klein würfeln, in einem Topf in Öl glasig dünsten.
- Hirse zufügen, mit Wasser auffüllen und aufkochen lassen.
- Das vorbereitete Gemüse und die gekörnte Gemüsebrühe zugeben und wieder zum Kochen bringen.
- Auf kleiner Stufe ausquellen lassen, bis die Flüssigkeit von der Hirse aufgenommen ist (ca. 20 Minuten).
- Dazu Sauce hollandaise (s. Rez. S. 200) und Salat reichen.

Mungbohnen

Zutaten

150 g Mungbohnen
¾ l Gemüsebrühe
1 EL Butter oder Öl
1 TL Kurkuma (Gelbwurz)
½ TL Ingwer, getrocknet
1 Msp. Kreuzkümmel
1 Msp. Muskat
1 TL Salz

Arbeitsschritte

- Mungbohnen waschen und ca. 12 – 15 Stunden einweichen.
- Das Einweichwasser abgießen.
- Butter erwärmen und die Gewürze darin anrösten.
- Die Bohnen dazugeben und kurz anbraten.
- Mit Gemüsebrühe aufgießen und ca. 45 Minuten garen.

Königsberger Klopse

Zutaten

½ Rezept Soja-Burger
(s. Rez. S. 158)
oder
Seitan-Burger
(s. Rez. S. 157)

Soße:
2 TL Gemüsebrühe, gekörnt
1 l Wasser
7 EL Reismehl o. ä.
2 EL Butter oder Öl
5 EL Kapern
1 EL Petersilie
2 EL Crème fraîche/
Soja Cuisine

Arbeitsschritte

- Die Zutaten für die Bratlingmasse anpassen, nach Anleitung vorbereiten und zu kleinen Bällchen formen.
- Für die Soße 1 l Wasser mit Gemüsebrühe gewürzt zum Kochen bringen.
- Die Bällchen zufügen, kurz aufkochen lassen. Hitze verringern und 15 Minuten ziehen lassen.
- Klopse mit einer Schöpfkelle herausnehmen und warm stellen.
- Reismehl oder Mehl in die geschmolzene Butter einrühren.
- Mit etwas Kochsud löschen.
- Nach und nach alle Flüssigkeit zugießen und eine sämige Soße herstellen.
- Kapern und Crème fraîche zugeben, die Klopse in die Soße legen. Nicht mehr kochen lassen!
- Mit Petersilie garnieren.
- Zu Kartoffeln, Reis oder gekochtem Getreide nach Wahl servieren und Salat dazu reichen.

Rezeptübersicht

Gerichte aus Gemüse, Getreide und Kartoffeln

Gemüsegerichte

Blumenkohlschnitzel

Zutaten

1 großer Blumenkohl

Panade:
4 EL saure Sahne/Soja
Cuisine
1 EL Hefeflocken
Salz
Pfeffer
Semmelbrösel
Öl und ½ TL Lezithin flüssig
zum Ausbacken

Arbeitsschritte

- Von einem festen Blumenkohl die Blätter abschneiden, in Salzwasser halb gar kochen und abtropfen lassen.
- Die seitlichen Röschen abtrennen und aus dem Mittelteil 3 Scheiben schneiden.
- Scheiben und Röschen panieren und in heißem Fett ausbacken.
- Mit Zitronenscheiben verzieren.
- Dazu Petersilienkartoffeln und Salat servieren.

Tipp für fettarmes Braten: Durch Zugabe von Lezithin kann man das Öl um die Hälfte verringern. Der Effekt ist doppelt positiv: Die wesentlichen Stoffe des Lezithins sind hitzebeständig.

Sellerieschnitzel

Zutaten

1 Sellerieknolle
Panade (s. Rez.
Blumenkohlschnitzel)

Arbeitsschritte

- Sellerieknolle bürsten und in Salzwasser halbfest garen.
- Schälen, in Scheiben schneiden. Mit Salz und Pfeffer einreiben.
- Panieren und in heißem Fett ausbacken.

Kürbisschnitzel

Zutaten

1 kleiner Kürbis
Panade (s. Rez.
Blumenkohlschnitzel)

Arbeitsschritte

- Kürbis schälen, entkernen und in Scheiben schneiden.
- Salzen, pfeffern, panieren.
- In heißem Fett ausbacken, dabei öfter wenden.

Auberginenschnitzel

Zutaten

1 große Aubergine
Panade (s. Rez.
Blumenkohlschnitzel)

Arbeitsschritte

- Aubergine in Scheiben schneiden, salzen, aufeinander schichten und ca. 30 Minuten ziehen lassen.
- Saft abgießen, die Scheiben pfeffern und panieren.
- In heißem Fett ausbacken, dabei öfter wenden.

Blattspinat

Zutaten

1,5 kg Blattspinat
1 Zweiglein Liebstöckel
1 Zwiebel
1 Knoblauchzehe
40 g Butter oder
2 EL Olivenöl
¼ TL Muskatnuss, gerieben
1 TL Salz

Arbeitsschritte

- Spinat waschen, gut abtropfen lassen.
- Mit möglichst wenig Wasser aufkochen und grob hacken.
- Zwiebel und Knoblauchzehe fein hacken und mit Muskatnuss in Butter oder Öl kurz braten.
- Spinat zugeben und würzen (wenig umrühren).

Tipp: Eisen benötigt Vitamin C zur Aufnahme. Es empfiehlt sich, etwas Zitronensaft vor dem Servieren auf das Gericht zu träufeln.

Spinat mit Wildkräutern

Zutaten

500 g Blattspinat
500 g Brennnesseln
200 g Bärlauch
2 Zweiglein Liebstöckel
1 Knoblauchzehe
¼ TL Muskatnuss, gerieben
1 TL Salz
40 g Butter oder
2 EL Olivenöl

Arbeitsschritte

- Spinat, Brennnesseln, Bärlauch und Liebstöckel waschen und abtropfen lassen.
- Tropfnass in eine Pfanne geben und blanchieren, fein hacken oder mixen.
- Knoblauch, durch die Presse gedrückt, zugeben und alles mit Muskatnuss und Salz abschmecken.
- Mit Butter oder Olivenöl nach Belieben verfeinern.

Tipp: Eisen benötigt Vitamin C zur Aufnahme. Es empfiehlt sich, etwas Zitronensaft vor dem Servieren auf das Gericht zu träufeln.

Gefüllte Zucchini überbacken

Zutaten

2 mittelgroße oder

4 kleine Zucchini
5 EL Pflanzenöl

Füllung:
Sojabratlingmasse
(s. Rez. S. 158)
2 EL Gouda, gerieben

Arbeitsschritte

- Zucchini halbieren, den inneren Teil aushöhlen, dabei einen 1,5 cm großen Rand lassen und mit Sojabratling-masse füllen.
- In eine Auflaufform Öl geben. Die Zucchini mit Käse bestreuen und bei Mittelhitze ca. 20 Minuten backen.
- Dazu Reis oder Kartoffeln servieren.

Gefüllte Zucchini

Zutaten

siehe oben

Füllung:
1 Tasse Reis
1 Zwiebel
Bohnenkraut
Salbei
Basilikum
Liebstöckel
Petersilie
Gouda, gerieben
2 EL Olivenöl

Arbeitsschritte

- Reis mit klein geschnittener Zwiebel und zwei Tassen Wasser halb gar dünsten.
- Anschließend mit klein gehackten Küchenkräutern würzen und in die vorbereiteten Zucchini füllen.
- Mit Käse bestreuen (oder vegan: 1 P. Soja Cuisine darüberträufeln.) Mit Paprika bestäuben.
- In eine Auflaufform das Öl geben, die Zucchini zufügen und bei Mittelhitze ca. 20 Minuten backen.
- Dazu Salzkartoffeln und Salat servieren.

Gebratener Fenchel

Zutaten

2–4 Knollen Fenchel
1–2 Zwiebeln
1 TL Gemüsebrühe
Muskatnuss
Öl

Arbeitsschritte

- Vom Fenchel die groben Stiele entfernen, waschen und vierteln.
- Zwiebeln achteln und kurz anbraten.
- Fenchel hinzufügen, in Öl kurz anrösten, mit Muskat abschmecken und fertig garen.
- Die zarten Fenchelblätter klein schneiden und darüber-streuen.
- Mit gekochtem Getreide oder Kartoffeln und Sauce hollandaise (s. Rez. S. 200) servieren.

Rübenragout

Zutaten

2 mittelgroße Rote Beete
1 kleine oder
½ Knolle Sellerie
2 Möhren
¾ l Gemüsebrühe
Salz
Pfeffer
2 Zwiebeln
1 Apfel
5 EL Pflanzenöl
1 TL Flüssigwürze, z. B. Cenovis
1 TL Paprika
2 TL Tamari
200 g saure Sahne oder
1 P. Soja Cuisine

Arbeitsschritte

- Rote Beete, Sellerie und Möhren schälen und in der Gemüsebrühe garen.
- Das Gemüse herausnehmen, in Würfel schneiden, salzen und pfeffern.
- Zwiebeln und Apfel schälen und klein schneiden.
- Öl in einer Kasserolle erhitzen.
- Zwiebeln darin goldgelb braten, Apfel zugeben, etwas dünsten.
- Rote Beete- und Selleriewürfel zugeben, mit Mehl bestäuben und mit etwas Kochsud übergießen.
- Mit der Flüssigwürze, Paprika und Tamari nachwürzen und mit saurer Sahne oder Soja Cuisine verfeinern.
- Dazu passen selbstgemachte Nudeln (s. Rez. S. 58), Knödel oder Kartoffeln.

Tipp: Ein herrliches Wintergericht voller Mineralstoffe!

Borschtsch

Zutaten

s. Rez. Rübenragout ohne Apfel
zusätzlich:
1 kleiner Weißkohl
Crème fraîche/Soja Cuisine

Arbeitsschritte

- Zubereitung siehe Rübenragout. Statt Apfel den kleingeschnittenen Weißkohl mitdünsten.
- Mit Buchweizengrütze und Crème fraîche oder Soja Cuisine servieren.

Getreidegerichte & Beilagen

Sechskornklöße

Zutaten

1 Tasse gekochte Getreidekörner
1 Tasse Sechskornschrot
1 Tasse Wasser
1 TL Gemüsebrühe
1 Tasse Hirseflocken
1 Tasse Quark oder passierter Tofu
1 EL Olivenöl
¼ TL Salz
¼ TL Bohnenkraut
¼ TL Majoran
2 EL Petersilie, gehackt
Sauerkraut oder Karottengemüse

Arbeitsschritte

- Getreide in wenig Wasser garen, abkühlen lassen.
- Sechskorn mittelgrob schroten und mit einer Tasse Wasser und Gemüsebrühe kochen.
- Mit den übrigen Zutaten zu einem halbfesten Teig verrühren.
- Inzwischen Sauerkraut oder Karottengemüse halb gar kochen.
- Mit einem angefeuchteten Löffel Klöße abstechen, auf das Gemüse kleine Klöße setzen, zudecken und ca. 20 Minuten ziehen lassen.
- Dazu Sauce hollandaise (s. Rez. S. 200) reichen.

Tipp: Sollte ein Rest von einer Getreidebeilage übrig geblieben sein, sind diese Klößchen eine willkommene Resteverwertung und Abwechslung.

Bayrische Semmelknödel

Zutaten

10 altbackene Brötchen oder 1 P. Vollkorntoast
¾ l heiße Milch oder Sojamilch
1 TL Salz
1 EL Mehl
4 EL Corn Flakes
2 EL Hefeflocken
1 EL Petersilie, gehackt

Arbeitsschritte

- Brötchen oder Vollkorntoast in Würfel schneiden, salzen und mit heißer Milch übergießen.
- Corn Flakes zerkrümeln, Hefeflocken und Petersilie zugeben und locker vermengen.
- Falls nötig noch etwas Semmelbrösel zufügen.
- Klöße formen, in reichlich Salzwasser kurz aufkochen lassen, die Hitze reduzieren und die Knödel 20 Minuten ziehen lassen.
- Knödel mit der Schöpfkelle herausnehmen und servieren.

Tipp: Restliche Knödel in Öl knusprig ausbacken oder zu Essigknödeln (s. Rez. S. 57) verwenden.

Essigknödel

Zutaten

Semmelknödel
(s. Rez. S. 56)
1 mittelgroße Zwiebel
Salz
Pfeffer
Obstessig
2 EL Öl

Variante:

- Tofu- oder Räuchertofu in dünne Scheiben schneiden und untermengen.

Arbeitsschritte

- Semmelknödel nach Rezept herstellen, abkühlen lassen.
- Vierteln, in Scheiben schneiden und auf einer Platte anrichten.
- Zwiebel in Ringe schneiden, mit kochendem Wasser überbrühen, abseihen und darüber verteilen.
- 3 EL Wasser in eine Tasse geben, mit Salz, Pfeffer, Essig und Öl verrühren und über die Knödel- und Zwiebelscheiben gießen.
- Etwa ½ Stunde ziehen lassen.

Spätzle selbst gemacht

Zutaten

300 g Weizen oder Dinkel
2 geh. EL Sojamehl oder
1 EL Lezithin flüssig
1 TL Salz
½ TL Backpulver
300 ml Mineralwasser

Arbeitsschritte

- Weizen oder Dinkel fein schroten.
- Mit Sojamehl oder Lezithin, Salz und Backpulver vermischen.
- Wasser unter ständigem Rühren zugießen.
- 10 Minuten quellen lassen.
- Salzwasser zum Kochen bringen.
- Den Teig durch ein Spätzlesieb ins kochende Wasser geben.
- Kurz aufkochen lassen, mit einer Schaumkelle herausnehmen.
- In heißem Wasser schwenken und warm stellen.

Tagliatelle selbstgemacht

Zutaten

300 g Weizen oder
Dinkelmehl Type 1050
1 EL Lezithin flüssig
etwa ⅛ l Mineralwasser
½ TL Salz

Arbeitsschritte

- Das Mehl auf ein Nudelbrett geben, in der Mitte eine Vertiefung machen, Wasser, Lezithin und Salz zugeben.
- Von Hand oder besser in einer Küchenmaschine zu einem geschmeidigen Teig verkneten.
- Den Teig vierteln und 20 Minuten ruhen lassen.
- Auf einem bemehlten Brett dünn ausrollen, einige Minuten antrocknen lassen.
- Für lange Tagliatelle die Teigplatte locker zusammenrollen, ½ cm dünn oder 1 cm dick schneiden.
- Jeden Streifen locker zu einem Nest drehen, über Nacht trocknen lassen.
- Falls kürzere Nudeln gewünscht werden, die Teigplatte in entsprechende Streifen trennen, aufeinander legen und in beliebiger Breite schneiden.
- In kochendem Salzwasser ca. 10 Minuten garen.
- Abspülen und mit süßer Beilage (Apfelmus, Kompott) oder als Beilage zu soßenhaltigen Gerichten oder mit Tomatensoße, Spinat, Champignons etc. servieren.
- Die Nudeln lassen sich getrocknet in einem dicht schließenden Gefäß einige Wochen aufbewahren.

Kartoffelgerichte & Beilagen

Ungarisches Kartoffelgulasch

Zutaten

1,5 kg Kartoffeln
1 l Gemüsebrühe
500 g Zwiebeln
100 g Butter/Margarine
1 TL Kümmel
2 TL Paprika edelsüß
etwas abgeriebene
Zitronenschale
2 EL Kartoffelstärke

Arbeitsschritte

- Kartoffeln waschen, schälen und in der Gemüsebrühe nicht ganz gar kochen, abseihen (Kochwasser aufheben).
- Zwiebeln klein hacken, Butter erhitzen und die Zwiebeln glasig rösten.
- Kümmel im Mörser zerstoßen, zugeben, unter Rühren einige Minuten dünsten.
- Paprikapulver darüberstreuen, Zitronenschale unterrühren und nochmals gut durchkochen lassen.
- Von dem Kartoffelkochwasser ½ Tasse abnehmen.
- Restlichen Sud an die Zwiebeln gießen, 10 Minuten kochen lassen.
- Stärke im Kochwasser anrühren, zugeben und kurz aufkochen lassen.
- Kartoffeln in dicke Scheiben schneiden oder vierteln und einige Minuten in der Soße ziehen lassen.

Tipp: Ist etwas übrig geblieben, aber es reicht nicht mehr für eine ganze Mahlzeit? Ergänzen Sie den Rest mit gebratenen Champignons oder Sauerkraut und schon haben Sie ein weiteres Gericht!

Kartoffelgemüse

Zutaten

1 kg Pellkartoffeln
2 Zwiebeln
1 Knoblauchzehe
40 g Butter/Öl
Pfeffer
Muskat
Salz
1 TL Majoran
½ l Gemüsebrühe
2 EL Kartoffelstärke
1 EL Petersilie, gehackt
200 g Crème fraîche/
Soja Cuisine

Arbeitsschritte

- Kartoffeln dämpfen.
- Zwiebeln und Knoblauch klein hacken, Butter glasig werden lassen.
- Gewürze zufügen.
- Mit Gemüsebrühe löschen, kalt angerührte Stärke zugeben und 5 Minuten köcheln lassen.
- Kartoffeln schälen, in dünne Scheiben schneiden.
- In die Soße geben und einige Minuten durchziehen lassen.
- Mit Crème-fraîche-Tupfern oder Soja Cuisine verzieren und mit Petersilie bestreut servieren.

Kartoffelauflauf

Zutaten

600 g Kartoffeln
200 g Sahne/Soja Cuisine
3 EL Petersilie, gehackt
1 geh. TL Kräutersalz
1 TL Paprika mild
1 EL Öl

Tipp: Die Zutaten verbinden sich mit den roh gebratenen Kartoffeln zu einem ganz typischen Geschmack. Und außerdem: Bei diesem Gericht werden die Kartoffeln nicht in Wasser gekocht und ausgelaugt, sondern die wertvollen Mineralstoffe bleiben erhalten.

Arbeitsschritte

- Kartoffeln waschen und grob raffeln.
- Eine Auflaufform fetten.
- Eine Lage Kartoffeln hineinlegen, Kräutersalz und Petersilie darüberstreuen, wieder eine Schicht Kartoffeln usw.
- Zum Schluss Paprika darüberstreuen und mit Sahne übergießen.
- Bei 180–200 °C ca. 35 Minuten backen.

Kartoffelauflauf mit Tofu

Zutaten

600 g Kartoffeln
2 mittelgroße Zwiebeln
1 EL Olivenöl
200 g Räuchertofu
3 EL Petersilie, gehackt
1 TL Salz
1 Knoblauchzehe
2 EL Butter/Margarine

Tipp: Nach Belieben mit geriebenem Gouda bestreuen und bei 220 °C überbacken.

Arbeitsschritte

- Kartoffeln nicht ganz gar kochen, schälen und in Scheiben schneiden.
- Zwiebeln in Ringe schneiden und in Öl kurz anbraten.
- Räuchertofu in Scheiben geschnitten dazugeben.
- Eine Auflaufform mit Knoblauch ausreiben, etwas Butter verteilen.
- Eine Schicht Kartoffeln in die Auflaufform legen, salzen.
- Zwiebeln und Tofu wechselweise mit Petersilie auf die Kartoffellagen schichten.
- Zum Schluss Butterflöckchen daraufsetzen und ca. 10 Minuten bei 180–200 °C überbacken.

Kartoffelpuffer

Zutaten

1–2 kg Kartoffeln
1 TL Salz
2 Msp. Muskat
Butterschmalz oder
Olivenöl zum Ausbacken

Arbeitsschritte

- Kartoffeln schälen, waschen und möglichst fein reiben.
- Die geriebenen Kartoffeln in eine Schüssel geben und mit kaltem Wasser die Stärke 'auswaschen'.
- Gut ausdrücken, salzen und würzen.
- So viel heißes Wasser hinzufügen, bis eine dickliche Masse entsteht.
- Reichlich Fett in einer Pfanne erhitzen.
- Mit einer Schöpfkelle Kartoffelteig in die Pfanne geben und flachstreichen.
- Erst wenden, wenn ein brauner Rand sichtbar wird.
- Auf Haushaltskrepp abtropfen lassen und warm stellen.
- Dazu Kräuterquark, Apfelmus oder Sauerkraut servieren.

Gefüllte Kartoffeln

Zutaten

20 g Steinpilze oder
Austernpilze
Öl zum Braten
8 große Kartoffeln
5 EL grobes Meersalz
100 g Tofu
1 Schalotte, gehackt
3 TL Petersilie, gehackt
1 TL Kerbel oder Basilikum
2 Msp. Pfeffer
1 Msp. Muskat
3 EL Sahne/Sojasahne
1 EL Butter
Petersilie- und
Basilikumblätter zum
Garnieren

Arbeitsschritte

- Pilze klein schneiden, würzen, knusprig braten und zur Seite stellen.
- Kartoffeln bürsten.
- In eine feuerfeste Form grobes Meersalz streuen, die noch nassen Kartoffeln darauflegen und im Backofen ca. 30 Minuten bei 200 °C garen.
- Längs halbieren, aushöhlen, dabei einen Rand von ca. ¼ cm stehen lassen, warm stellen.
- Tofu und das Kartoffelinnere zusammen pürieren, Kräuter, Gewürze, Zwiebeln und Pilze zufügen und verrühren.
- Die Masse in die Kartoffelhälften füllen, mit Sahne benetzen und im Backofen 10 Minuten überbacken.
- Mit Basilikum oder Petersilie garniert servieren.

Kartoffelklöße Thüringer Art

Zutaten

500 g mehlige Kartoffeln
1,5 kg rohe Kartoffeln
1 TL Salz
geröstete Semmelwürfel
Salzwasser

Arbeitsschritte

- Mehlige Kartoffeln schälen, vierteln und in wenig Salzwasser garen.
- Abseihen, durch die Kartoffelpresse drücken und zur Seite stellen.
- Rohe Kartoffeln schälen, fein reiben und das Wasser auspressen.
- Salz zufügen und mit den gekochten Kartoffeln vermengen.
- Sollte der Teig zu locker sein, etwas Kartoffelstärke zugeben.
- Eine Rolle formen und in gleich große Portionen schneiden.
- In die Mitte jeder Scheibe einige Semmelwürfel legen und zu Klößen formen, gut festdrücken.
- In eine Schüssel einige EL Kartoffelmehl geben, die Klöße darin rollen, bis sie rundherum bemehlt sind.
- Reichlich Salzwasser zum Kochen bringen, die Klöße in das kochende Wasser geben und ca. 20 Minuten ziehen lassen. (Die Klöße dürfen nicht mehr kochen!) Sie müssen schwimmen, d. h. sie benötigen genügend Platz, um rollen zu können.
- In eine Servierschüssel eine Untertasse mit der Wölbung nach oben legen, damit das überschüssige Kochwasser ablaufen kann.
- Die Klöße mit der Schöpfkelle aus dem Wasser nehmen und in die Schüssel legen.
- Zu soßenhaltigen Gerichten servieren.

Gekochte Kartoffelklöße

Zutaten

1 kg gekochte Kartoffeln
80 g Kartoffelmehl
¼ TL Muskatnuss, gerieben
1 TL Salz
1 TL Öl
geröstete Semmelwürfel
zum Füllen
Salzwasser

Arbeitsschritte

- Kartoffeln garen.
- Die heißen Kartoffeln durch eine Kartoffelpresse drücken.
- Mit allen angegebenen Zutaten vermengen.
- Eine Rolle formen und in Scheiben schneiden. Jeweils in die Mitte einige Semmelwürfel legen, zusammenfalten und zu Klößen formen, gut festdrücken.
- Reichlich Salzwasser zum Kochen bringen.
- In eine Schüssel einige EL Kartoffelmehl geben, die Klöße darin rollen, bis sie rundherum bemehlt sind, in das kochende Wasser geben und ca. 20 Minuten ziehen lassen (nicht mehr kochen lassen!). In eine Servierschüssel eine Untertasse mit der Wölbung nach oben legen, damit das überschüssige Kochwasser ablaufen kann.
- Die Klöße mit der Schöpfkelle aus dem Wasser nehmen und in die Schüssel legen.

Kräuterklöße

Zutaten

siehe oben

zusätzlich:
3 EL Kräuter, gehackt,
wie: Petersilie, Basilikum,
Majoran und Kerbel

Arbeitsschritte

- Zubereitung wie gekochte Kartoffelklöße. Den Teig mit den Kräutern mischen.

Gefüllte Kartoffelklöße

Zutaten

600 g Kartoffeln (mehlig kochende Sorte)
5 EL Sesam
120 g Reismehl
2 EL Hefeflocken
1 EL Quark
1 TL Salz
Muskatnuss, gerieben
Pfeffer

Füllung:
1 – 2 Zwiebeln
2 Äpfel
20 g Butter
4 – 5 EL Sesam
Salz
weißer Pfeffer
1 – 1½ l Gemüsebrühe
1 EL Schnittlauch, geschnitten

Arbeitsschritte

- Kartoffeln kochen, schälen und noch heiß durch eine Kartoffelpresse drücken. Abkühlen lassen.
- Sesam in der Pfanne bei kleiner Hitze rösten und die Hälfte davon zu den Kartoffeln geben.
- Mehl, Hefeflocken und Quark unterrühren und mit Salz, Muskat und Pfeffer abschmecken.
- Für die Füllung Zwiebeln und Äpfel schälen und in kleine Würfel schneiden. In heißem Fett einige Minuten dünsten, abkühlen lassen.
- Restlichen Sesam und die Gewürze zugeben.
- Eine Portion Kartoffelteig in der Hand leicht flach-drücken.
- 1 gehäuften TL Zwiebel-Apfelmischung in die Mitte geben, zusammenfalten, festdrücken und zu einen Kloß formen.
- In Kartoffelmehl wälzen, in kochender Gemüsebrühe aufkochen und 20 Minuten ziehen lassen. Nicht zudecken und nicht mehr kochen lassen.
- Butter schmelzen und mit Schnittlauch über die abge-tropften Klöße verteilen.

Tipp: Kochwasser für Suppe oder Soße verwenden.

Kartoffel-Gemüse-Schnitzel in Sesamkruste

Zutaten

s. Kroketten
(s. Rez. S. 65)

zusätzlich:
ca. 500 g knackig gedünstetes Gemüse (Reste)
Sesamsamen
Öl

Arbeitsschritte

- Teig herstellen, wie bei Kroketten beschrieben.
- Gemüse sehr klein schneiden und untermengen.
- Handtellergroße 1 cm dicke Schnitzel formen.
- Auf beiden Seiten in Sesam tauchen und in Öl knusprig braten.

Kartoffelbrei

Zutaten

1,5 kg Kartoffeln
ca. ½ l Wasser
1 EL Kräutersalz
200 g Sahne
¼ TL Muskatnuss, gerieben
¼ TL Paprika, mild
Je 1 Msp. Pfeffer und
Knoblauchpulver
etwas Flüssigwürze
1 EL Petersilie, kleingehackt
1 EL Butter

Arbeitsschritte

- Kartoffeln waschen, schälen, Triebansätze (Augen) großzügig entfernen und in kleine Stücke schneiden.
- Wasser mit Kräutersalz in einem großen Topf zum Kochen bringen. Kartoffelstückchen hineingeben und bei mäßiger Hitze ca. 10 Minuten kochen.
- Kartoffeln abseihen, dabei Kochwasser auffangen, und mit Handmixer pürieren.
- Kochwasser mit Sahne und Gewürzen zugeben, verrühren.
- In eine vorgewärmte Schüssel geben und mit der Petersilie garnieren.

Kartoffelkroketten

Zutaten

1 kg Kartoffeln
1 TL Salz
¼ TL Muskatnuss, gerieben
40 g Butter
1 EL Reismehl
Kartoffelstärke nach Bedarf
3 EL Soja Cuisine
Semmelbrösel oder
Kokosraspel

Arbeitsschritte

- Kartoffeln schälen, waschen, Triebansätze (Augen) großzügig entfernen, halbieren und in möglichst wenig Wasser gar kochen.
- Abseihen (Kochwasser für Suppe oder Soße verwenden).
- Kartoffeln durch die Kartoffelpresse drücken und etwas abkühlen lassen.
- Salz, Muskat, Butter und Reismehl oder Kartoffelstärke zugeben.
- So viel Kartoffelstärke zufügen, dass ein geschmeidig-fester Teig entsteht.
- Den Teig zu einer großen Rolle formen.
- Portionieren und 3 cm dicke, 7 cm lange Röllchen formen.
- In Soja Cuisine wenden, in Semmelbröseln (oder Kokosraspeln) wälzen und in ausreichend Fett goldbraun backen.

Tipp: Statt Kartoffelstärke Kartoffelpüree-Pulver einstreuen.

Rezeptübersicht

Italienische Küche

Spaghetti mit Sojabällchen

Zutaten

500 g Spaghetti
150 g Bratlingmasse
(s. Rez. S. 157)
½ l Tomatensoße
(s. Rez. S. 199)
Basilikumblätter
1 EL Butter
Käse, gerieben

Arbeitsschritte

- Bratlingmasse nach Anleitung zubereiten und zu kleinen Bällchen formen.
- In die kochende Tomatensoße geben und 5 – 10 Minuten ziehen lassen (nicht umrühren).
- Inzwischen Spaghetti kochen, abseihen und auf Teller verteilen.
- Die Tomatensoße mit den Sojabällchen vorsichtig darübergeben.
- Mit Basilikumblättern verzieren und mit Butter und Käse servieren.

Makkaroni mit Tofu und Käsesoße

Zutaten

200 g Erbsen tiefgekühlt
2 kleine Zwiebeln
2 EL Olivenöl
1 TL Oregano getrocknet
200 g Tofu
60 g Butter
500 g Makkaroni

Soße:
¼ l Milch
125 g Schmelzkäse vegan
etwas Pfeffer

Arbeitsschritte

- Erbsen mit einigen EL Salzwasser kurz aufkochen lassen, zur Seite stellen.
- Zwiebeln in Ringe schneiden.
- Öl in eine Pfanne geben und die Zwiebeln anbraten.
- Oregano zufügen.
- Tofu in kleine Streifen schneiden, zu den Zwiebeln dazugeben und mitbraten.
- Erbsen zufügen und kurz aufkochen lassen.
- Inzwischen Makkaroni in Salzwasser kochen und abseihen.
- Milch erhitzen, den Käse in kleinen Stückchen darin auflösen, mit Pfeffer abschmecken.
- Alles in einer großen Kasserolle zusammenmischen und servieren.

Makkaroni-Auflauf

Zutaten

siehe linke Seite

zusätzlich:
Semmelbrösel
oder geriebener Käse

Arbeitsschritte

- Zubereitung wie bei Makkaroni mit Käsesoße beschrieben, allerdings die Makkaroni nur halb gar kochen.
- Mit der Soße in eine Auflaufform füllen, mit Semmelbröseln oder Käse überstreuen und im vorgeheizten Ofen bei ca. 200 °C 10 Minuten überbacken.

Grundrezept:

Strudelteig

Zutaten

250 g Weizen
etwas Salz
3 EL Öl
1 TL Obstessig
ca. ⅛ l lauwarmes Wasser
Butter oder Margarine

Arbeitsschritte

- Weizen fein mahlen, nach Belieben aussieben.
- Salz, Öl, Essig und so viel Wasser zufügen, dass sich ein glatter, elastischer Teig kneten lässt.
- Den Teig in drei Teile schneiden, zu Kugeln rollen.
- Mit einer angewärmten Schüssel zudecken und mindestens 20 Minuten an einem warmen Ort ruhen lassen. (Der Teig darf nicht kalt werden.)
- Den ausgeruhten Teig auf bemehltem Brett möglichst dünn ausrollen.
- Mit Butter bepinseln.
- Mit Füllung belegen und mit Hilfe eines Tuches aufrollen.
- Auf ein gefettetes Backblech oder in eine Bratpfanne gleiten lassen.
- Mit Butter bestreichen und bei 175 °C 40 – 50 Min. backen.
- Warm oder kalt servieren.

Lasagne-Strudel

Zutaten

Strudelteig (s. Rez. S. 69)

Italienische Tomatensoße,
doppelte Menge
(s. Rez. S. 199)
ca. 100 g Sojagranulat

Béchamelsoße:
60 g Butter
6 EL Weizenmehl Type 1050
3 Tassen Milch
1 TL Salz
¼ TL Pfeffer
¼ TL Muskatnuss

Arbeitsschritte

- Teig nach Grundrezept vorbereiten.
- Während der Teig ruht, italienische Tomatensoße mit ca. 100 g Sojagranulat kochen und etwas abkühlen lassen.
- Für die Béchamelsoße Butter zerfließen lassen, Weizenmehl in der Milch anrühren und zufügen.
- Würzen und unter ständigem Rühren aufkochen lassen.
- Während die Soßen abkühlen, den Teig zu Platten ausrollen und sparsam mit Butter bepinseln.
- Abwechselnd Tomatensoße und Béchamelsoße in Streifen von ca. 5 cm Breite auf dem Teig verteilen. Dazwischen jeweils 5 cm frei lassen.
- Die Strudel mit Hilfe eines Tuches aufrollen, in eine gefettete Auflaufform geben, mit Butter bepinseln und bei 175 °C ca. 50 Minuten backen.
- Mit geriebenem Käse servieren.

Lasagne-Strudel mit Spinat

Zutaten

Strudelteig (s. Rez. S. 69)
Béchamelsoße (s. oben)
Blattspinat (s. Rez. S. 53)

Arbeitsschritte

- Strudelteig vorbereiten.
- Während er ruht, Béchamelsoße kochen.
- Dann füllen, wie bei Lasagne-Strudel beschrieben, und bei 175 °C ca. 40 Minuten backen.

Lasagne klassisch (für 8 Personen)

Zutaten

2 P. Hartweizen-Lasagne-Platten

Füllung:
Italienische Tomatensoße,
doppelte Menge
(s. Rez. S. 199)
Béchamelsoße, doppelte
Menge (s. Rez. S. 70)

Zum Bestreuen:
8 EL Käse, gerieben oder
4 EL Sonnenblumenkerne,
leicht angeröstet

Arbeitsschritte

- Den Boden einer rechteckigen feuerfesten Form mit Béchamelsoße bedecken.
- Mit Teigplatten auslegen und satt mit Tomatensoße bestreichen.
- Im Wechsel weitermachen bis alle Teigplatten aufgebraucht sind.
- Die oberste Lage sollte reichlich mit einer der Soßen bedeckt sein.
- Mit Käse oder Sonnenblumenkernen bestreuen.
- Bei 200 °C im vorgeheizten Backofen 20 Minuten überbacken.

Lasagne mit Auberginen (für 8 Personen)

Zutaten

Rezept Lasagne klassisch
mit nur 1 P. Hartweizen-
Lasagne-Platten
2 große Auberginen
2 TL Salz
Olivenöl zum Braten

Arbeitsschritte

- Béchamelsoße und nur 1 Rez.-Menge Tomatensoße zubereiten, zur Seite stellen.
- Die Aubergine schälen und in dicke Scheiben schneiden.
- Öl in einer Pfanne erwärmen, die Scheiben zufügen und wenden, damit die Auberginenscheiben auf beiden Seiten mit Öl benetzt sind.
- Das Salz in eine Tasse geben, 4 EL lauwarmes Wasser zufügen und auflösen.
- Die Auberginenscheiben damit benetzen und auf beiden Seiten kurz anbraten.
- Den Boden einer rechteckigen feuerfesten Form mit Béchamelsoße bedecken.
- Mit Teigplatten auslegen und sparsam mit Tomatensoße bestreichen.
- Die Auberginen darauflegen und im Wechsel weitermachen bis alle Teigplatten und Auberginenscheiben verarbeitet sind.
- Die oberste Lage reichlich mit einer der Soßen bedecken.
- Mit Käse oder Sonnenblumenkernen bestreuen.
- Bei 200 °C im Backofen 20 Minuten überbacken.

Mozzarella

Zutaten

1 l Milch
200 g Joghurt
200 g Sahne
1 TL Zitronensaft

Arbeitsschritte

- Milch und Sahne zum Kochen bringen.
- Joghurt mit Zitronensaft verrühren.
- Das Gemisch in die kochende Milch einrühren.
- Unmittelbar nach dem Ausflocken sehr vorsichtig durch ein engmaschiges Sieb gießen. Dabei den Kloß mit einem Pfannenheber zurückhalten, damit nicht zu viel vom Käse in die Molke fließt.
- Den Käse im Sieb zu einem Kloß formen.
- Noch warm salzen. Nach dem Abkühlen luftdicht verschließen. Bald verbrauchen.

Tipp: Die Molke für Suppe oder Soße verwenden.

Schabziger Mozzarella

Zutaten

siehe oben

zusätzlich:
Schabzigerklee
Öl

Arbeitsschritte

- Zubereitung wie oben beschrieben.
- Mozzarella noch warm in Schabzigerklee wälzen und in Öl einlegen.
- 1 – 2 Tage ziehen lassen.

Mozzarella-Auflauf

Zutaten

2 EL Butter oder Öl
1 P. Vollkorntoast
750 g Tomaten
500 g Mozzarella (s. links)
2 Zwiebeln
1–2 Knoblauchzehen
4 EL Olivenöl
Salz
Pfeffer
frisches Basilikum

Arbeitsschritte

- Auflaufform mit Butter ausstreichen und den Boden mit dem Toastbrot bedecken.
- Tomaten und Mozzarella in Scheiben schneiden.
- Zwiebeln und Knoblauch sehr klein würfeln, mit Olivenöl mischen und das Brot mit der Hälfte der Mischung beträufeln.
- Tomaten und Mozzarella dachziegelartig auf das Brot schichten, pfeffern, salzen und den Rest Olivenöl darübergießen.
- Ca. 20 Minuten bei 220 °C backen.
- Mit frischem Basilikum verzieren.

Nudelauflauf mit Blattspinat und Mozzarella

Zutaten

400 g Mozzarella (s. links)
1 kg Blattspinat
2 Zwiebeln
1 Knoblauchzehe
2 EL Butter
100 g Käse, gerieben
2 TL Salz
1 Msp. Pfeffer
2 Msp. Muskatnuss
500 g Vollkornnudeln

Arbeitsschritte

- Mozzarella nach Anleitung frisch herstellen oder gekauften in Scheiben schneiden, salzen, und zur Seite stellen.
- Blattspinat waschen und gut abtropfen lassen.
- Zwiebeln und Knoblauch klein hacken.
- 1 EL Butter in einer Pfanne erwärmen, Zwiebeln und Knoblauch goldgelb rösten, danach den Spinat zufügen.
- Würzen und ca. 5 Minuten kochen.
- Vollkornnudeln halb gar kochen, abseihen.
- Eine Auflaufform mit der restlichen Butter bestreichen und schichtweise Nudeln, Mozzarella und Spinat hineingeben.
- Mit Käse bestreuen und im Backofen bei 200 °C ca. 20 Minuten backen.

Pizza Chicago

Zutaten

für 2 große Springformen

Teig:
1 kg Mehl
2 P. Trockenhefe
650 g warmes Wasser
1 EL Olivenöl
2 TL Salz

Füllung:
1 kg Blattspinat frisch
1 EL Butter
1 TL Gemüsebrühe, gekörnt
2 Msp. Muskatnuss, gemahlen
300 g passierte Tomaten
1 TL Oregano
1 TL Olivenöl
500 g Gouda, gerieben

Arbeitsschritte

- Hefeteig nach Anleitung zubereiten (s. Grundrezept Hefeteig pikant S. 47).
- Während der Aufgehzeit Spinat blanchieren, abgießen, grob zerkleinern und mit Butter, Würze und Muskatnuss abschmecken.
- 2 große Springformen fetten und ⅔ des Teiges auf Boden und Rand verteilen, aufgehen lassen.
- Passierte Tomaten mit Oregano und Öl verrühren und jeweils ¼ auf dem Teig verteilen.
- Jeweils ¼ des Käses darauf streuen.
- 10 Minuten bei 200 °C backen.
- Inzwischen aus dem restlichen Teig zwei dünne Platten, etwas größer als die Springformen, ausrollen.
- Den Springformrand lösen und den Spinat auf die vorgebackenen Böden verteilen.
- Teigplatten darauflegen, die Ränder gut verschließen und 5 – 10 Minuten aufgehen lassen.
- Auf beide Pizzen restliche Tomatensoße träufeln und den Käse verteilen.
- Bei 250 °C nochmals ca. 10 Minuten backen.

Variante:

Diese Pizza kann auch offen gebacken werden. Dazu bitte die Hälfte der oben genannten Zutaten, zusätzlich frische Tomaten und Mozzarella verwenden.
Den Teig auf zwei Pizzaformen verteilen, den vorbereiteten Spinat, Tomaten und Käse darauf verteilen, 15 Min. gehen lassen und 15 – 20 Min. bei 200 °C backen.

Stuffed Tomaten-Pizza

Zutaten

für 2 Springformen

Teig:
s. Rez. Pizza Chicago

Füllung:
anstelle von Spinat
4 große Tomaten

Arbeitsschritte

- Zubereitung siehe Pizza Chicago (linke Seite)

Stuffed Tomaten-Champignon-Pizza

Zutaten

Teig:
s. Rez. Pizza Chicago

Füllung:
s. Rez. Stuffed Tomaten-Pizza
zzgl. 200 g Champignons

Arbeitsschritte

- Teig und Füllung nach Beschreibung vorbereiten.
- Champignons blättrig schneiden und mit den Tomaten-scheiben auf den vorgebackenen Pizzen verteilen.
- Weiter so verfahren wie bei Pizza Chicago beschrieben.

Lauch-Pizza

Zutaten

500 g Weizen, fein
gemahlen
20 g Hefe
2 TL Salz
1 EL Olivenöl
ca. 300 ml lauwarmes
Wasser

Belag:
200 g Zwiebeln
800 g Lauch
200 g Räuchertofu
Pfeffer
Muskatnuss
Oregano
Salz
100 g Käse, gerieben
4 EL Olivenöl

Arbeitsschritte

- Hefeteig (s. Grundrezept Hefeteig pikant S. 47) zubereiten, auf ein gefettetes Blech ausrollen und gehen lassen.
- Zwiebeln und Lauch in Ringe, Tofu in feine Streifen schneiden.
- Alles mit den Gewürzen vermengen und auf dem Hefeteig verteilen.
- Käse darüberstreuen.
- Öl darüberträufeln.
- Bei ca. 200 °C 20 Minuten backen.

Grundrezept:

Polenta

Zutaten

300 g Maisgrieß
2 TL Gemüsebrühe
0,5 l Wasser
1 l Sojamilch
2 EL Olivenöl

Arbeitsschritte

- Wasser und Sojamilch zum Kochen bringen, Gemüsebrühe und Öl zugeben.
- Maisgrieß langsam in das Wasser einrieseln lassen, mit einem Schneebesen ständig rühren, damit sich keine Klumpen bilden.
- Bei schwacher Hitze unter ständigem Rühren 5 Minuten köcheln lassen (Vorsicht: Spritzgefahr bei zu hoher Temperatur!), abschalten und zugedeckt einige Minuten nachquellen lassen.

Einen besonders guten Ergänzungswert für die Eiweißbausteine, die essentiellen Aminosäuren, stellen Maisprodukte in Kombination mit Soja-Tofuprodukten dar. Damit kann sich der Körper die restlichen Aminosäuren aufbauen.
Die folgenden Rezepte eignen sich hervorragend, um bei rein pflanzlicher Ernährung Eiweißmangel zu vermeiden.

Polenta-Auflauf

Zutaten

s. Polenta Grundrezept

Füllung:
1 Zwiebel, gehackt
2 EL Butter
200 g Räuchertofu
Salz
Pfeffer
Muskatnuss
Öl für die Form
200 g Sahne oder Soja Cuisine
150 g Käse, dünn geschnitten
2 EL Käse, gerieben

Arbeitsschritte

- Polenta nach Grundrezept zubereiten.
- Während die Polenta ausquillt, die Zwiebel in Butter glasig rösten.
- Den in Streifen geschnittenen Tofu zufügen und 2–3 Minuten mitdünsten.
- Mit Salz, Pfeffer und Muskatnuss würzen und noch einige Minuten ziehen lassen.
- Eine Auflaufform mit Öl auspinseln.
- Die Hälfte der Polenta auf den Boden streichen.
- Die Füllung darauf verteilen und mit der restlichen Polenta bedecken.
- Den Auflauf mit Sahne begießen und den geriebenen Käse darüberstreuen.
- Im vorgeheizten Backofen bei 225 °C auf der zweiten Einschubleiste von oben etwa 20 Minuten backen.

Variante: Sojabratlingmasse als Füllung verwenden.

Tipp: Schmeckt auch vegan sehr gut. Dafür die Sahne mit Soja Cuisine ersetzen und den Käse weglassen.

Polenta mit Pilzen

Zutaten

s. Polenta Grundrezept

Füllung:
600 g frische Champignons
2 EL Olivenöl
Knoblauchzehen nach Geschmack
1 TL Salz
¼ TL Pfeffer
1 TL Majoran
2 TL Petersilie, gehackt

Arbeitsschritte

- Polenta nach Grundrezept zubereiten und zur Seite stellen.
- Für die Füllung die Pilze waschen, trocken tupfen und vierteln.
- Knoblauch in dünne Scheiben schneiden.
- Öl erwärmen, Pilze und Knoblauch zufügen und 10 Minuten dünsten.
- Mit Salz, Pfeffer, Majoran und Petersilie vermischen.
- Die Mischung auf die Hälfte der Polenta geben, restliche Polenta darüber verteilen und wie angegeben im Backofen backen.

Variante: Die Pilze mit einer klein gehackten Zwiebel dünsten und mit Crème fraîche verfeinern.

Polenta mit Salbeibutter

Zutaten

Polenta (s. Rez. S. 76)

zusätzlich:
2 Knoblauchzehen
6 Salbeiblätter
Salz
100 g Butter oder
Margarine

Arbeitsschritte

- Polenta nach Grundrezept zubereiten und zur Seite stellen.
- Knoblauch und Salbeiblätter fein hacken.
- Die Butter bei Küchentemperatur weich werden lassen.
- Knoblauch, Salbei und wenig Salz mit der Butter oder Margarine gut mischen.
- Die Polenta in eine Schüssel füllen.
- Die Salbei-Knoblauch-Butter in Flocken darüber verteilen.
- Dazu gebratene Tofuscheiben und Salate servieren.

Mais-Taler mit Tofu

Zutaten

Polenta (s. Rez. S. 76)

zusätzlich:
20 g Käse, gerieben

Soße:
500 g Tomaten
1 Schalotte, fein gehackt
1 Knoblauchzehe
2 EL Olivenöl
Salz
Pfeffer
30 g Tomatenmark
1 TL Kräuter, gemischt
(Basilikum, Oregano,
Petersilie)

2 EL Olivenöl
300 g Tofu
2 EL Tamari
Öl zum Braten
2 EL geröstete Pinienkerne
Basilikumblätter zum
Verzieren

Arbeitsschritte

- Polenta nach Grundrezept herstellen und den Käse daruntermischen.
- Ein Backblech kalt ausspülen und den noch warmen Maisbrei daraufgießen, glattstreichen und abkühlen lassen.
- Tomaten schälen, halbieren, die Kerne herausdrücken und das Tomatenfleisch in kleine Würfel schneiden.
- Klein geschnittene Schalotte, durchgepressten Knoblauch und Kräuter in Olivenöl andünsten. Salzen und pfeffern.
- Tomatenwürfel und Tomatenmark hinzufügen und 5 Minuten unter gelegentlichem Rühren dünsten. Bei Bedarf mit etwas Wasser auffüllen. Warm stellen.
- Tofu in Scheiben schneiden.
- Öl und Tamari in eine Pfanne geben, Tofuscheiben darin wenden und kurz auf beiden Seiten braten. Warm stellen.
- Mit einer Ausstechform von ca. 5 – 6 cm Durchmesser kleine Kreise ausstechen.
- Die Maistaler beidseitig in Öl braten und auf einer vorgewärmten Platte anrichten.
- Jeweils eine Scheibe gebratenen Tofu auf die Taler geben, Pinienkerne darüber verteilen und mit Basilikum garnieren.
- Die Tomatensoße in eine Sauciere umfüllen und gesondert zu Tisch geben.
- Als Beilage Salat oder Blattspinat.

Mais-Pizza

Zutaten

Polenta (s. Rez. S. 76)
2 EL Olivenöl für das Blech

Belag:
250 g grüne
Paprikaschoten
1 kleine Zwiebel
750 g Tomaten
3 EL Olivenöl
Salz
Pfeffer
1 EL Oregano, frisch
gehackt
oder ½ TL Oregano
getrocknet
250 g Mozzarella (s. Rez.
S. 72)
8 grüne Oliven ohne Stein

Arbeitsschritte

- Polenta nach Grundrezept zubereiten, auf das geölte Back-blech streichen und warm stellen.
- Die Paprikaschoten säubern und in feine Streifen schneiden.
- Zwiebel grob hacken.
- Tomaten schälen und vierteln.
- Die Hälfte des Olivenöls erhitzen, Paprikastreifen und Zwiebeln kurz anbraten.
- Mit Salz, Pfeffer und Oregano würzen und auf der Polenta verteilen.
- Mozzarella in dünne Scheiben schneiden, salzen und die Pizza damit belegen.
- Die Oliven in dünne Scheiben schneiden und darüber verteilen.
- Mit Pfeffer würzen und mit geviertelten Tomaten garnieren, leicht salzen.
- Das restliche Olivenöl darüberträufeln.
- Die Pizza im vorgeheizten Backofen 15 Minuten bei 200 °C backen.

Variante:
- Statt Paprika Zucchini verwenden.

Mais-Cordon-bleu

Zutaten

Polenta (s. Rez. S. 76)
1 TL Gemüsebrühe
100 g Maisgrieß
200 g Räuchertofu
100 g geriebener Käse
1 EL Olivenöl

Panade:
3 EL saure Sahne
1 EL Hefeflocken
Semmelbrösel
2 EL Olivenöl

Arbeitsschritte

- Polenta nach Grundrezept zubereiten.
- Ein Backblech kalt ausspülen und die Polenta 1 cm dick auftragen und kühl stellen.
- Nach Erkalten in ca. 5 x 7 cm große Rechtecke schneiden.
- Räuchertofu in dicke, ca. 4 x 6 cm große Scheiben schneiden.
- Die Hälfte der Polentaschnitten damit belegen, mit etwas Käse bestreuen, die zweite Schnitte darauflegen und festdrücken.
- Für die Panade Semmelbrösel in einen tiefen Teller geben und in einem zweiten Teller saure Sahne und Hefeflocken verrühren.
- Die Schnitten panieren.
- In Olivenöl beidseitig goldgelb backen.
- Mit Gemüse nach Wahl servieren.

Gefüllte Maisschnitten mit Basilikum

Zutaten

Mais-Cordon-bleu
1 Bund Basilikum

Arbeitsschritte

- Mais-Cordon-bleu wie oben beschrieben vorbereiten.
- Die Scheiben zusätzlich mit Basilikum belegen.
- Panieren und ausbacken wie beschrieben.

Rezeptübersicht

Schnellgerichte für eine Person

Das ist die Alternative zur Tiefkühlkost und dem fade gewordenen Mittagstisch zur Bürozeit! Schnell und problemlos vorbereitet, eignen sich die meisten Rezepte auch gut zum Mitnehmen für Picknicks im Stadtpark oder für Ausflüge.

Apfel-Möhren-Müsli

Zutaten

20 g Haferflocken
(Vollkorn)
75 g Magermilch-Joghurt
50 g Möhren, geraspelt
50 g Äpfel, geraspelt
10 g Sesam, in der Pfanne
geröstet
Zitronensaft

Arbeitsschritte

- Alle Zutaten mischen.
- Mit Zitronensaft abschmecken.

Tipp: Sesam in einer größeren Menge rösten und in einem Schraubglas aufbewahren. Über Salat oder Gemüse gestreut ist er bestens geeignet, Nährwert und Geschmack aufzuwerten.

Aprikosen-Reis

Zutaten

30 g Naturreis, gekocht
100 g Magermilch-Joghurt
150 g Aprikosen
Zimt
Honig

Arbeitsschritte

- Abgekühlten Reis mit Joghurt mischen.
- Klein geschnittene Aprikosen dazugeben.
- Mit Zimt und Honig oder Zucker abschmecken.

Suppe zum Frühstück?
Wenn Sie es versuchen wollen,
hier ein 'Kraftmeier',
der uns auf die Beine hilft:

Misosuppe

Zutaten

½ l Wasser
½ TL Gemüsebrühe
1 – 2 EL Hiziki-Algen
1 Möhre
1 kleine Rote Beete
1 Tasse Kürbis, Zucchini
oder Aubergine
50 g Glasnudeln
(Reisnudeln)
1 EL Miso
1 EL Tamari
1 EL Distelöl
1 – 2 EL Gomasio

Arbeitsschritte

- Algen mit Wasser zum Kochen bringen.
- Gemüse waschen, in kleine Stücke schneiden, zugeben und 5 Minuten kochen lassen.
- Glasnudeln zufügen, aufkochen lassen, Miso, Tamari und Öl dazugeben, gut verrühren.
- Mit Gomasio (s. Rez. S. 11) servieren.

Pasta Crema

Zutaten

150 g breite Nudeln
(Vollkorn-, Soja- oder
Weizengrießnudeln)
1 TL Gemüsebrühe
125 g Crème fraîche oder
Soja Cuisine
1 TL Zitronensaft
1 TL Butter oder Öl

Arbeitsschritte

- Nudeln bissfest kochen, abseihen und gut abtropfen lassen.
- Butter oder Öl erwärmen, die Nudeln zugeben und kurz schwenken.
- Brühe in etwas warmem Wasser auflösen und zugeben.
- Crème fraîche und Zitronensaft unterrühren.
- Pasta Crema schmeckt besonders gut mit frischen, gehackten Kräutern wie: Basilikum, Petersilie oder Dill.

Pasta Crema mit Champignons

Zutaten zusätzlich

100 g Champignons

Arbeitsschritte

- Zutaten und Herstellung wie Pasta Crema,
- die Champignons kurz anbraten und zu den Nudeln geben.

Pasta Crema mit Erbsen

Zutaten zusätzlich

1 kleine Tasse tiefgekühlte
Erbsen

Arbeitsschritte

- Zutaten und Herstellung wie Pasta Crema,
- Erbsen in etwas Wasser mit der Gemüsebrühe kurz kochen und zu den Nudeln geben.

Spinat-Pasta mit Käsesoße

Zutaten

Nudeln durch breite grüne
Nudeln ersetzen.

Sonstige Zutaten wie Pasta
Crema, zusätzlich 4 Käse-
Scheibletten.

Arbeitsschritte

- Herstellung wie Pasta Crema, zum Schluss die Scheibletten auf die noch heißen Nudeln legen, zudecken und verrühren, sobald der Käse geschmolzen ist.

Nudeln mit Tomatensoße

Zutaten

50 g Vollkornnudeln
200 g Tomaten (Dose)
50 g Zwiebeln, gehackt
½ Knoblauchzehe, zer-
drückt (nach Geschmack)
1 TL Tomatenmark
Oregano, Thymian
Sojasoße
Basilikum oder Petersilie,
fein gehackt

Arbeitsschritte

- Nudeln kochen.
- Tomaten erhitzen und klein schneiden.
- Zwiebeln zufügen und ca. 15 Minuten dünsten.
- Tomatensoße mit Tomatenmark, Oregano und Thymian abschmecken und mit Basilikum oder Petersilie bestreuen.
- Soße über die Nudeln verteilen.

Nudeln mit Gemüse

Zutaten

1 Tasse Spiralen oder
Hörnchen
1 kleine Kartoffel
½ grüne Paprika
1 Tomate
1 kleine Zwiebel
¼ TL mildes Paprikapulver
¼ TL Salz
¼ Msp. Pfeffer
1 – 2 EL Öl
Gomasio oder Tamari

Arbeitsschritte

- Die Vollkornnudeln nach Vorschrift kochen, abseihen und warm stellen.
- Gemüse klein schneiden, in heißem Öl anbraten und in ca. 5 Minuten knackig garen.
- Mit Paprika bestäuben.
- Nudeln zum Gemüse geben, vermischen.
- Mit Gomasio oder Tamari servieren.

Ein exklusiver Auflauf mit sehr charakteristischem Geschmack, der mehr Aufmerksamkeit beim Essen braucht als bei der Zubereitung.

Nudelauflauf mit Curry und Lauch

Zutaten

150 g Sojanudeln
100 g Lauch
3 Champignons
Gemüsebrühe, gekörnt
Olivenöl
50 g saure Sahne
50 g süße Sahne
½ Knoblauchzehe nach
Geschmack
¼ TL Kräutersalz
¼ TL Curry
100 g Käse, gerieben

Arbeitsschritte

- Nudeln halb gar kochen und abseihen.
- Öl in einer großen Pfanne erhitzen, klein geschnittene Champignons und in dünne Ringe geschnittenen Lauch zugeben und kurz anbraten.
- Mit Gemüsebrühe abschmecken.
- Süße und saure Sahne, Kräutersalz, Curry und die gekochten Nudeln zugeben. Gut verrühren.
- Alles in eine gefettete Auflaufform geben, Käse darüberstreuen.
- Bei 180 °C 10 – 15 Minuten überbacken.

Ernährungsphysiologisch ein höchst wertvolles Gericht, das Ihnen alle essentiellen Aminosäuren liefert. Hülsenfrüchte mit Vollgetreide sollten so oft wie möglich auf dem vegetarischen Speiseplan stehen! Sie sind im Handumdrehen vorbereitet. Die Garzeit von 40 Minuten sollte allerdings einkalkuliert werden.

Reis mit Linsen

Zutaten
½ Tasse Vollreis
½ Tasse halbe rote Linsen
3 Tassen Wasser
¼ TL Salz
1 Möhre
¼ TL Tamari
1 EL Gomasio
1 EL Öl

Arbeitsschritte
- Reis und Linsen waschen, mit Wasser und Salz zum Kochen bringen, ca. 30 Minuten auf kleiner Hitze quellen lassen.
- Möhre bürsten, in kleine Scheiben schneiden, dazugeben und nochmals 10 Minuten köcheln lassen.
- Mit Tamari, Gomasio und Öl servieren.

Nahrhaft, leicht und ganz rasch fertig:

Risi Pisi

Zutaten
½ Tasse Vollreis
1 Tasse Erbsen (roh oder tiefgekühlt)
2 Tassen Wasser
¼ TL Salz
1 EL Margarine

Arbeitsschritte
- Reis waschen und mit Salzwasser zum Kochen bringen.
- Aufkochen lassen, dann bei kleiner Hitze 20 Minuten ausquellen lassen.
- Erbsen dazugeben, nochmals aufkochen und 5 Minuten ziehen lassen.
- Mit Margarineflöckchen servieren.

Kartoffeln mit Erbsen

Zutaten
3 – 4 Kartoffeln
1 Tomate
Öl
¼ TL Majoran
1 Tasse Erbsen
Salz
1½ Tassen Wasser
Salz

Arbeitsschritte
- Kartoffeln schälen, klein würfeln. Tomate ebenfalls würfeln.
- Öl erhitzen, beides in Öl anbraten, Majoran, Erbsen und Salz dazugeben, mit Wasser auffüllen und 5 – 10 Minuten köcheln lassen.

Reis mit Gemüse

Zutaten

½ Tasse Basmatireis
1 Tasse Wasser
2 Msp. Salz
2 EL Öl
2 Tassen Kürbiswürfel
1 TL Tamari
1 EL Gomasio

Arbeitsschritte

- Reis waschen.
- Wasser mit Salz zum Kochen bringen.
- Den Reis aufkochen und ca. 10 Minuten bei niedriger Temperatur ausquellen lassen.
- Öl erhitzen und Kürbiswürfel einige Minuten braten. Mehrmals umrühren.
- Mit Tamari und Gomasio servieren.
- Varianten statt Kürbis:
  - 2 Tassen Zucchiniwürfel
  - 1 Tasse Möhrenscheiben
  - ½ gewürfelte Salatgurke
  - 2 kleine Fenchelknollen, geachtelt
  - je 1 Zwiebel und Paprika, in Streifen geschnitten
  - 1 Tasse Auberginenwürfel

Buchweizen-Grütze mit Tomaten

Zutaten

1 kleine Zwiebel
1 EL Butter oder Margarine
50 g Buchweizen, ganz
¼ l Gemüsebrühe
½ Lorbeerblatt
2 Msp. Meersalz
2 Tomaten
25 g Frischkäse
Schnittlauch oder Petersilie

Arbeitsschritte

- Zwiebel würfeln, in heißem Fett andünsten.
- Den Buchweizen zugeben und unter Rühren leicht anrösten.
- Mit Gemüsebrühe aufgießen, würzen und bei geringer Hitze ca. 15 Minuten garen.
- Inzwischen Tomaten eine Minute in kochendes Wasser tauchen, häuten, halbieren und in der Grütze kurz schmoren.
- Frischkäse in Flöckchen verteilen.
- Mit Schnittlauch oder Petersilie garnieren.

Buchweizen mit Roter Beete

Zutaten

1 kleine Rote Beete
3 Tassen Wasser
¼ TL Salz
1 Tasse Buchweizen
¼ TL Tamari

Arbeitsschritte

- Rote Beete dünn schälen und in Würfel schneiden.
- Mit Salzwasser zum Kochen bringen.
- Buchweizen dazugeben. 15 – 20 Minuten auf kleiner Flamme garen.
- Mit Tamari abschmecken.

Bulgur ist geschroteter, vorgedämpfter Weizen.
Er ist schnell zubereitet und gut verdaulich.

Bulgur mit Möhren

Zutaten

2 – 3 Möhren
3 Tassen Wasser
1 Tasse Bulgur
Salz oder Tamari
125 g Crème fraîche oder
Frischkäse

Arbeitsschritte

- Möhren in Scheiben schneiden. 10 Minuten mit etwas Wasser kochen.
- Restliches Wasser und Bulgur dazugeben und 10 Minuten fertig garen.
- Mit Salz oder Tamari abschmecken.
- Mit Crème fraîche oder Frischkäseflöckchen verzieren.

Tipp: Statt Möhren Paprikawürfel zugeben.

Bulgur mit Linsen und Gemüse

Zutaten

½ Tasse Linsen
1 Tasse klein geschnittenes
Gemüse nach Geschmack
½ Tasse Bulgur
1 TL Gemüsebrühe
1 EL Öl

Arbeitsschritte

- Linsen waschen und über Nacht einweichen.
- So viel Wasser zugeben, dass die Linsen bedeckt sind.
- Ca. 10 Minuten kochen.
- Gemüse, Bulgur und Gemüsebrühe zufügen und weitere 10 Minuten kochen lassen. Wenn nötig, Wasser zugeben.
- Nach dem Garen Öl darüberträufeln.

Tipp: Reste zu Bratlingen formen und ausbacken.

Sauer? – Damit werden Sie ganz schnell basisch!

Hirse mit Sauerkraut

Zutaten

3 – 4 geh. EL Hirse
200 g Sauerkraut
5 schwarze Oliven
1 Scheibe Camembert
1 EL Olivenöl

Arbeitsschritte

- Hirse in einer Schüssel gut waschen, abseihen und nochmals abspülen.
- In dreifacher Menge Wasser zum Kochen bringen.
- Sauerkraut zugeben, bei geringer Temperatur ca. 20 Minuten köcheln lassen.
- Mit Oliven, Käse und Öl servieren.

Kartoffel-Rösti mit Tofu

Zutaten

1 Zwiebel
3 EL Öl
2 – 3 mittelgroße Kartoffeln
100 g geräucherter Tofu
¼ TL Salz
1 Msp. Pfeffer

Arbeitsschritte

- Zwiebel klein schneiden und in heißem Öl anrösten.
- Kartoffeln schälen, grob raspeln und zur Zwiebel geben.
- Einige Minuten anbraten.
- Tofuwürfel dazugeben und weitere 10 Minuten braten. Anfangs umrühren. Später mit dem Pfannenwender zu einer pfannengroßen Rösti andrücken.
- Salzen und pfeffern.

Tipp: Zur Abwechslung statt Zwiebel 1 TL Majoran zugeben.

Kartoffel-Rösti mit Pilzen

Zutaten

wie vorhergehendes Rezept

statt Tofu 150 g Pilze

Arbeitsschritte

- Kartoffeln ohne Tofu fertig garen.
- 150 g Austernpilze oder Champignons in Öl braten, würzen und über die Rösti geben.

Kartoffel-Gulasch

Zutaten

1 Zwiebel
¼ TL Kümmel
2 EL Öl
2 große Kartoffeln
½ – 1 TL Paprikapulver, mild
½ Tasse Gemüsebrühe

Arbeitsschritte

- Zwiebel klein schneiden und mit dem Kümmel in Öl anbraten.
- Kartoffeln in kleine Würfel schneiden, zugeben, kurz mitbraten.
- Mit Paprika bestäuben, gut verrühren und mit Brühe auffüllen.
- Ca. 15 Minuten dünsten.

Szegediner Kartoffel-Gulasch

Zutaten zusätzlich

½ Tasse klein geschnittenes Sauerkraut

Arbeitsschritte

- Zutaten und Herstellung wie Kartoffel-Gulasch.
- ½ Tasse klein geschnittenes Sauerkraut mitdünsten, Flüssigkeitsmenge um die Hälfte verringern.

Tomaten-Broccoli-Auflauf

Zutaten

300 g Broccoli
200 g Tomaten in Scheiben
Pfeffer
Tamari
50 g Käse, gerieben
10 g Margarine
Kräuter nach Wahl

Arbeitsschritte

- Broccoli bissfest garen, abtropfen lassen.
- In eine Auflaufform geben.
- Tomaten darüber schichten.
- Mit Pfeffer und Tamari würzen, mit Käse bestreuen.
- Fettflöckchen darauf verteilen und bei 200 °C überbacken.
- Mit Kräutern garnieren.
- Mit Baguette servieren.

Vollkorn-Nudelsalat

Zutaten

50 g Vollkornnudeln
150 g Broccoli
120 g Tomaten, geachtelt
100 g Erbsen (Dose)
50 g Magermilch-Joghurt
1 TL Tomatenmark
Pfeffer
Oregano
Knoblauch nach
Geschmack

Arbeitsschritte

- Nudeln garen, abkühlen lassen.
- Broccoli bissfest garen, abkühlen lassen.
- Nudeln mit Gemüse mischen.
- Aus Joghurt und Gewürzen eine Soße bereiten.
- Über den Salat geben.

Zucchini-Salat

Zutaten

200 g Zucchini
100 g Tomaten
100 g gelbe Paprika
1 kleine Zwiebel
1 EL Sojaöl
Kräuteressig
Pfeffer
Knoblauchpulver nach
Geschmack
Schnittlauch

Arbeitsschritte

- Zucchini hobeln oder raffeln, Tomaten in Scheiben schneiden, Paprika und Zwiebel würfeln, alles in eine Schüssel geben und gut vermischen.
- Aus den restlichen Zutaten eine Marinade bereiten und über den Salat geben.
- Mit Schnittlauch bestreuen.

Kapitel 2

Indische Küche

Aus Indien, der Wiege der vegetarischen Küche, würden wir natürlich einen großen Fundus an Kochrezepten erwarten. Dem ist jedoch nicht so. Erst in den letzten Jahrzehnten werden dort Rezeptsammlungen in Buchform herausgebracht – und das auch nur als Service für westlich orientierte Menschen. Ursprünglich wurden die Rezepte einer Familie oder eines Klans nur mündlich von der Mutter zur Tochter weitergegeben und wie ein Geheimnis bewahrt. So entstanden im Laufe der Zeit ganz spezielle Geschmacksrichtungen, die von einer Familie zur anderen und von Region zu Region sehr unterschiedlich sind. Das bezieht sich ganz besonders auf die Gewürze und Gewürzmischungen und auch auf die Art, wie sie verwendet werden (s. indische Gewürze S. 95).

Was mir an der indischen Ernährung am meisten gefällt, ist zum einen die weise Zusammenstellung aller vom Körper benötigten Nährstoffe. Zum anderen die Liebe und Hingabe, mit der gekocht wird. Da ist keine Mühe zu groß, um die Lieben mit frisch zubereiteten Gerichten zu versorgen. Die Tradition nur frisches Gemüse zu verwenden hat echt praktische Gründe. Entweder wird das frisch geerntete Gemüse direkt vom Bauern, der mit seinen Schätzen durch die Straßen zieht, praktisch vor der Haustür erstanden – oder auf dem Markt, ebenso ganz frisch und auch nur so viel, wie an diesem Tag gebraucht wird, eingekauft.

Neben diesen feststehenden Traditionen finden wir allerdings auch seit der Kolonialzeit den Einfluss des Westens, besonders Englands wieder. Weißbrot, Butter, Käse, Ketchup und eine ganz große Palette von Gemüsebratlingen sind fester Bestandteil der indischen Küche geworden.

Glossar

Azuki	=	kleine, runde rote Sojabohnen
Barfi	=	Süßigkeit aus eingedickter Milch
Chapati	=	Fladenbrot aus Weizenmehl, ohne Backtriebmittel
Chai	=	schwarzer Tee mit Milch, Kardamom und Zucker
Chili	=	grüne oder rote Pfefferschote, mild oder scharf. Die sehr scharfen Samenkörner sollten für mildere Gerichte immer entfernt werden.
Currys	=	scharf gewürzte, soßenartige Gerichte
Dal	=	getrocknete, geschälte, halbierte oder ganze Hülsenfrüchte wie: gelbe, rote oder braune Linsen; gelbe oder grüne Erbsen; gelbe, grüne, rote oder schwarze Sojabohnen; weiße, gesprenkelte oder braune Bohnen in verschiedenen Größen und Formen; Kichererbsen, getrocknet oder geröstet
Garam Masala	=	gemahlene Gewürzmischung (s. Rez. S. 107)
Ghee	=	geklärte Butter (s. Rez. S. 107)
Ingwer (frische Wurzel)	=	leicht scharf; er wird geschält und geraffelt oder in Scheiben geschnitten
Khoya	=	eingedickte Milch
Kichererbsenmehl	=	geröstete Kichererbsen gemahlen
Kidneybohnen	=	nierenförmige, längliche rote Bohnen
Lassi	=	mit Wasser verdünnter Joghurt, kann auch gesüßt oder pikant gewürzt sein
Masoor Dal	=	geschälte, halbierte rote Linsen
Mung Dal (Mungbohnen)	=	getrocknete, geschälte grüne Sojabohnen
Pakora	=	in einem Teig aus Kichererbsenmehl getunktes, in Fett ausgebackenes Gemüse, Paneer oder Dal
Paneer	=	indischer Kochkäse (s. Rez. S. 130)
Pulao	=	Reisgericht
Toovar Dal	=	getrocknete, geschälte, halbierte rote Bohnen
Urd Dal	=	getrocknete, kleine, halbierte schwarze Bohnen

Östliche und westliche Gewürzkunde

Seit mehr als 3500 Jahren hat Indien die Welt mit Gewürzen versorgt. Das indische 'Rigveda', zwischen 4500 und 1600 v. Chr. zusammengestellt, ist der älteste Bericht der Welt über Menschenkunde und den medizinischen Gebrauch von Pflanzen und Gewürzen. Die 'Charaka Samhita', die frühesten medizinischen Schriften Indiens, datieren ungefähr um 1000 v. Chr. und beschreiben Tausende von Heilpflanzen.

Für Menschen aus dem Westen, die mit dieser Kunst des Würzens nicht von klein auf vertraut sind, ist es so gut wie unmöglich, das Feingefühl für das jeweils passende Gewürz zu entwickeln.

Es steht allerdings jedem offen, nach seinem eigenen Geschmack die folgenden Rezepte auszuprobieren und abzuändern. Das macht das Kochen eben interessant und spannend. Die ausführliche Beschreibung der Gewürze mag Ihnen dabei eine Hilfe sein.

Die meisten Gewürze, die in diesem Buch erwähnt werden, sind inzwischen überall erhältlich. Tamarinde, Schwarzkümmel, schwarze Senfkörner, Mangopulver oder Curryblätter werden mittlerweile in indischen Geschäften oder Bioläden angeboten. Frischer Koriander mit seinem typischen, unverwechselbaren Geschmack ist in manchen Gerichten unersetzbar. Im Frühjahr als Topfpflanze gekauft, lässt er sich wie alle eingetopften Küchenkräuter am Fenster, auf dem Balkon oder im Garten eine Saison lang halten.

Die indische Tradition, Gewürze zu verwenden:

- Ganz oder gemahlen, in Kochwasser von Gemüsen und Getreidegerichten, in Soßen und Marinaden, aber auch zu süßen Gerichten.
- In Butter oder Öl anrösten und, sobald das Aroma frei wird, zum kochenden Gericht geben (diese Methode empfiehlt sich für Pulaos und bestimmte Currygerichte)
- oder einer gargekochten Speise zufügen (z. B. Hülsenfrüchte).
- Nach dem Essen Gewürznelken, Anissamen, Kardamom oder Arecanuss zum Kauen anbieten. Sie machen einen guten Atem, erfrischen den durch scharfe Speisen erhitzten Gaumen und fördern die Verdauung.

Nicht jedes Gewürz passt zu jedem Gericht. Man sollte wissen, welches Gewürz welche Speise besonders gut ergänzt. Hier eine kurze Beschreibung aller exotischen Gewürze, die in den Rezepten erwähnt werden.

Es wird erklärt, was sie sind (Samen, Blüte, Frucht, Schale oder Wurzel), woher sie kommen, wie sie verwendet werden. Auch ihre typischen Eigenschaften werden aufgezeigt und bei welchen Beschwerden sie nützlich sein können.

Anis stammt ursprünglich aus dem Vorderen Orient, er wird heute seines Samens wegen in Nordafrika, Mitteleuropa und Indien angebaut. Anis ist ein viel benutztes Gewürz für Backwerk, Kompotte, gewisse Salate und Esskastanien. Anis wirkt verdauungsfördernd und macht einen angenehmen Atem. Deshalb gehört er zu den Gewürzen, die man in Indien nach dem Essen kaut.

Bockshornklee (griechisches Heu, lateinischer Name 'Fenum graecuum') stammt aus der Erbsenfamilie (Leguminosen) und ist in den Mittelmeerländer heimisch. Seine beige-gelben Samen haben ein charakteristisches Aroma und schmecken leicht bitter. Bockshornklee ist ein Bestandteil des in Europa hergestellten Currypulvers. Bockshornklee verhindert Blähungen. Die Samen werden so wie sie sind oder nach leichtem Anrösten gemahlen. In Asien werden die Blätter als Gemüse gegessen.

Cayenne-Pfeffer ist ein Verwandter des Chilis, aber weniger scharf.

Chili gehört zur Familie der Paprika und wird in allen heißen Ländern angebaut. Er wird frisch oder getrocknet, ganz (Chilischoten) oder gemahlen (Chilipulver) oder als Samen, die besonders scharf sind, verkauft. In der exotischen Küche wird er wesentlich häufiger verwendet als bei uns. Chili kann schmerzhafte Schwellungen an Gaumen und Zunge verursachen, wenn er zu reichlich genommen wird.

Curry ist eine Mischung aus überwiegend Kurkuma, das dem Currypulver seinen typischen Geschmack verleiht, und weiteren traditionellen indischen Gewürzen wie Kreuzkümmel, Nelken, Ingwer, Zimt, Koriander, Muskat, Senfkörnern und Bockshornklee. Currypulver wurde für die Europäer erfunden und ist fester Bestandteil für viele Gerichte geworden. Curry stammt von dem Tamilwort 'kari', was Soße bedeutet. Indische Currys enthalten neben den Gewürzen, die im Currypulver Verwendung finden, auch noch Pfeffer, getrocknete oder frische Chilischoten, Mohnsamen und frische Curryblätter. In Indien hat jede Familie, Sippe und Region ihre spezifischen Masalas, Gewürzmischungen, die dem soßigen Gericht 'Curry' seine ganz spezielle Note verleihen. Die Mischungen sind gut gehütete Geheimnisse, die nur mündlich weitergegeben werden.

> *Masalas* gibt es zu kaufen oder man stellt sie selbst her. (S. 107) Im Westen würzen wir auf diese Art indische Gerichte.
> *Indisches Curry* gibt es entweder in Pulver- oder Pastenform:
> *Currypulver:* Die Gewürze werden erst angeröstet und dann gemahlen. Eine einfache Mischung ist z. B. das 'Garam Masala I und II'. Es passt nicht nur zu einem Gericht, sondern zu verschiedenen Speisen.

Currypaste: Die verschiedenen Gewürze, Samen, Ingwer, frische Chilischoten, zu denen auch noch Zwiebel und Knoblauch kommen können, werden im Mörser so lange zerstoßen, bis sie eine Currypaste ergeben.

Curryblätter werden ähnlich wie Lorbeerblätter verwendet. Sie sind zarter im Geschmack und können mitgegessen werden. Sie beruhigen den Magen, wirken fiebersenkend und helfen, als Tee getrunken, bei Brechreiz und Erbrechen.

Dill ist wie Fenchel, Kreuzkümmel, Kümmel und Anis ein Doldenblütler. In Europa ist er seit dem Mittelalter bekannt und wächst wie Unkraut in den Mittelmeerländern, wird aber auch kultiviert. Getrockneter Dill ist ein wesentlicher Bestandteil bei Essiggurken oder eingelegtem Gemüse. Frisch ist er unentbehrlich für Salate und Tofugerichte, besonders jene mit Algen.
Dill wirkt krampfstillend und beruhigend, er wird empfohlen bei Schluckauf und gegen Erbrechen. Als Tee: Einen Teelöffel Dillsamen auf eine Tasse kochendes Wasser, 2 – 3 Mal täglich trinken.

Fenchel gehört zu den Doldenblütlern und wird in Europa, Amerika und Asien angebaut. Er enthält das gleiche ätherische Öl wie Anis, allerdings ist er ein wenig strenger. Die Knolle einiger Fenchelarten ist sehr beliebt als Salat oder gekocht als Gemüse. Die Blätter benutzt man wie Kräuter. Gehackt streut man sie über Oliven, Gurken oder Bohnen. Die Samen aromatisieren verschiedene Soßen, Salate, Suppen, Esskastanien und Gemüseragouts. Die Knolle wirkt harntreibend, die Samen stimulieren den ganzen Verdauungsapparat.

Gewürznelke stammt ursprünglich aus Asien und wird heute auf tropischen Inseln angebaut (Madagaskar, Sansibar), denn sie gedeiht nur in Seenähe. Die roten Blüten des Nelkenbaumes werden schon als Knospen gepflückt und in der Sonne getrocknet, wobei sie sich schwarzbraun verfärben. Das charakteristische Nelkenaroma wird durch ein antiseptisch wirkendes Öl hervorgerufen.
Sie hilft nicht nur bei Zahn-, sondern auch bei Kopfschmerzen. Gewürznelken wirken magen- und darmstärkend. Sie aktivieren die Verdauungssäfte. Zu deftigen Gerichten wie Linsen, Kartoffeln, Ragout, Pot-au-feu (Eintopfgerichte) wird eine Zwiebel mit einigen Gewürznelken besteckt und mitgebraten. Eine zerstoßene Gewürznelke aromatisiert vegetarische Füllungen, Gemüse-Burger und Möhren. Sie gehört auch in manche Kuchen, in Kompott, gewöhnlich vermischt mit Zimt und Kardamom.

Ingwer wächst in Afrika und im Orient. Die frische Wurzel ist fest und glatt. In der indischen, chinesischen und vietnamesischen Küche wird Ingwer sehr häufig benutzt. Die Wurzeln sind auch kandiert erhältlich. Gemahlener Ingwer wurde im Westen zunächst nur zur Weihnachtsbäckerei verwendet. Inzwischen ist der Ingwer auch bei uns 'heimisch' geworden und peppt so manches Gericht auf. Sehr beliebt ist heißes *Ingwerwasser*. Es entgiftet, harmonisiert und wärmt. Es hilft bei Erkältungen, wirkt fiebersenkend und schweißtreibend. Hierzu *ayurvedisches Wasser* herstellen (1 l Wasser, am besten Volvic oder Umkehr-Osmose-Wasser, 15 Min. sprudelnd kochen lassen), in eine Thermoskanne füllen, einige Scheibchen frischen Ingwer hineingeben und über den Tag verteilt trinken. Als ein Hausmittel bei Halsschmerzen bewährte sich ein Gemisch aus Zitronensaft, Honig und frisch geriebenem Ingwer. Bei Heiserkeit mit konzentriertem Ingwersud gurgeln. Bei Husten Ingwer und Honig in heiße Milch geben und schluckweise trinken.

Kardamom wächst wild in den gleichnamigen Hügeln in Südindien. Heute wird er in vielen tropischen Regionen angebaut. Seine kleinen Samenkapseln haben eine hellgrüne Farbe. Sie umhüllen schwarze oder braune Samen, die ein starkes, unverwechselbares, erfrischendes Aroma haben.
Bei uns verwendet man Kardamom vorwiegend in Kuchen und Gebäck. Im mittleren Orient und Indien wird die ganze Kapsel zu Reis- und Gemüsegerichten zugefügt. Für indische Süßspeisen (Halvah, Milchreis und Cremes) wird er im Mörser zerstoßen. So verströmt der Kardamom sein unübertroffenes Aroma. Der klassische, indische Chai, ein Gemisch aus 1/3 Schwarztee, 2/3 Milch mit Zucker und Kardamom wird von morgens bis spät in die Nacht in kleinen Teetässchen angeboten. Kardamom ist aber auch ein Allheilmittel mit heißer Milch und wird gerne pur gekaut, denn der Kardamomsamen verleiht einen frischen Atem.

Koriandersamen wird in Europa, China, Indien und Südamerika seit Jahrhunderten als Gewürz und Medizin verwendet. Ganzer Koriandersamen würzt Brot, Salate, vegetarische Füllungen, Soßen, Marinaden, Artischocken, Champignons und andere Gemüse.
Roh oder etwas angeröstet wird er gemahlen und zu Currys, Reis- und Gemüsegerichten verwendet. Koriandersamen oder gemahlener Koriander können frische Korianderblätter nicht ersetzen. Sie haben ein völlig unterschiedliches Aroma. Frischer Koriander ist sehr reich an Vitamin C und Kalzium. Fein gehackt wird er über Salate, Currys und Kartoffelgerichte gestreut und gibt mit seinem unverwechselbaren Aroma den Gerichten den letzten Touch. Koriander gilt als wirksames Mittel bei Magen- und Darmbeschwerden. Als Tee (1 – 2 TL auf eine Tasse kochendes Wasser, 10 Minuten ziehen lassen) hat er nach dem Essen eine verdauungsfördernde Wirkung.

Kreuzkümmel hat mit unserem Kümmel lediglich seine lindernde Wirkung bei Blähungen gemeinsam. Der Geschmack ist dagegen völlig unterschiedlich. In der indischen Küche ist er das am häufigsten benutzte Gewürz und es gibt so gut wie kein Gericht, in dem Kreuzkümmel fehlen darf. Kreuzkümmel ist ein Doldengewächs und wird im Mittelmeerraum, im Mittleren Orient, in Indien und Amerika angebaut. Er ist als Samen oder gemahlen erhältlich. Er gehört in das marokkanische Couscous, in südamerikanische Spezialitäten und in viele Currygerichte. Wie Anis, Fenchel und Kümmel wirkt er anregend, harntreibend und verdauungsfördernd. Mit unserem Kümmel hat er geschmacklich absolut nichts gemeinsam und auch die Verwendung kann nicht übertragen werden.

Kümmel, auch Feld- oder Wiesenkümmel genannt, wächst in Europa, Nordafrika und in den U.S.A. In manchen Ländern isst man seine Wurzeln als Gemüse und verwendet die jungen Blätter wie Petersilie. Aber angebaut wird er seines Samens wegen, der als Gewürz vor allem in Deutschland und Österreich sehr beliebt ist. Er findet Verwendung beim Brotbacken, bei der Käseherstellung und verleiht manchen Sauerkraut-, Weißkraut- oder Kartoffelgerichten ein unverwechselbares Aroma.

Kurkuma (Gelbwurz), auch Turmeric genannt, wird im Handel als kräftig gelbes Pulver angeboten. Die Pflanze stammt aus Südostasien (Indien, Vietnam, China). Seine Wurzeln, die ein wenig an Ingwer erinnern, aber runder und innen auch gelb sind, werden vor dem Mahlen gekocht und dann in der Sonne getrocknet. Kurkuma verleiht Reis, Gemüse, Füllungen und manchen Nachspeisen eine wunderschöne gelbe Farbe. Der Geschmack ist unverwechselbar und nicht jedermanns Sache.
Kurkuma wird irrtümlich 'indischer Safran' genannt. Aber er hat mit Safran nichts gemeinsam, außer dass beide gut färben, jedoch völlig unterschiedlich schmecken. Kurkuma regt die Leberfunktion an und hilft bei Magenbeschwerden. In Indien verordnet man ihn bei Gelbsucht, Nierenbeschwerden und bei manchen Hautausschlägen.

Mohn stammt aus dem Mittleren Orient und wird heute in Asien und Europa angebaut. Opium ist ein Extrakt aus dem noch grünen Samen. Sind sie reif, enthalten sie keine narkotisch wirksamen Stoffe mehr und werden als Gewürz verwendet. Sehr beliebt sind Mohnkuchen, aber man streut Mohnsamen auch auf Brote und Gebäck. Mohn ist eine wertvolle, pflanzliche Quelle für Kalzium.
In Indien ist Mohn Bestandteil vieler Currygerichte, zum einen wegen seines delikaten Geschmacks, zum anderen, um die Soße dicker und cremiger zu machen. Das Mohnöl ist leider wenig bekannt, aber sehr wertvoll und eine gute Ergänzung in der vegetarischen Ernährung.

Nutmeg oder Muskat: Die Muskatnuss ist der Samenkern eines Baumes, der auf den Antillen, den Philippinen und den indonesischen Inseln heimisch ist. Muskat unterstützt die Verdauung von Fett und Stärke. Unverzichtbar ist die Zugabe von Muskat bei Kartoffelkroketten und -pürees, in Suppen, Spinat und hellen Soßen. Auch Pfefferkuchen, Cremes und Chutneys erhalten von Muskat oder häufig auch der Muskatblüte ihr unverwechselbares Aroma.

Muskat hilft bei Rheuma und bei neuralgischen Zahnschmerzen und hat eine beruhigende, sogar leicht einschläfernde Wirkung. So gesund er in kleinen Mengen ist, zu viel davon wirkt toxisch.

Paprikapulver hat eine schöne orangerote Farbe. Es wird aus verschiedenen Paprikasorten hergestellt. Für ein hochwertiges Paprikapulver werden die Samen entfernt und das getrocknete Fruchtfleisch gemahlen. Sein Geschmack ist für die ungarische Küche charakteristisch, deswegen wird es oft als ungarischer Paprika verkauft. Es passt zu Gemüseeintöpfen, Kartoffeln, Mais, Frisch- oder Weißkäse, Tomatensoßen, Getreidegerichten, Kraut etc.

Während Chilipulver nur vorsichtig und in kleinen Mengen benutzt wird, kann das milde Paprikapulver großzügig eingesetzt werden. Es liefert reichlich Vitamin C und Kalzium.

Peperoni: Die scharfen grünen oder roten Pfefferschoten (Peperoni) finden in zahlreichen vietnamesischen und indischen Gerichten Verwendung. In Scheibchen geschnitten und in Essig eingelegt, passen Peperoni sehr gut zu chinesischen oder vietnamesischen Gerichten.

Pfeffer ist eines der ersten Gewürze, die in den Westen importiert wurden. Er ist die Frucht einer Kletterpflanze, die in Indien und einigen afrikanischen Ländern beheimatet ist, und wird heute auch in Asien, Brasilien und Madagaskar angebaut.

Schwarzer Pfeffer wird kurz vor der Reife gepflückt. Bei weißem Pfeffer handelt es sich um dieselbe Frucht, sie ist lediglich voll ausgereift und von der äußeren Schale befreit. Schwarzer Pfeffer schmeckt aromatischer als weißer, dennoch wird der weiße für einige Gerichte bevorzugt verwendet: Hellen Soßen, Kartoffelpüree, gewissen Salaten und Tofugerichten gibt der weiße Pfeffer eine besondere Note.

Pfeffer regt den Appetit und die Verdauung an, er fördert die Speichelbildung und aktiviert die Bauchspeicheldrüse. Bei Blasen- und Nierensteinen und gegen eine beginnende Grippe wird frisch gemahlener Pfeffer mit Butter und Zucker vermischt als Hausmittel eingesetzt. Frisch und unbehandelt sollte der Pfeffer sein, damit er seinen typischen Geschmack entfalten kann.

Safran besteht aus den getrockneten Blütennarben des Safrankrokus. Er wird in den Mittelmeerländern bis weit nach Asien hinein angebaut und verwendet.

Eine winzig kleine Menge reicht aus, um ein ganzes Gericht zu würzen und zu färben. Er wird in Mengen zwischen 0,2 g und zwei Gramm verkauft – er ist das teuerste Gewürz der Welt – und zwar in Blütennarben oder als Pulver. Dieses könnte jedoch gestreckt sein, deshalb ist es besser, ihn selbst zu pulverisieren. Er hat eine schöne orangerote Farbe und schmeckt leicht bitter. In etwas Flüssigkeit (Wasser, Milch oder Brühe) aufgelöst, verleiht er den Gerichten eine wunderbar gelbe Farbe.

Senf: Die Samen von drei Pflanzen der Kohlfamilie finden für unterschiedliche Gerichte Verwendung. 1. aus schwarzem Senf mit winzig kleinen, runden schwarzen Samen, 2. aus Juncea- oder Sareptasenf (indischer Senf), der ebenfalls eine dunkle Farbe hat und vom ersten kaum zu unterscheiden ist, und 3. aus weißem Senf, dessen gelblich gefärbte Samen nicht so kräftig und weniger scharf sind. Geschmack und Schärfe des Senfs entwickeln sich durch ein Enzym, wenn der zerdrückte Samen mit Wasser gemischt wird.

Schwarze oder Junceasenfsamen werden im Osten als Gewürz gebraucht, vor allem in Indien in der vegetarischen Küche. Gewöhnlich lässt man die Samen in Fett anrösten, bis sie knallen. Sie sind nicht besonders scharf, haben mit der Würzpaste Senf nichts gemeinsam, aber geben den Gerichten, ein authentisches Aroma.

Senföl wird aus verschiedenen Senfsamen erzeugt. Es wird erwärmt für entgiftende Körperbehandlungen verwendet. In der Küche wird es sehr sparsam gebraucht, denn es hat einen gewöhnungsbedürftigen Geschmack.

Tamarinde ist eine Frucht, deren Fruchtfleisch 12 % Weinsäure enthält. Sie wird als getrocknete bräunliche Masse angeboten, die aus Schoten und Samen besteht. Um die Säure zu entwickeln, sollte man sie einige Stunden in heißem Wasser ziehen lassen. Der saure dunkelbraune Saft findet in zahlreichen vegetarischen Gerichten Südindiens Verwendung.

Turmeric siehe Kurkuma

Wacholder: Der Wacholderstrauch wächst in ganz Europa. Im Herbst kann man die Beeren sammeln, sie sind dann ganz frisch und aromatisch. Sie werden in Marinaden, Kohlgerichten und in Sauerkraut verwendet. Wacholderbeeren wirken antiseptisch und entgiftend, da harntreibend, schweißtreibend und abführend.

Zimt ist die getrocknete Rinde eines kleinen Bäumchens aus der Familie der Lorbeergewächse. Der Beste kommt aus Sri Lanka, wo er auch seinen Ursprung hat.

'Chinazimt', eine dem Zimt verwandte Pflanze mit dem Namen 'Kassia', ist im Geschmack ähnlich, aber weniger delikat. Die beiden werden oft verwechselt und unter demselben Namen verkauft. Echten Zimt erkennt man an seiner feineren Rinde, die etwas dunkler ist. Zimt ist unentbehrlich für bestimmte Kuchen und Kleingebäcke, aber auch zu süßen Hirse-, Reis- und Grießgerichten. Kompotten, besonders dem Apfelkompott gibt Zimt den bekannt beliebten Geschmack. In Milch mit Honig wirkt er vorbeugend gegen Grippe und Erkältungen. Er regt die Blutzirkulation an und hilft bei Erkrankungen der Atemwege, lindert Husten und stärkt die Leber. Zimt wirkt auch antiseptisch.

Hülsenfrüchte

Hülsenfrüchte spielen die bedeutendste Rolle bei der Versorgung mit Eiweiß, den Aminosäuren und vor allem auch Mineralstoffen und Vitaminen in der Ernährung allgemein und besonders bei der laktovegetarischen Ernährung und Vegankost. Zusammen mit Vollkornprodukten wird der Körper mit den notwendigen essentiellen Aminosäuren, den Eiweißbausteinen versorgt. Sojabohnen sind sehr nährstoffreich und enthalten alle acht essentiellen Aminosäuren, die der Körper zum Aufbau von körpereigenem Eiweiß braucht. Da jedoch die Menge der essentiellen Aminosäuren bestimmt, wie viel vom Körper aufgenommen werden kann, ist es unumgänglich, die richtigen pflanzlichen Kombinationen zusammenzustellen. Auch bei der Versorgung mit Spurenelementen sind die Hülsenfrüchte geradezu unentbehrlich. Sie enthalten neben dem bereits erwähnten Eiweiß die Vitamine B1, B2 und E, zudem viel Magnesium, Eisen sowie Isoflavone (sekundäre Pflanzenstoffe, die z. B. Wechseljahresbeschwerden lindern sollen) (siehe auch die Tabelle 'Ergänzende Eiweißkombinationen' auf S. 32).

Vegetarier sollten Hülsenfrüchte zusammen mit Vollkornprodukten (Weizen, Dinkel, Reis und Roggen) täglich zu sich nehmen. Das breite Angebot von unterschiedlichen Bohnenkonserven macht es uns sehr leicht, dieser Notwendigkeit nachzukommen.

Wer jedoch Wert auf Frische legt, wird sich den vielfältigen Reichtum der Natur zu Nutze machen und Hülsenfrüchte in immer wieder neuer und anderer Form zubereiten. Den gekeimten Hülsenfrüchten ist dabei ein besonderer Stellenwert einzuräumen. Sie dürfen allerdings nicht roh verzehrt werden, da sie sonst toxisch wirken.

Das riesige Angebot von Sojaprodukten wie Tofu, Tempeh, Sojamilch, Sojamehl und Sojagranulat ist eine weitere, gute Möglichkeit den Körper mit allen essentiellen Aminosäuren zu versorgen. Dazu ist es jedoch nötig, diese Produkte immer zusammen mit Mais

oder Maisprodukten zu kombinieren. (siehe Rezepte Kapitel 1 ab Seite 33; siehe auch die Tabelle 'Ergänzende Eiweißkombinationen' auf S. 32)

In vielen Ländern gehören Hülsenfrüchte zu den Grundnahrungsmitteln, was bei uns in der heutigen Zeit leider nicht mehr der Fall ist. Linsen- und Bohnengerichte kochten unsere Großmütter, wenn nicht täglich, so zumindest mehrmals die Woche. Es wäre sehr sinnvoll, diese Gewohnheit wieder aufzunehmen, um eine Fehlernährung zu vermeiden. Die indischen Rezepte erfüllen diesen Anspruch, da sie immer mit Reis und Weizen serviert werden und so alle Aminosäuren bieten. Unsere deutsche Gewohnheit, Linsen mit Kartoffeln zu servieren, erfüllt diesen Zweck nicht und ist sogar kontraproduktiv. Linsen mit Vollkornspätzle sind hier die Lösung. Oder ein Soja-Burger auf einem Vollkornbrötchen und und und … Sie müssen auch nicht die indischen Gewürze verwenden, wenn Sie diese nicht mögen. Sie können alle indischen Rezepte für die Zubereitung der Hülsenfrüchte verwenden und die indischen Gewürze mit den hierzulande bekannten ersetzen.

Regeln und Tipps für den Umgang mit Hülsenfrüchten

Vorratshaltung: Hülsenfrüchte sind viele Jahre haltbar, werden jedoch mit der Zeit trockener und härter. Glänzende Hülsenfrüchte, die weder staubig noch feucht sind, eignen sich, in einem luftdicht verschließbaren Behälter aufbewahrt, gut zur Lagerung.

Zubereitung: Kleine Schmutzpartikel und Steine herauslesen und entfernen. Waschen, über Nacht einweichen (bei einigen Arten ist dies nicht notwendig) und in reichlich Wasser kochen.

Garzeiten:

Halbierte gelbe oder rote Linsen ohne Einweichen 10 – 20 Min. köcheln lassen. Sie sind immer die Lösung, wenn für das Einweichen keine Zeit ist.

Kleine Erbsen- und Bohnensorten, Linsen ganz, Mungbohnen: Einweichen, 60 – 80 Min. kochen lassen.

Gelbe Sojabohnen, weiße dicke Bohnen, Kichererbsen, Kidneybohnen, Azuki und kleine schwarze Bohnen: Über Nacht einweichen, abgießen und mit frischem Wasser 90 – 100 Minuten kochen lassen.

Tipp: Die Zugabe von einer Kombualge (natürliches Glutamat) verringert die Kochzeit, verbessert den Geschmack und liefert weitere Spurenelemente.

Mengenangabe:

Hülsenfrüchte verdoppeln beim Einweichvorgang ihr Gewicht: 100 g Trockenbohnen wiegen z. B. eingeweicht 220 g.

Achtung: Bohnen nicht roh essen! Manche enthalten einen Giftstoff, der erst beim Garen unschädlich wird!

Tipp: Das Kochen der Hülsenfrüchte im offenen Topf macht sie besser verdaulich. Erst nach dem Kochen würzen, damit das Salz die Haut nicht zäh macht und sie dadurch womöglich nicht richtig gar werden.

Und hier die Inspiration für die Fülle, die die Natur bietet:

Augenbohnen

Vigna unguiculata Diese hübschen kleinen Bohnen mit einem leicht nussigen Geschmack haben den Vorteil, dass sie ohne Einweichen in etwa 40 Minuten gar sind. Sie eignen sich gut für Eintöpfe, Salate und Aufläufe.

Azukibohnen

Phaseolus angularis Sie garen relativ schnell und besitzen einen leicht süßlichen Geschmack. Wie Linsen eignen sie sich für Dal, Eintopf, Suppen, Salat, Aufläufe oder Bratlinge. Auch Bohnensprossen lassen sich daraus ziehen.

Borlottibohnen

Phaseolus vulgaris Sie gehören zur Kidneybohnen-Familie und sind auch eine schmackhafte Beigabe zu einem gemischten Bohnensalat.

Cannellinibohnen

Phaseolus vulgaris Cannellinibohnen passen am besten zu Nudeln oder als Salat, ein bis zwei Tage in einer Kräutervinaigrette mariniert.

Dicke oder Saubohnen

Viciafaba Dicke Bohnen sind meist als Konserve oder tiefgefroren im Handel. Sie werden vor allem im Vorderen Orient, Griechenland und Italien verwendet. Großer Beliebtheit erfreuen sich dicke Bohnen in Tomatensoße oder mit Feta überbacken. In der Küchenmaschine gründlich zerkleinert und mit Olivenöl, Knoblauch, Zitrone und Petersilie vermischt, ergeben sie einen schmackhaften Dip.

Erbsen

Pisum sativum Getrocknete grüne oder gelbe Erbsen werden vor allem zu Suppen, Eintöpfen und Erbsenpüree verwendet.

Flageoletbohnen

Phaseolus vulgaris   Diese Bohnensorte ist sehr beliebt. Durch ihren feinen Geschmack eignen sich Flageoletbohnen besonders gut als Gemüsebeilage (mit Butter und frisch gemahlenem Pfeffer serviert) oder als Salat.

Kichererbsen

Cicer arietinum   Kichererbsen gibt es getrocknet, auch in einer schwarzen Sorte, halbiert, als Mehl und in Dosen zu kaufen. Ihre Kochzeit variiert je nach Größe und Art von 30 Minuten bis zu 3 Stunden. Kichererbsen sind Bestandteil vieler traditioneller indischer Gerichte, wie auch Falafel und Hummus aus dem Vorderen Orient.

Linsen

Lens esculenta   Es gibt verschiedene Linsensorten. Am bekanntesten sind bei uns die kleinen braunen Linsen. Die dunklen grün-grauen Puylinsen und die halbierten roten Linsen sind in Indien sehr beliebt. Sie können ohne vorheriges Einweichen gekocht werden. In den Mittelmeerländern und im Nahen Osten werden Linsen zur Zubereitung von Suppen, Eintöpfen, Aufläufen, Nudelsoßen und Salaten verwendet. In Indien werden sie zu scharfwürzigen Dals oder zu Kedgeree verarbeitet. Ganze Linsen können auch gekeimt werden. Dann aber kurz blanchieren oder gebraten als Beilage verwenden.

Mungbohnen

Phaseolus aureus   Mungbohnen (auch Mungobohnen) sind klein, oval und grün. Es gibt aber auch schwarze und gelbe Arten. Enthülst und halbiert sind sie goldgelb. Als Sprossen sind sie sehr beliebt und eignen sich gut für Pfannengerichte und kurz blanchiert als Salate.

Pinto- oder Wachtelbohnen

Phaseolus vulgaris   Diese Bohnen kann man wie rote Kidneybohnen verwenden. In gemischten Bohnensalaten setzen sie einen wunderbaren Farbakzent.

Rote Kidneybohnen

Phaseolus vulgaris   Rote Kidneybohnen werden am häufigsten aus dem Glas oder aus der Dose verwendet. Sie sollten trotzdem noch 10 Min. bei starker Hitze gut durchgekocht werden. Sie sind fester Bestandteil vieler mexikanischer Gerichte wie der traditionelle Burrito. Westindische Eintöpfe werden aus Kidneybohnen, Möhren und Zwiebeln gekocht und mit Knoblauch und Thymian gewürzt. In Amerika werden sie gerne als gebackene Version schon zum Frühstück oder als Snack angeboten. Mit etwas Kokoscreme erhalten Sie ein außergewöhnliches Gericht!

Schwarze Bohnen

Phaseolus vulgaris   Diese schmackhaften Bohnen werden vor allem für die amerikanische schwarze Bohnensuppe verwendet und, zusammen mit Reis, für das spanische Gericht 'Mohren und Christen'. Sie eignen sich auch gut für einen gemischten Bohnensalat.

Sojabohnen

Glycine max   Sojabohnen haben einen intensiven Eigengeschmack, der sich aber gut mit Kräutern und Gewürzen verbindet. Gelbe Sojabohnen sind der ideale Eiweißlieferant und besonders schmackhaft in Eintöpfen. Sie sind auch bestens geeignet für diverse Bratlingmassen und Füllungen für Gemüse.

Aus Sojabohnen werden außerdem viele Produkte hergestellt wie Sojamilch, Tofu und Tempeh, aber auch Miso und Sojasoßen.

Sojamehl wird für Kuchen oder Brot dem herkömmlichen Mehl zugesetzt, um den Teig qualitativ und geschmacklich zu verbessern.

Urdbohnen

Phaseolus mungo   Urdbohnen sind kleine halbierte und geschälte schwarzen Bohnen und etwa halb so groß wie Erbsen. Sie werden am besten ohne vorheriges Einweichen gekocht. Aus Urd Dal werden Dosas, die knusprigen Pfannkuchen aus Südindien, hergestellt.

Weiße Bohnen, klein

Phaseolus vulgaris   Dies sind praktische Allzweckbohnen, die neben den Kidneybohnen am meisten verwendet werden. Die anspruchslosen Pflanzen gedeihen so gut wie überall. Weltweit bekannt bieten sie die Grundlage für sehr viele Bohnengerichte.

Die nachfolgenden Produkte sind in indischen Geschäften und Asia Shops erhältlich, können aber auch selbst hergestellt werden:

Kichererbsenmehl

Zutaten

500 g zerkleinerte
Kichererbsen
(oder Chana Dal)

Arbeitsschritte

- Die halbierten Kichererbsen in einer Pfanne rösten. Dabei häufig schütteln und die Erbsen wenden.
- Nach dem Abkühlen möglichst fein mixen und durch ein feinmaschiges Sieb geben.

Weizenmehl

Zutaten

500 g Weizen
500 g Mehl Type 405

Arbeitsschritte

- Dem indischen Weizenmehl kommt ein Gemisch aus gemahlenem Weizen und Weizenmehl Type 405 gleich.

Ghee

Zutaten

500 g Butter

Arbeitsschritte

- Butter in einer Pfanne schmelzen lassen.
- Ca. 25 Minuten köcheln lassen bis die Oberfläche klar und goldgelb ist und sich Satz am Pfannenboden gesammelt hat.
- Durch ein engmaschiges Baumwolltuch abseihen.
- In einem fest verschlossenen Behälter lange Zeit haltbar.

Garam Masala I

Zutaten

2 Kardamomkapseln
1 TL Nelken
30 Pfefferkörner
1 TL Kreuzkümmel
1 Zimtstange ca. 5 cm lang

Arbeitsschritte

- Die Schalen des Kardamom entfernen. Sämtliche Gewürze im Mörser zerstoßen oder mixen.
- In dicht verschlossenem Glas aufbewahren.

Garam Masala II

Zutaten

2 Kardamomkapseln
1 TL Nelken
30 Pfefferkörner
1 Zimtstange ca. 5 cm lang

Arbeitsschritte

- Zubereitung wie Garam Masala I.

Indische Suppen

In Indien werden Suppen nur zu großen Abendbuffets oder als Snack gereicht. Sie waren bislang kein Gang eines traditionellen indischen Menüs.

Allerdings zeigt sich auch hier der Einfluss des Westens, und es werden immer häufiger kleine Tassen Suppe vor der Mahlzeit angeboten.

Diese Suppen ähneln den hier bekannten Gemüsesuppen. Es eignet sich jedes beliebige Suppenrezept (s. Kapitel 4), das zusätzlich mit indischen Gewürzen zubereitet wird.

Eine proteinhaltige Suppe für den kleinen Hunger:

Dalsuppe

Zutaten

1 Tasse Mung-, Toor- oder Urd Dal (halbierte schwarze, rote oder gelbe Linsen, grüne oder gelbe Erbsen
8 Tassen Wasser
1 TL Salz
2 EL Ghee
½ Zwiebel, fein gehackt
1 grüner Chili
Cayenne-Pfeffer

Arbeitsschritte

- Dal waschen und in Salzwasser 40 Minuten kochen.
- Ghee in einer Pfanne erhitzen, Zwiebel und Chilischote zugeben und unter ständigem Rühren braten.
- Beides in den Topf mit Dal geben, mit Salz und Cayenne-Pfeffer abschmecken.

Variante:

- Chapatiteig (s. Rez. S. 126) dünn ausrollen, in kleine Stückchen schneiden.
- In Salzwasser 10 Minuten kochen.
- Abtropfen lassen und noch einige Minuten in der Dalsuppe ziehen lassen.

Zwischenmahlzeit oder Nachspeise:

Indische Milchsuppe

Zutaten

1 l Milch (Sojamilch)
2 – 3 Kardamomkapseln
100 g indische Fadennudeln oder chinesische Glasnudeln
1 EL Honig

Arbeitsschritte

- Milch mit gestoßenen Kardamomsamen aufkochen.
- Nudeln zufügen, kurz aufkochen lassen.
- Mit Honig süßen.
- Heiß oder gut gekühlt servieren.

Varianten:

- Kokosraspel oder Cashewnüsse zugeben.
- Statt Honig 3 EL Rosinen mitkochen.

Indische Currys

Wenn wir Curry hören, denken wir hier im Westen mit Sicherheit an Currypulver. Das Wort Curry stammt von dem Tamil-Wort 'kari', was Soße bedeutet. 'kari' werden gut gewürzte, meist sehr scharfe Soßen genannt. Die nachfolgenden Currys haben mit unserem Currypulver also nichts gemeinsam. Sie sind sehr flüssige Gerichte, meist mit Gemüse, die zugleich die Soße zu Reis und Chapatis liefern.

Wie variabel die Zutaten auch immer sein mögen, eines ist immer dabei und typisch für das Curry: Joghurt.

Currys sind neben Dal die Basis der Hauptmahlzeiten, können aber auch als suppenartige Zwischenmahlzeiten eingesetzt werden.

Einfaches Curry

Zutaten

1 Becher Joghurt
3 Tassen Wasser
3 EL Kichererbsenmehl
4 EL Ghee
½ EL schwarze oder gelbe Senfkörner
½ TL Kümmel
3 – 4 Nelken, ganz
1 Zimtstange
1 TL Salz
1 TL Kurkuma
1 TL Koriander, gemahlen
2 TL Zucker
½ TL Cayenne-Pfeffer

Arbeitsschritte

- Joghurt, Wasser und Kichererbsenmehl verrühren.
- In einer Pfanne Ghee erhitzen.
- Senfsamen, Kümmel, Nelken und Zimtstange zugeben, öfter umrühren.
- Wenn die Senfkörner springen, Joghurtgemisch zugeben und mit den Gewürzen vermengen.
- Salz, Kurkuma, Koriander, Zucker und Cayenne-Pfeffer zufügen. Für ein mildes Curry reicht 1 Msp. Cayenne-Pfeffer.
- Ca. 20 Minuten ziehen lassen, gelegentlich umrühren.
- Als Zugabe zu Reisgerichten servieren. Nach Belieben kann es auch als Suppe zu den Mahlzeiten gegessen werden.

Bananen-Curry

Zutaten

1 Becher Joghurt
3 Tassen Wasser
3 EL Kichererbsenmehl
4 EL Ghee
½ EL schwarze oder gelbe Senfkörner
½ TL Kümmel
3 – 4 Nelken, ganz
1 Zimtstange
1 TL Salz
1 TL Kurkuma
1 TL Koriander, gemahlen
2 TL Zucker
Samen von 3 – 4 Kardamomkapseln
1 große Kochbanane, ersatzweise 2 kleine Bananen

Arbeitsschritte

- Zubereitung wie einfaches Curry.
- Kardamom mit den übrigen Gewürzen zugeben und mitkochen lassen.
- Bananen in Scheiben schneiden und nach 10 Minuten Kochzeit zugeben.
- Weitere 10 Minuten köcheln lassen, öfter umrühren.

Auf ein Gewürz zu beißen bringt Glück – sagt man in Indien. Jedenfalls bleiben alle Gewürze in den Gerichten, wohingegen wir in Deutschland bemüht sind, sämtliche mitgekochten Gewürze herauszunehmen.

Spinat-Curry

Zutaten

250 g frischer Spinat
1 Tasse Wasser, leicht gesalzen
1 Becher Joghurt
3 Tassen Wasser
2 EL Kichererbsenmehl
3 EL Ghee
3 Nelken, ganz
½ TL Senfkörner
½ TL Kurkuma
½ TL Cayenne-Pfeffer
1 Zimtstange

Arbeitsschritte

- Spinat waschen und klein schneiden.
- Salzwasser zum Kochen bringen und den Spinat zugeben.
- Etwa 5 – 10 Minuten kochen lassen, etwas abkühlen lassen.
- Joghurt, Wasser und Kichererbsenmehl gut vermischen.
- Ghee erhitzen und die Gewürze zufügen, verrühren.
- Die Joghurtflüssigkeit dazugeben und weiterrühren bis zum Kochen.
- Spinat zugeben und ca. 10 Minuten bei geringer Temperatur ziehen lassen.

Auberginen-Curry

Zutaten

3 EL Ghee oder Erdnussöl
½ TL Kümmel
1 TL Salz
1 TL Kurkuma
1 TL Cayenne-Pfeffer
1 Aubergine
1 Zwiebel, gehackt
1 große Tomate
2 Tassen Wasser
1 Becher Joghurt

Arbeitsschritte

- Ghee erhitzen, Gewürze zufügen und kurz braten lassen.
- Aubergine würfeln, mit der Zwiebel zu den gerösteten Gewürzen geben und umrühren.
- Tomate häuten, in sehr kleine Würfel schneiden, zufügen, mit dem Wasser auffüllen und 20 Minuten kochen lassen.
- Joghurt einrühren und nochmals aufkochen lassen.

Pakora bedeutet Blüte. Der Begriff wird für etwas Ausgebackenes verwendet, das im Fett aufgeht. Dieses Gericht erinnert an unsere Backerbsensuppe.

Pakora-Curry

Zutaten

Pakora:
1 Tasse Kichererbsenmehl
½ TL Kurkuma
1 TL Salz
¾ Tasse Wasser
Erdnussöl

Curry:
1 Becher Joghurt
3 Tassen Wasser
4 EL Kichererbsenmehl
2 EL Ghee
¼ TL schwarze oder gelbe Senfkörner
¼ TL Kümmel
3 Nelken, ganz
1 TL Salz
½ TL Kurkuma
1 EL Zucker
½ TL Cayenne-Pfeffer

Arbeitsschritte

- Kichererbsenmehl, Kurkuma und Salz in einer Schüssel mischen. Wasser zufügen und den Teig kneten, bis er vom Löffel tropft.
- Erdnussöl in einer Bratpfanne erhitzen.
- Jeweils einen Teelöffel Teig in das heiße Fett fallen lassen und knusprig frittieren.
- Die 'Blüten' mit einem Schaumlöffel herausnehmen und auf Küchenkrepp abtropfen lassen.
- Curry: Joghurt, Wasser und Kichererbsenmehl vermengen.
- Ghee erhitzen, Senfkörner, Kümmel und Nelken zufügen und rösten.
- Joghurtmischung zugeben. Ständig rühren, bis alles dick und glatt wird.
- Salz, Kurkuma, Zucker und Cayenne-Pfeffer hinzugeben. 20 Minuten leicht kochen lassen.
- Kurz vor dem Servieren die Pakoras in das heiße Curry gleiten lassen.

Variante:

- In Ghee gebratene Zwiebeln darübergeben.

Kartoffel-Curry

Zutaten

6 mittelgroße Kartoffeln
3 EL Ghee
1 TL Kümmel
½ TL schwarze oder gelbe Senfkörner
1 TL Kurkuma
½ TL Cayenne-Pfeffer
1 TL Salz
2 Tassen Wasser
1 TL Korianderblätter
½ Becher Joghurt

Arbeitsschritte

- Kartoffeln schälen und klein schneiden.
- Ghee erhitzen, die Gewürze anrösten, Kartoffeln zugeben, salzen und verrühren.
- Wasser zugießen.
- ½ Stunde bei mäßiger Hitze ziehen lassen.
- Korianderblätter klein schneiden und mit Joghurt zugeben.

Das flüssigste aller Currys mit einer sehr speziellen Geschmacksrichtung, das neutrale Begleiter braucht, um zur Wirkung zu kommen.

Orangen-Curry

Zutaten

1 EL Ghee
3 – 4 Nelken, ganz
1 Zimtstange (2 – 3 cm)
¼ TL Cayenne-Pfeffer
¼ TL Senfkörner
1 EL Ingwer, gemahlen
2 Kardamomkapseln, zerstoßen
3 Tassen frisch gepresster Orangensaft

Arbeitsschritte

- Ghee erhitzen, die Gewürze dazugeben.
- Unter ständigem Rühren rösten.
- Mit Orangensaft löschen.
- 15 Minuten kochen lassen.

Ohne Cayenne-Pfeffer wird dieses Curry wohltuend für Magen und Darm.

Möhren-Curry

Zutaten

500 g junge Möhren
2 Tassen Wasser
1 TL Salz
1 – 3 EL Ghee
2 Kardamomkapseln
1 TL Kurkuma
1 TL Senfkörner
3 – 4 Nelken, ganz
2 TL Kümmel
½ TL Cayenne-Pfeffer
½ Becher Joghurt

Arbeitsschritte

- Möhren schaben und in sehr dünne Scheiben schneiden.
- Wasser mit Salz zum Kochen bringen, die Möhren darin halb gar kochen.
- In einer Pfanne Ghee erhitzen, die Gewürze anrösten, gut verrühren und zu den Möhren geben.
- Joghurt zufügen und 15 Minuten leicht köcheln lassen.

Gemüse-Curry

Zutaten

500 g gemischtes Gemüse wie grüne Bohnen, Möhren, Erbsen, Blumenkohl und Kartoffeln
2 Zwiebeln
1 Knoblauchzehe
2 rote Paprikaschoten
½ frische Kokosnuss
1–2 cm großes Stück Ingwer
3–4 EL Ghee
½ TL Garam Masala
300 ml Wasser
200 ml Joghurt
3 EL Sahne oder Crème fraîche
Salz

Arbeitsschritte

▪ Gemüse waschen, klein schneiden, knackig dünsten und zur Seite stellen.
▪ Zwiebeln, Knoblauch, Paprikaschoten, Kokosnuss und Ingwer mixen oder zerkleinern.
▪ In heißem Ghee 3–4 Minuten anbraten.
▪ Garam Masala I oder II (s. Rez. S. 107) dazugeben und nochmals einige Minuten rösten.
▪ Gemüse und Wasser zugeben und einige Minuten kochen.
▪ Joghurt, Sahne und Salz zufügen und heiß servieren.

Erbsen und Kartoffeln

Zutaten

750 g Kartoffeln
1 P. junge Erbsen, tiefgekühlt
2 EL Ghee
½ TL Kreuzkümmel
Salz
Pfeffer
1 Tasse Wasser

Arbeitsschritte

▪ Kartoffeln schälen, in mundgerechte Stücke schneiden und in Wasser legen.
▪ Erbsen aus der Packung nehmen und dazugeben.
▪ Ghee in einem Topf erwärmen.
▪ Kreuzkümmel, Salz und Pfeffer kurz anrösten.
▪ Kartoffeln und Erbsen nach und nach ins Fett geben und glasig werden lassen.
▪ Wasser zufügen, zudecken und fertig garen lassen.
▪ Gelegentlich umrühren.

Indische Dal-Gerichte

Hülsenfrüchte oder Dal werden in Indien auf mannigfache Weise zubereitet. Sie sind der wichtigste Eiweißlieferant in der vegetarischen Ernährung und werden täglich gegessen. Da die Natur so viele Arten von Hülsenfrüchten bietet, ist für Abwechslung bestens gesorgt. Die getrockneten Hülsenfrüchte werden gut verlesen, gewaschen und über Nacht eingeweicht. Alle Hülsenfrüchte, die kein Wasser aufgenommen haben, vor dem Kochen entfernen. Mit Reis und Chapatis wird das Dal zu einer vollwertigen und sättigenden Mahlzeit.In diesem Buch finden Sie zwei Grundrezepte, die zum Experimentieren anregen sollen.

Grundrezept:

Dal mit Gewürzen

Zutaten

1 Tasse Mung Dal oder
Urd Dal (oder gelbe,
halbierte Erbsen)
8 Tassen Wasser
1 TL Salz
2 EL Ghee
1 TL Kurkuma
1 TL Cayenne-Pfeffer
1 TL Kümmel
4 Nelken, ganz
½ TL Senfkörner

Arbeitsschritte

- Dal waschen und in Salzwasser ca. 20 – 40 Minuten weich kochen.
- Ghee in einer kleinen Bratpfanne erhitzen und Gewürze dazugeben.
- Wenn die Senfkörner springen, einen kleinen Teil des Dals zufügen. Vorsicht: Das heiße Fett spritzt!
- Dann alles zurück in den Topf mit Dal geben, gut umrühren, zum Kochen bringen, nochmals umrühren und servieren.

Tipp: Dal kann gekühlt gut aufbewahrt werden. Es schmeckt am zweiten Tag sogar noch besser. Langsam, unter Rühren aufwärmen, damit es nicht anbrennt.

Dal mit Knoblauch, sehr scharf

Zutaten

Dal mit Gewürzen (s. Rez.)

zusätzlich:
2 – 3 kl. getrocknete
Chilischoten
1 – 2 grüne Chilischoten
4 Zehen Knoblauch

Arbeitsschritte

- Dal wie oben beschrieben, jedoch zusätzlich grüne und getrocknete Chilischoten mitkochen.
- Zum erhitzten Ghee den Knoblauch geben (geschält und im Mörser zu einer Paste verrieben) und braten, bis er blassgolden ist, weiter verfahren wie im Grundrezept angegeben.

Indische Hauptgerichte

Nachfolgende Gemüsegerichte werden mit Reis, Kartoffeln oder Weizengrieß zu Gerichten, die unseren Gemüseeintöpfen sehr ähneln.

Pulao

Zutaten

4 EL Butter oder Ghee
1 Tasse Reis, gewaschen
und getrocknet
2 ¼ Tassen Wasser
Samen von
2 Kardamomkapseln
1 TL Salz
1 EL Rosinen
1 Zimtstange
2 TL Kurkuma
2 TL Pistazienkerne
6–8 Cashewkerne
2 TL Pinienkerne
½ Tasse frische Erbsen
¼ Tasse Auberginen,
gewürfelt
¼ Tasse rote oder grüne
Paprikaschoten, gewürfelt

Arbeitsschritte

- Butter oder Ghee mäßig erhitzen, den Reis zugeben und bei ständigem Rühren 3 Minuten goldgelb rösten.
- Wasser und Kardamomsamen zugeben und aufkochen lassen.
- Salz, Rosinen, Gewürze und Nüsse zufügen, zudecken und kochen lassen.
- Inzwischen die Gemüse klein schneiden, zugeben, gut verrühren und 10 Minuten köcheln lassen.

Pulao und Kartoffeln

Zutaten

3 EL Ghee
1 Tasse Basmatireis
2 Tassen Kartoffeln,
geschält und gewürfelt
3 Tassen Wasser
1 ½ TL Salz
2 EL Petersilie, grob
gehackt
1 Prise Cayenne-Pfeffer

Arbeitsschritte

- Ghee erhitzen, Reis und Kartoffeln dazugeben.
- Etwa 5 Minuten unter Rühren anrösten.
- Wasser und Gewürze zugeben.
- Zum Kochen bringen, umrühren und zudecken.
- 10 Minuten köcheln, 5 Minuten quellen lassen.
- Falls das Pulao zu trocken ist, etwas Wasser hinzufügen.

Kapitel 2: *Indische Küche*

Pulao mit Perlerbsen

Zutaten

80 g Rosinen
400 g Basmatireis
etwa 50 g Butter
2 große braune
Kardamomkapseln
1 – 2 getrocknete
Chilischoten oder ½ TL
Chilipulver
1 TL Kurkuma
1 EL Koriander, gemahlen
600 g Wasser
3 Zwiebeln
¼ Dose Perlerbsen, 125 g
1 Hand voll Cashewkerne
Salz

Arbeitsschritte

- Rosinen in etwas lauwarmem Wasser einweichen, damit sie 'aufwachen'.
- Reis waschen und abtropfen lassen.
- In einem Schmortopf ungefähr 15 g Butter schmelzen lassen.
- Die leicht zerdrückten Kardamomkapseln, Pfefferschoten, Kurkuma und Koriander zufügen.
- Umrühren und, sobald die Mischung Farbe annimmt, den abgetropften Reis zugeben und ebenso anrösten.
- Mit Wasser übergießen, salzen und zudecken. 10 Minuten leicht kochen lassen, abschalten und ausquellen lassen.
- Inzwischen die gehackten Zwiebeln in der restlichen Butter goldgelb braten.
- Die abgetropften Erbsen, Rosinen und Nüsse zufügen, umrühren und zugedeckt 5 Minuten ziehen lassen.
- Reis zugeben, vermischen und servieren.

Gemüsereis mit Safran und Joghurt (für 8 Personen)

Zutaten

4 Kartoffeln
½ Tasse frische Erbsen
2 Tassen Basmatireis
4 Tassen Weißkohl
1 grüne Chilischote
1 Bund frische Petersilie
1 Zwiebel
1 EL Ingwerwurzel
¼ Kokosnuss
5 EL Ghee
3 TL Salz
2 TL Kurkuma
½ TL Cayenne-Pfeffer
1 TL Senfkörner
1 TL Garam Masala I
1 Becher Joghurt
1 Tasse Milch
¼ TL Safran, zerkrümelt
1 Prise Muskat

Arbeitsschritte

- Kartoffeln schälen und würfeln.
- Erbsen und Kartoffeln in einen Topf geben, mit Wasser bedecken, 5 Minuten kochen und zur Seite stellen.
- Reis waschen und mit einer Tasse Wasser 5 Minuten halb gar kochen.
- Weißkohl, Chilischote, Petersilie und Zwiebeln klein hacken, Kokosnuss und Ingwerwurzel reiben.
- Ghee erhitzen, Salz, Kurkuma, Cayenne-Pfeffer, Senfkörner und 'Garam Masala I' dazugeben.
- Wenn die Senfkörner springen, Joghurt untermischen.
- Milch, Safran und Muskat in einer Pfanne erhitzen.
- Den halbfertigen Reis, Gemüse, Gewürze- und Joghurt-mischung hinzufügen.
- Zudecken und bei kleiner Hitze etwa 10 Minuten kochen.

Indische Gemüsegerichte

Zu einer indischen Mahlzeit gehören Reis und Chapatis und mindestens ein Gemüse- und ein Dalgericht.
Folgende Rezepte dienen zur Inspiration für eigene Kreationen!

Hier eine gut gewürzte, trockene Weizengrießspeise, die zu soßenartigen Gemüsegerichten und Dal passt.

Upma

Zutaten

2 EL Erdnussöl
1 TL schwarze oder gelbe Senfkörner
½ Tasse frische Erbsen
½ Tasse grüne Paprika, grob gehackt
½ Tasse Schalotten oder weiße Zwiebeln, gehackt
1 – 2 TL Salz
½ TL Kurkuma
½ TL Cayenne-Pfeffer
2 Tassen Wasser
1 Tasse Weizengrieß, grob
Saft einer Zitrone
1 EL Ghee oder Butter

Arbeitsschritte

- In einer tiefen Soßenpfanne Erdnussöl erhitzen, Senf-körner zugeben und rösten.
- Erbsen, Paprika, Schalotten, Salz und Gewürze unter-mischen.
- Wasser zufügen und ca. 10 Minuten kochen lassen.
- Weizengrieß einstreuen, 5 Minuten kochen lassen.
- Zitronensaft und Ghee zugeben und unterrühren.
- Nochmals 5 Minuten kochen.

Variante:

- Nach Geschmack beliebiges Gemüse verwenden, jedoch keine Tomaten oder sonstiges wasserhaltiges Gemüse. Das Gericht soll trocken ausfallen.

Sabji Panchmahal

Zutaten

1 kg Gemüse wie grüne
Bohnen, Möhren,
Kartoffeln, Erbsen und
Paprikaschoten
2 Tomaten
3 Zwiebeln
50 g Ghee
1 EL Cashewkerne
1 Msp. Knoblauch
¼ TL Koriander, gemahlen
¼ TL Kreuzkümmel
¼ TL Kurkuma
1 cm Ingwerwurzel
3 grüne Kardamomkapseln
200 ml Wasser
½ TL Salz
5 EL saure Sahne

Arbeitsschritte

- Das Gemüse klein schneiden, mit sehr wenig Wasser kurz aufkochen und warm stellen.
- Tomaten für 1 Minute in kochendes Wasser legen, häuten und klein schneiden.
- Zwiebeln schälen, klein hacken, Tomaten und Wasser zugeben, 10 Minuten kochen lassen.
- In einer Pfanne Ghee erhitzen.
- Die gehackten Cashewkerne, Gewürze und das Gemüse zugeben, mit Wasser auffüllen und aufkochen lassen.
- Mit Salz abschmecken.
- Saure Sahne untermengen und mit dem Gemüse servieren.
- Dazu Basmatireis oder Chapatis servieren.

Gemüse mit Tofu

Zutaten

500 g zarte, grüne Bohnen
1 rote Paprikaschote
1 gelbe Paprikaschote
1 rote Chilischote
250 g Tofu
1 TL Salz
5 EL Öl
2 EL Currypulver
1 TL Mehl
¼ l Gemüsebrühe
20 g frischen Ingwer
1 große Knoblauchzehe
2 EL Sojasoße

Arbeitsschritte

- Bohnen waschen und 10 Minuten in Salzwasser blanchieren.
- Abgießen, mit kaltem Wasser abschrecken, abtropfen lassen.
- Paprikaschoten waschen, entkernen und in 2 x 2 cm große Stücke schneiden.
- Je nach gewünschter Schärfe entweder die Chilischote mit den Kernen verwenden oder die Kerne entfernen. In dünne Ringe schneiden.
- Tofu würfeln und salzen.
- Öl erhitzen und den Tofu darin anbraten.
- Gemüse hinzufügen und unter Rühren anbraten.
- Curry und Mehl darüberstäuben, verrühren.
- Mit Gemüsebrühe löschen und aufkochen lassen.
- Ingwer schälen, klein schneiden und zufügen.
- Knoblauch durch die Knoblauchpresse über das Gericht drücken und 3 Minuten schmoren lassen.
- Mit Sojasoße abschmecken und mit Reis servieren.

Bohnensprossen-Gemüse

Zutaten

1 EL Öl
1 TL Salz
¼ TL Senfkörner
¼ TL Cayenne-Pfeffer
2 Tassen
Mungbohnensprossen

Arbeitsschritte

- Öl erhitzen, Gewürze zugeben, umrühren.
- Bohnensprossen hinzugeben.
- Etwa 5 Minuten unter ständigem Rühren braten.

Bohnensprossen mit Rosinen

Zutaten

1 EL Erdnussöl
1 TL Salz
¼ TL Cayenne-Pfeffer
½ TL Senfkörner
1 Tasse
Mungbohnensprossen
1 Tasse
Methibohnensprossen
¼ Tasse Rosinen
¼ Becher Joghurt

Arbeitsschritte

- Erdnussöl erhitzen, Salz, Cayenne-Pfeffer und Senfkörner dazugeben und anbraten, bis die Senfkörner springen.
- Bohnensprossen zufügen und kurz anbraten.
- Rosinen und Joghurt hinzufügen und unterrühren.
- 3 Minuten kochen.

Kohl auf diese Weise zubereitet, kann den traditionellen westlichen Krautsalat ersetzen. Er eignet sich für das kalte Buffet ebenso wie zu einem einfachen Picknick.

Weißkohl

Zutaten

1 Kopf Weißkohl
1 – 2 EL Erdnussöl
1 TL Kurkuma
1 TL Senfkörner
½ TL Salz

Arbeitsschritte

- Strunk und die äußeren Blätter des Kohls entfernen, das Übrige fein hacken.
- Erdnussöl erhitzen, Kurkuma, Senfkörner und Salz dazugeben und rösten, bis die Senfkörner springen.
- Weißkohl zugeben, zudecken und 5 Minuten knackig braten. Dabei immer wieder umrühren.
- Warm oder kalt servieren.

Weißkohl in Joghurt

Zutaten

1 mittelgroßer Weißkohl
3 EL Ghee
2 TL Kreuzkümmel
¼ TL Cayenne-Pfeffer
1 TL Salz
2 TL Kurkuma
½ Becher Joghurt

Arbeitsschritte

- Strunk und die äußeren Blätter des Kohls entfernen, das Übrige klein hacken.
- Ghee erhitzen, Gewürze rösten und den Kohl zugeben.
- Unter ständigem Rühren etwa 5 Minuten ohne Wasser dünsten.
- Joghurt dazugeben, bei mäßiger Hitze und gelegentlichem Rühren den Joghurt erhitzen, jedoch nicht kochen lassen.

Möhren und Erbsen

Zutaten

750 g frische Erbsen
500 g Möhren
4 EL Ghee
½ TL Kreuzkümmel
1 TL Salz
½ TL Cayenne-Pfeffer nach Geschmack

Arbeitsschritte

- Erbsen enthülsen, waschen, abseihen.
- Möhren schaben, waschen und in dünne Scheiben schneiden.
- Ghee in einer Pfanne erhitzen und den Kreuzkümmel eine Minute darin rösten.
- Möhren, Erbsen, Salz und Cayenne-Pfeffer dazugeben. Gut vermischen und bei kleiner Hitze weich kochen.
- Die Pfanne von Zeit zu Zeit schütteln, um zu verhindern, dass das Gemüse anbrennt.
- Bei niedriger Temperatur erübrigt es sich Wasser zuzugeben.

Blumenkohl

Zutaten

1 großer Blumenkohl
3 EL Erdnussöl
1 TL Senfkörner
1 TL Salz

Arbeitsschritte

- Blumenkohl waschen, die äußeren Blätter entfernen.
- Röschen abbrechen, den Strunk in kleine Würfel schneiden.
- Erdnussöl erhitzen, Senfkörner dazugeben, 1 Minute rösten.
- Blumenkohl und Salz hinzufügen.
- Unter ständigem Rühren bei großer Hitze 5 – 10 Minuten braten.
- Der Blumenkohl schmeckt warm wie kalt sehr gut.

Variante:

- Eine Tasse Erbsen mit dem Blumenkohl garen.

Grüne Bohnen

Zutaten

1 kg Prinzess-Bohnen
4 EL Ghee
1 ½ TL Salz
1 EL Senfkörner
1 EL Kümmel
2 TL Kurkuma
¼ TL Cayenne-Pfeffer

Arbeitsschritte

- Bohnen waschen, nach indischer Art der Länge nach halbieren.
- Ghee erwärmen, Salz und Gewürze zugeben.
- Umrühren und rösten, bis die Senfkörner springen.
- Bohnen dazugeben, gut verrühren.
- Hitze verringern und zugedeckt ca. 10 Minuten sehr leicht köcheln lassen. Pfanne gelegentlich schütteln, damit die Bohnen nicht anbrennen.

Grüne Bohnen mit Kokosnuss

Zutaten

1 kg Prinzess-Bohnen
4 EL Ghee
1 TL Salz
1 TL Kurkuma
¼ TL Cayenne-Pfeffer
¼ Tasse Kokosnuss, geraspelt
1 TL Korianderblätter

Arbeitsschritte

- Bohnen waschen und der Länge nach halbieren.
- Ghee in einer Pfanne erhitzen, Salz, Kurkuma und Cayenne-Pfeffer dazugeben.
- Bohnen hineingeben und unter Rühren anbraten.
- Zugedeckt 5 Minuten kochen lassen. Dabei gelegentlich den Topf schütteln.
- Kokosnuss und Korianderblätter hinzufügen.
- Wieder zudecken und weitere 5 Minuten köcheln lassen.

Indische Reisgerichte

Keine indischen Mahlzeiten ohne Basmatireis.

Basmati stammt ursprünglich aus Dehradun, Indien. Er wird inzwischen auch in anderen Gegenden angebaut. Seine Körner sind lang, perlenfarbig und er hat eine kurze Kochzeit. Basmativollreis dagegen benötigt 30 – 40 Minuten zum Garen.

Grundrezept:

Reis

Zutaten

1 Tasse Basmatireis
1 ¼ Tassen Wasser
1 TL Salz

Arbeitsschritte

- Reis in kaltem Wasser waschen.
- Reis, Wasser und Salz in einen Topf geben, einmal umrühren und zum Kochen bringen.
- 5 Minuten kochen lassen.
- 5 Minuten auf der Platte ausquellen lassen.

Zitronen-Reis

Zutaten

3 Tassen gekochter Reis
125 g Butter oder 4 EL Ghee
1 TL schwarze oder gelbe Senfkörner
2 TL Kurkuma
Saft einer Zitrone

Arbeitsschritte

- Reis nach Grundrezept zubereiten, warm halten.
- Butter oder Ghee erhitzen und die Gewürze darin anrösten.
- Wenn die Senfkörner zu springen beginnen, Reis und Zitronensaft zugeben.

Zitronen-Reis mit Gemüse

Zutaten

s. Zitronenreis
je ½ Tasse klein gewürfelte
rote Paprika, Auberginen
und Erbsen

Arbeitsschritte

- Reis nach Grundrezept zubereiten, warm halten.
- Nach den Gewürzen Gemüse zugeben, 10 Minuten köcheln lassen.
- Dann Reis und Zitronensaft zufügen.

Reis mit Rosinen

Zutaten

3 Tassen gekochter Reis
½ Tasse Rosinen

Arbeitsschritte

- Rosinen in einem Sieb über kochendem Wasser 5 Minuten dämpfen, zum Reis geben und gut vermischen.

Reis mit Kokosnuss

Zutaten

300 g Basmatireis
1 Kokosnuss
2 Zwiebeln
40 g Butter
2 Gewürznelken
2 Kardamomkapseln
2 Zimtstangen
Salz

Arbeitsschritte

- Reis unter fließendem Wasser waschen, zur Seite stellen.
- Kokosnuss öffnen, Kokosmilch auffangen, schälen, raspeln.
- Kokosmilch (s. Rez. S. 11) zubereiten.
- Die Kokosmilch mit Wasser auf 400 ml auffüllen.
- Die Flüssigkeit in einer Kasserolle erhitzen.
- Zwiebeln hacken, in Butter andünsten. Sobald sie goldgelb sind, Gewürznelken, Zimtstangen, die geöffneten Kardamomkapseln zufügen und eine Minute rösten.
- Die erhitzte Kokosmilch darübergießen, salzen, zudecken.
- 10 Minuten kochen, abschalten und 5 Minuten quellen lassen.
- Dieser Reis schmeckt köstlich zu einem Gemüsecurry.

Zur Vereinfachung:

- 250 g Kokosraspel mit 500 ml heißem Wasser übergießen, 30 Minuten stehen lassen und auspressen. Das Einweichwasser wie oben beschrieben statt Kokosmilch verwenden. Oder noch einfacher, Kokosmilch aus der Dose verwenden.

Süßer Reis

Zutaten

1 Tasse Zucker
2 Tassen Wasser
1 EL Ghee
1 Tasse Reis
3 EL Rosinen
3 EL Nüsse wie
Cashewkerne, Mandeln,
Pistazien, gemischt oder
jeweils eine Sorte
½ TL Kardamom, zerstoßen
1 TL Muskatblüte

Arbeitsschritte

- Zucker und Wasser zusammen erhitzen.
- So lange köcheln, bis der Zucker aufgelöst ist und sich ein dünner Sirup gebildet hat.
- In einem Topf Ghee erhitzen, Reis dazugeben und unter Rühren goldbraun rösten.
- Den warmen Sirup darübergeben und zum Kochen bringen.
- Rosinen, Nüsse, Kardamom und Muskat hinzufügen.
- Bei sehr kleiner Temperatur den Reis langsam garen.
- Dieser Reis eignet sich als süßer Nachtisch.

Reis mit Sojabohnen

Zutaten

50 g gelbe oder grüne
Sojabohnen
250 g Reis
2 Zwiebeln
2 Paprikaschoten
3 Tomaten
1 – 2 Auberginen
3 EL Öl
Salz
Pfeffer
Currypulver
Thymian
Rosmarin
1 EL Petersilie, gehackt

Arbeitsschritte

- Die Sojabohnen über Nacht einweichen, das Einweichwasser abgießen.
- Reis und Sojabohnen getrennt kochen, beiseite stellen.
- Zwiebeln hacken.
- Paprikaschoten in Streifen schneiden.
- Tomaten und Auberginen in Würfel schneiden.
- In einer großen Kasserolle Öl erhitzen und das Gemüse andünsten.
- Salz, Kräuter und Gewürze zufügen, 10 Minuten köcheln lassen.
- Reis und Sojabohnen dazugeben.
- Alles gut vermischen und mit gehackter Petersilie bestreut servieren.

Iddli

Zutaten

1 Tasse Basmatireis
½ Tasse Urd Dal (gelbe,
geschälte Sorte)
1 ½ TL Salz
¼ TL Cayenne-Pfeffer
½ Becher Joghurt
Wasser

Arbeitsschritte

- Reis und Urd Dal über Nacht oder 4 – 5 Stunden einweichen, abseihen.
- Mit Salz und so viel Wasser wie nötig mixen.
- Den Brei in eine Schüssel geben und Joghurt zufügen. Der Teig sollte leicht flüssig sein wie ein Pfannkuchenteig.
- Eine Puddingform oder mehrere kleine Förmchen mit Butter bepinseln.
- Höchstens zu 2/3 mit dem Brei füllen und ca. 25 Minuten im Wasserbad dämpfen.
- Die Förmchen beschweren, sie sollten am Boden bleiben.
- Für kleinere Formen sind 15 – 20 Minuten Garzeit ausreichend.
- Als Beilage zu Gemüse servieren.

Kedgeree

Zutaten

100 g Mung Dal oder
Masoor Dal
200 g Basmatireis
25 – 30 g Butter
10 g frischer Ingwer
1 Zwiebel
1 TL Kreuzkümmel
¼ TL Koriander
2 TL Salz

Ein 'Kedgeree' ist eine Mischung aus Reis und Hülsenfrüchten, sanft gewürzt und leicht verdaulich: In Indien serviert man es besonders gerne Kranken und Kindern.

Arbeitsschritte

- Die Hülsenfrüchte verlesen.
- Reis und Sojabohnen getrennt waschen und einweichen. Der Reis sollte etwa 20 Minuten, das Dal 40 Minuten eingeweicht werden.
- In einem Schmortopf bei schwacher Hitze 10 – 15 g Butter schmelzen lassen, Koriander, Salz und Kreuzkümmel zufügen.
- Sobald die Mischung eine leicht bräunliche Farbe angenommen hat, den abgetropften Reis und die Sojabohnen zugeben.
- Gut rühren und 1 l kochend heißes Wasser zugießen.
- Zudecken und bei schwacher Hitze ca. 1 ½ Stunden kochen lassen. Falls nötig, während der Kochzeit bis etwa ½ l heißes Wasser zufügen.
- Zwiebeln klein schneiden, Ingwer fein hacken und in der restlichen Butter goldgelb rösten.
- Vor dem Servieren über das Gericht geben.

Tipp: Bei Krankenkost die Zwiebel weglassen.

Chapatis

Fladenbrote (Chapatis) spielen eine sehr wichtige Rolle im indischen Menü. In kleine Stücke geteilt, werden damit die soßenartigen Currys, Dals und Gemüsegerichte aufgetunkt. Der Chapati-Teig wird lange von Hand in einigen Durchgängen – mit Ruhepausen für den Teig – geknetet, zu kleinen Kugeln geformt und zu Fladen ausgerollt.

Sie finden nachstehend die einfachen Chapatis wie auch gefüllte, sehr attraktive 'Brote'. In indischen Läden sind die vorgefertigten 'Papadums' erhältlich, die nur noch geröstet oder frittiert werden. Wichtig ist, dass die Chapatis oder Papadums frisch sind und heiß serviert werden.

Chapatis, indische Fladenbrote

Zutaten

250 g Mehl Type 1050
ca. 150 ml Wasser
2 Msp. Salz

Arbeitsschritte

■ Das Mehl mit dem zimmerwarmen Wasser und Salz zu einem geschmeidigen Teig verkneten, 30 Minuten ruhen lassen. Den Backofen auf 250 °C vorheizen.

■ Den Teig zu ca. 5 cm großen Kugeln formen und zu 12 cm großen Fladen ausrollen. Auf ein gut gefettetes Blech legen.

■ Auf der untersten Schiene die Chapatis einige Minuten backen, wenden und die zweite Seite ebenso kurz backen.

■ Leichter geht's mit einer kleinen, gusseisernen Chapati-Pfanne, in der die Chapatis auf dem Gasherd einzeln gebacken werden.

Potato Roti

Zutaten

3 große Kartoffeln
2 EL Zwiebeln, gehackt
25 g Butter
100 g Mehl
1 EL Salz
2 EL Kräuter (Kerbel, Basilikum)
1 Msp. Koriander, gemahlen
½ – 2 grüne Chilis nach Geschmack
Butterschmalz

Arbeitsschritte

■ Kartoffeln kochen, nach dem Abkühlen schälen, fein reiben.

■ Zwiebel in Butter glasig rösten, die Gewürze zufügen.

■ Sämtliche Zutaten zu einem geschmeidigen Teig zusammenmischen. Den Teig in vier gleich große Stücke teilen und auf einem bemehlten Brett zu runden Fladen von 15 cm Durchmesser ausrollen.

■ Butterschmalz in einer Pfanne erhitzen und die Potato Roti goldgelb backen. Heiß servieren.

■ Ergibt 4 Stück.

Sabji Parathas

Zutaten

250 g Mehl
½ TL Salz
2 TL Butter
150 g Milch

Füllung:
1 große Kartoffel
175 g Gemüse (grüne Bohnen, Möhren, Erbsen)
2 EL Butterschmalz
½ – 2 grüne Chilis
½ TL Kurkuma
½ TL gemahlener Kreuzkümmel oder
½ TL Koriander
1 kleine Zwiebel
1 TL Salz
1 EL Kerbel, Basilikum oder Petersilie, fein gehackt
Ghee oder Butterschmalz zum Ausbacken

Arbeitsschritte

- Vorbereitung: Die Kartoffel kochen, abkühlen lassen und fein reiben. Gemüse klein schneiden und garen, beides zur Seite stellen.
- Inzwischen Mehl und Salz in einer Schüssel vermischen.
- Butter und Milch dazugeben und zu einem geschmeidigen Teig verarbeiten. Falls nötig noch etwas Milch hinzufügen.
- Auf einer bemehlten Fläche den Teig gut durchkneten.

Für die Füllung:

- Butterschmalz in einer Pfanne erhitzen und die Gewürze kurz bräunen.
- Zwiebel fein hacken, zufügen und mitbraten.
- Geriebene Kartoffel, Gemüse, Salz, Kerbel, Petersilie oder Basilikum dazugeben, die Füllung zur Seite stellen.
- Den Teig in 8 gleich große Stücke portionieren und zu dünnen Fladen von 15 cm Durchmesser ausrollen.
- Zwei EL Füllung in die Mitte des Paratha geben.
- Zusammenfalten und an den Rändern festdrücken.
- In Ghee oder Butterschmalz auf einer Seite goldgelb backen, den Paratha nochmals falten, dabei die gebratene Seite nach innen wenden.
- Die Viertel auf beiden Seiten braten und heiß servieren.
- Ergibt 8 Parathas.

Gefüllte frittierte Chapatis in Kegelform:

Samosa Aldo

Zutaten

2 Tassen Mehl
1 TL Salz
2 EL warmes zerlassenes
Ghee
4 EL Joghurt

Füllung:
2 mittelgroße Kartoffeln
1 EL Ghee
1 Zwiebel, fein gehackt
1 TL Koriander, gemahlen
1 TL Salz
2 TL Cayenne-Pfeffer
Erdnussöl zum Ausbacken

Variante:

- 2 EL gekochtes
  Gemüse wie Erbsen,
  Kartoffeln, Möhren,
  Broccoli, Weißkohl
  unter die Kartoffel-
  masse mischen.

Arbeitsschritte

- Mehl, Salz und 1 EL Ghee mischen, bis es krümelt.
- Joghurt zugeben und von Hand einen festen Teig kneten.
- Wenn die Flüssigkeit nicht ausreicht, tropfenweise so viel Joghurt zugeben, dass ein fester Teig entsteht.
- Mit dem restlichen Ghee bestreichen und zugedeckt ruhen lassen.
- Inzwischen die Kartoffelfüllung vorbereiten: Kartoffeln kochen, schälen und mit einer Gabel zerdrücken.
- In einer Bratpfanne Ghee erhitzen, Zwiebel bräunen.
- Koriander, Salz, Cayenne-Pfeffer und die vorbereiteten Kartoffeln zugeben. Gut vermischen und weiter kochen lassen, bis die Mischung trocken ist. Öfter umrühren.
- Ein großes Brett oder die Arbeitsfläche mit Mehl bestäuben.
- Den Teig zu einer Rolle formen, in 8 Stücke portionieren und zu kleinen Kugeln drehen.
- Auf die Mehl bestreute Fläche legen, zu einer 15 cm gro-ßen, möglichst dünnen Scheibe ausrollen, in zwei Hälften teilen.
- Diesen Halbkreis zu einer Tüte formen, mit je 1 EL Kar-toffelmasse füllen, die Ränder gut festdrücken.
- In Öl frittieren.
- Ergibt 8 gefüllte Chapati-Kegel.

Indische Zwischenmahlzeiten

Folgende Rezepte sind doppelt nützlich: als exotischer Snack oder mit Reis und Gemüse serviert als leckeres Hauptgericht. Auch am kalten Buffet sind sie eine willkommene Abwechslung und der absolute Renner.

Spinat-Kroketten

Zutaten

1 kg frischer Spinat
½ Tasse Kichererbsenmehl
½ Tasse Mehl Type 1050
2 Msp. Natron oder 1 TL Backpulver
1 TL Salz
½ TL Kurkuma
½ TL Cayenne-Pfeffer
1 TL Koriander, gemahlen
Erdnussöl zum Frittieren

Arbeitsschritte

- Spinat sorgfältig waschen, grobe Stiele abschneiden, Blätter fein hacken.
- Kichererbsenmehl, Mehl, Natron oder Backpulver, Salz, Kurkuma, Cayenne-Pfeffer und Koriander vermischen.
- Spinat und etwas Erdnussöl dazugeben, gut verrühren.
- Wasser in kleinen Mengen zugeben, bis die Mischung zusammenhält.
- Etwas Ghee auf die Handflächen geben, Kroketten von etwa 5 cm Länge formen.
- Jeweils 2 – 3 Stück im heißen Erdnussöl backen oder frittieren.
- Im Backofen warm halten, bis alle Kroketten frittiert sind.

Gebratene Gurken

Zutaten

Pakorateig (s. Rez. S. 131)
1 TL Koriander, gemahlen
3 junge Gurken
(ungeschält)
Erdnussöl zum Frittieren

Arbeitsschritte

- Pakorateig mit Koriander zubereiten.
- Gurken waschen, trocken tupfen und in ½ cm dicke Scheiben schneiden.
- Die Scheiben in den Teig tauchen.
- Da die Gurken sehr wasserhaltig sind, nur 2 – 3 Pakoras zugleich frittieren.
- Im Backofen warm halten, bis alle Pakoras ausgebacken sind.

Paneer

Zutaten

1 l Milch
1 Becher Joghurt
Zitronensaft nach Bedarf

Arbeitsschritte

- Falls frische Rohmilch verwendet wird, die Milch auf ca. 60 °C erhitzen und wieder abkühlen lassen. Am nächsten Tag weiterverarbeiten.
- Ein Sieb mit einem feinmaschigen, dünnen Baumwolltuch (Musselin) auslegen.
- Milch zum Kochen bringen.
- Beim Aufwallen Joghurt vorsichtig einrühren, bis das Milcheiweiß gerinnt. (Bei sehr mildem Joghurt einige Tropfen Zitronensaft unterrühren.)
- Ist die Molke leicht grünlich, sofort abseihen und den Käse mit Hilfe des Musselins zum Laib formen.
- Abkühlen lassen.
- Dieser Frischmilchkäse eignet sich:
  - als Brotbelag mit Salz und Pfeffer
  - in Würfel geschnitten für Gemüsegerichte
  - zum Frittieren im Ausbackteig

Das ursprüngliche Wort für Pakora lautet in Sanskrit Pushpa, was 'Blume' bedeutet. Der Pakorateig geht nämlich beim Frittieren auf wie eine Blume.

Grundrezept:

Pakora

Zutaten

1 Tasse Kichererbsenmehl
1 TL Salz
1 Msp. Cayenne-Pfeffer
1 TL Kurkuma
1 Tasse Wasser
Öl zum Ausbacken

Folgende Obst- und Gemüsesorten eignen sich gut für Pakoras:
Äpfel
Bananen
Pilze
Zwiebeln
Radieschen
Blumenkohl*
Sellerie*
grüne Bohnen*
Spargel*
Auberginen
Paprika
Gurken
Kartoffeln*
Möhren*
*diese Gemüse müssen vorgegart sein

Arbeitsschritte

- Alle Zutaten außer Wasser gut miteinander mischen.
- Etwa ¾ Tasse Wasser dazugeben, gut verrühren oder mixen.
- Wenn der Teig es verlangt, das restliche Wasser zugeben.
- Es sollte ein zähflüssiger Teig entstehen, der schwer vom Löffel fällt. Über Nacht kalt stellen.
- Sollte er zu fest werden, nach Bedarf etwas Wasser zufügen.

Weiterverarbeitung:

- Gemüse oder Obst in mundgerechte Stücke oder Scheiben schneiden. Öl auf 175 °C erhitzen.
- 3 bis 5 in den Teig getauchte Gemüsestücke im Öl einige Minuten ausbacken, mit einer Schaumkelle herausnehmen und auf Küchenkrepp abtropfen lassen.
- Entweder ganz frisch servieren oder die Pakoras vorbereiten: Zum Aufbacken auf ein Backblech legen, das Backrohr auf 250 °C vorheizen und die Pakoras wärmen.
- Dazu Chutney reichen.

Pakora-Reste

- Beim Ausbacken werden sich Teigstückchen lösen, die von Zeit zu Zeit mit dem Schaumlöffel herausgeholt werden. Sie sind, mit Suppe serviert, sehr köstlich. Sollte noch etwas Teig übrig geblieben sein, kleine Mengen in das heiße Fett geben, ausbacken und servieren oder als Suppeneinlage verwenden.

Paneer-Pakora

Zutaten

Pakorateig (s. Rez. S. 131)
Paneer (s. Rez. S. 130)
½ TL Salz
½ TL Cayenne-Pfeffer
½ TL Kurkuma
Öl zum Ausbacken

Arbeitsschritte

- Paneer mit den angegebenen Gewürzen zubereiten, gut auskühlen lassen.
- 2 – 3 cm große Würfel schneiden.
- In Pakorateig tauchen.
- In siedendem Öl ausbacken und heiß servieren.

Spinat-Pakora

Zutaten

Pakorateig (s. Rez. S. 131)
Teig für Spinat-Kroketten
(s. Rez. S. 129)

Arbeitsschritte

- Aus dem Teig, der auch für Spinat-Kroketten verwendet wird, Kügelchen von 2 cm Durchmesser formen.
- 1 Stunde kühl stellen.
- Die Kugeln in den Pakorateig tauchen und ausbacken.

Knoblauch-Pakora

Zutaten

Pakorateig (s. Rez. S. 131)

Füllung:
4 Kartoffeln
2 Zehen Knoblauch
¼ TL Cayenne-Pfeffer
1 TL Koriander, gemahlen
Saft einer halben Zitrone
1 TL Salz

Arbeitsschritte

- Kartoffeln kochen.
- Salz, Knoblauch, Koriander, Cayenne-Pfeffer und Zitronensaft mixen oder im Mörser verreiben.
- Kartoffeln schälen, pürieren, abkühlen lassen und mit den Gewürzen mischen.
- Zu Kugeln von 2 – 3 cm Durchmesser formen.
- Etwa eine Stunde in den Kühlschrank stellen.
- Anschließend in den Pakorateig tauchen und ausbacken.

Kartoffel-Pakora

Zutaten

Pakorateig (s. Rez. S. 131)

Füllung:
4 Kartoffeln
¼ TL Cayenne-Pfeffer
1 TL Kurkuma
1 TL Salz
Zitronensaft

Arbeitsschritte

- Kartoffeln kochen, schälen und pürieren.
- Cayenne-Pfeffer, Kurkuma und Salz dazugeben.
- Mit Zitronensaft beträufeln.
- 2 – 3 cm große Kugeln formen, in Pakorateig tauchen und frittieren.

Mung-Dal-Pakora

Zutaten

1 Tasse Mung oder Urd Dal
1 TL Salz
½ TL Kurkuma
¼ TL Cayenne-Pfeffer
Erdnussöl zum Ausbacken

Arbeitsschritte

- Mung oder Urd Dal über Nacht einweichen.
- Abtropfen lassen.
- In einen Mixer geben und etwa ½ Tasse frisches Wasser zugeben. Die Masse sollte die Konsistenz eines Pfannkuchenteigs haben.
- Das gemixte Dal mit Salz, Kurkuma und Cayenne-Pfeffer gut durchmischen.
- Erdnussöl in einer tiefen Pfanne erhitzen. Wenn einige Tropfen Teig in 2 Minuten bräunen, ist das Fett heiß genug.
- Mit einem Teelöffel die Dal-Mischung ins heiße Fett tropfen lassen und goldgelb braten.
- Mit einem Schaumlöffel herausnehmen, auf Küchenkrepp abtropfen lassen.
- Heiß oder kalt servieren.

Variante:

Ingwer-Dal-Pakora

Zutaten

wie Mung-Dal-Pakora

zusätzlich:
¼ Tasse Ingwerwurzel, frisch gerieben
¼ Tasse Petersilie, fein gehackt

Arbeitsschritte

- Den Teig wie für Mung-Dal-Pakora zubereiten.
- Ingwerwurzeln und Petersilie dazugeben.
- Mit einem Teelöffel die Dal-Mischung ins heiße Fett tropfen lassen.

Tipp: Frischen Koriander statt Petersilie verwenden.

Indische Süßigkeiten

Sind ein Muss auf jeder Festtafel. Sie sind für europäische Begriffe wahnsinnig süß, dafür liefern sie das Kalzium in Form von Milchprodukten oder Nüssen und Samen gleich mit. Deshalb sind die folgenden Rezepte nicht nur lecker, sondern auch vollwertig.

Wenn es schnell gehen soll, können jedoch auch ersatzweise kleine Schalen mit Marmeladen, Nüssen und süß-sauren Chutneys das Festmenü abrunden.

Ladu

Zutaten

4 EL Butter
1 Tasse Kichererbsenmehl
1 Tasse brauner Zucker

Arbeitsschritte

- Butter zerlassen, Kichererbsenmehl einrühren und 10 Minuten leicht rösten.
- Wenn das Kichererbsenmehl bräunt, Zucker dazugeben.
- Unter ständigem Rühren weiterrösten, bis sich der Zucker aufgelöst hat.
- Abkühlen lassen, bis man die Masse in die Hand nehmen kann.
- In 15 Portionen teilen und zu Kugeln rollen.
- Die Ladus können einige Wochen aufbewahrt werden.

Sesam-Konfekt ✓

Zutaten

100 g Vollrohrzucker
100 g weißer Zucker
150 g Sesam
4 Kapseln Kardamom

Arbeitsschritte

- Vollrohrzucker mit Zucker in einer Pfanne unter Rühren bräunen und flüssig werden lassen.
- Kardamomsamen mit etwas Zucker in der Kaffeemühle fein mahlen.
- Mit dem Sesam zum Zucker geben und noch einige Minuten unter Rühren weiterrösten.
- Die Masse auf eine kalt abgespülte Platte gleiten lassen.
- Mit einem nassen Teigschaber glätten und mit einem nassen Messer Rauten schneiden oder Kugeln drehen oder die Masse erkalten lassen und in kleine Stücke brechen.

Grundrezept:

Khoya

Zutaten

1¼ l Milch

Arbeitsschritte

- In einem schweren Topf die Milch zum Kochen bringen, Hitze reduzieren.
- Ca. 40 Minuten unter ständigem Rühren auf ein Viertel der Menge einköcheln lassen.
- Dies ist die Grundlage für viele indische Süßigkeiten oder als Zutat für besonders gehaltvolle Gemüsegerichte wie Möhrenhalva o. ä.

Vereinfachung:

- So viel Trockenmilch in gut ¼ l warmem Wasser auflösen, dass eine dickflüssige Masse entsteht.
- Diese Zubereitungsart ist natürlich viel einfacher, kommt aber vom Geschmack her an das selbstgemachte Khoya nicht annähernd heran.

Chocolate und Vanilla Barfi

Zutaten

450 g Khoya (siehe oben)
150 g Zucker
1 TL Vanille-Essenz oder
Vanille-Extrakt
2 TL Kakao

Arbeitsschritte

- Die Hälfte Khoya mit der Hälfte Zucker unter Rühren bei kleiner Hitze so lange köcheln lassen, bis sich eine dickliche Masse gebildet hat.
- Vanille-Essenz zugeben und gut verrühren.
- Die Masse ½ cm hoch auf ein Blech streichen und abkühlen lassen.
- Die restliche Khoya und Restzucker aufkochen, Kakao vorsichtig unterrühren und eindicken, wie vorher beschrieben.
- Die Schokocreme auf die abgekühlte Vanillemasse geben und glattstreichen.
- Nach Geschmack mit echtem Blattsilber oder Nüssen verzieren. 4–5 Stunden kühlstellen. In kleine Stücke schneiden und servieren.
- Ergibt 18 Stück.

Indische Getränke

Die Getränke Indiens dienen der Erfrischung oder der Beruhigung. Sie werden nicht zu den Mahlzeiten serviert, dafür gibt es traditionell nur Wasser.

Sant Kirpal Singh, einer der größten und bekanntesten Heiligen des 20. Jahrhunderts, sagte: "Fülle den Magen zu einem Drittel mit Licht, zu einem Drittel mit Wasser und zu einem Drittel mit Nahrung." – eine Empfehlung, die jedem Menschen gut tut, ob er im Osten oder im Westen lebt.

Chai

Zutaten

1 l Wasser
½ l Milch
1 TL Kardamom mit etwas Zucker fein zerstoßen
Schwarztee nach Geschmack
Zucker nach Geschmack

Arbeitsschritte

- Wasser zum Kochen bringen.
- Tee dazugeben und kurz aufkochen.
- Milch zugießen, nochmals aufkochen lassen.
- Kardamom zugeben, umrühren und sofort abseihen.

Chai wird in Indien zu jeder Tages- und Nachtzeit getrunken. Er sollte ständig zur Hand sein und sehr heiß und süß serviert werden. So wird er manchmal zur kleinen Zwischenmahlzeit, denn in Indien liegen die Hauptmahlzeiten meist sehr weit auseinander, und Pausen oder Vespern in unserem Sinne gibt es nicht.

Kräutertee

Zutaten

1 Tasse frische Milch
2 Tassen Wasser
½ TL Minzblätter,
getrocknet
3 EL Zucker
⅛ TL Garam Masala II
3 TL Tee (keine Teebeutel)

Arbeitsschritte

- Milch, Wasser, Minzblätter, Zucker, Garam Masala II und Tee in einen Topf geben.
- Einmal aufkochen lassen, den Tee von der Flamme nehmen und durchseihen.
- Nach Geschmack nachsüßen und heiß servieren oder im Sommer eisgekühlt.
- Ein Stängel frischer Minze als Verzierung macht sich hübsch.

Lassi

Eine beliebte Erfrischung an heißen Tagen. Ob süß oder pikant, mild oder scharf, mit Joghurt oder Buttermilch, Sie bestimmen, wie Sie ihren Lieblingsdrink servieren.

Gewürz-Lassi

Zutaten

1 Tasse Joghurt
4 Tassen Wasser
½ TL Salz
1 Prise Cayenne-Pfeffer
1 Msp. Muskatnuss,
gemahlen
½ TL Kümmel, gemahlen

Arbeitsschritte

- Joghurt und Wasser mit einem Schneebesen schaumig schlagen.
- Salz, Kümmel und Cayenne-Pfeffer dazugeben, vermischen und gut gekühlt servieren.

Süßes Lassi

Zutaten

1 Tasse Joghurt
4 Tassen Wasser
½ Tasse Zucker
1 Msp. Muskatnuss,
gemahlen
1 Prise Cayenne-Pfeffer
ein paar Tropfen
Rosenwasser

Arbeitsschritte

- Joghurt und Wasser mit einem Schneebesen schaumig schlagen.
- Zucker, Muskatnuss, Cayenne-Pfeffer und Rosenwasser dazugeben und umrühren.

Mandelmilch

Zutaten

1 Tasse Mandeln, geschält
4 Tassen Wasser
4 schwarze Pfefferkörner
½ Tasse Zucker

Arbeitsschritte

- Mandeln mit Wasser und Pfefferkörnern in einen Mixer geben.
- Durch Musselin oder ein engmaschiges Sieb abseihen und den Rückstand anderweitig verwerten.
- Zucker zugeben, durchmischen und gut gekühlt servieren.

Energietrunk

Zutaten

2 Tassen Milch
12 Pistazienkerne, geschält
6 Cashewkerne
6 Mandeln, geschält
12 Rosinen
2 EL Zucker
½ TL Safran, zerkrümelt
1 Prise Muskatnuss, gemahlen

Arbeitsschritte

- Alle Kerne und Rosinen mit etwas Milch mixen.
- Restliche Milch in eine Soßenpfanne gießen.
- Die übrigen Zutaten zugeben, leicht rühren, bis alles erwärmt ist und sich der Zucker aufgelöst hat.

Nahrhaftes Erfrischungsgetränk mit Anisgeschmack:

Tundi

Zutaten

2 EL Anis
Samen von 4 ganzen
Kardamomkapseln
1 TL weiße Pfefferkörner
250 ml Wasser
¼ Tasse Pistazienkerne,
geschält
¼ Tasse Mandeln, geschält
1 Tasse Rosinen
1 Tasse Milch

Arbeitsschritte

- Anis im Mörser zerstoßen und in 100 ml Wasser ½ Stunde einweichen.
- Kardamomsamen und Pfefferkörner ebenfalls zerstoßen und in 150 ml Wasser ½ Stunde einweichen.
- Beides abseihen.
- Restliche Zutaten mit dem Gewürzwasser mixen.
- Gut gekühlt servieren.

Kapitel 3

Vegetarische Schmankerl

Müsli

Wenn wir 'Müsli' hören, denken wir an einen gesunden, kraftvollen Start in den Tag. Ob als Frischkornbrei oder Flockenmüsli, der kerngesunde Wachmacher gehört zur modernen Ernährung und ist auch als Zwischenmahlzeit weltweit beliebt. Das Müsli hat sich seinen Platz erobert. Sei es im kleinen Bistro an der Ecke oder im Vier-Sterne-Hotel. Zuhause wird das Müsli am besten schmecken, wenn wir wissen, wie es geht und es uns genau so zubereiten, wie wir es am liebsten haben.

Frischkornbrei

Zutaten
8 – 10 EL Fünfkorn-Getreide
Mineralwasser
Rosinen
Sonnenblumenkerne
Haselnüsse, gehackt
Banane
1 kleiner Apfel
oder Obst nach Jahreszeit
2 EL Sojasahne
einige Spritzer Zitronensaft
Sesammus

Arbeitsschritte
- Am Vorabend das Korn mittelfein schroten.
- Sonnenblumenkerne und Nüsse zugeben.
- Mit Mineralwasser übergießen, zudecken und in den Kühlschrank stellen (Höchstdauer 12 Stunden).
- Am Morgen Zitronensaft zugeben, Banane oder Obst nach Jahreszeit (Himbeeren, Erdbeeren, Pfirsiche, Aprikosen etc.) klein schneiden, den Apfel grob raspeln und zum Getreidebrei geben.
- Sojasahne und Sesammus unterrühren und mit einigen Nüssen oder Obststückchen verzieren.

Haferbrei

Zutaten
sonstige Zutaten wie oben, statt Fünfkorn-Getreide Hafer verwenden

Arbeitsschritte
- Pro Person 3 EL Hafer quetschen oder grob schroten.
- ! Nur eine Viertel Stunde in Wasser einweichen.

Schlemmer-Müsli

Zutaten
Frischkorn- oder Haferbrei
100 g Schlagsahne
Ahornsirup oder Honig
1 EL Pistazienkerne,
Walnüsse oder Haselnüsse
gehackt

Arbeitsschritte
- Frischkorn- oder Haferbrei wie beschrieben vorbereiten und mit Schlagsahne verzieren.
- Pro Portion 1 TL Ahornsirup oder Honig darüberträufeln.
- Mit gehackten Pistazienkernen, Walnüssen oder Haselnüssen bestreuen.

Müsli-Makronen

Zutaten

Müsli (s. Rezepte oder Müslireste)

zusätzlich:
1 großer Apfel
10 Datteln
4 EL Rosinen
1 TL Zimt
1 EL Sojasahne
Ghee oder Olivenöl zum Ausbacken

Arbeitsschritte

- Den Apfel raspeln, Datteln klein schneiden und mit den übrigen Zutaten unter das Müsli mischen.
- Fett erhitzen, mit einem Löffel (oder Eisportionierer) die Masse in die Pfanne geben, glattstreichen.
- Unter mehrmaligem Wenden knusprig ausbacken.
- Schmecken kalt wie warm gut und sind eine ideale, vollwertige Zwischenmahlzeit auf Reisen.

Zwischenmahlzeit:

Dinkelbrei

Zutaten

1 Tasse Dinkel
5 ½ Tassen Wasser
2 Feigen
2 Pflaumen oder Aprikosen
2 EL Rosinen
1 Msp. Zimt
1 Msp. Ingwer
2 EL Nüsse

Dieses Gericht schmeckt auch kalt ausgezeichnet. Mit Schlagsahne und Ahornsirup wird der Dinkelbrei zur leckeren Nachspeise oder eine attraktive Zwischenmahlzeit.

Arbeitsschritte

- Trockenfrüchte über Nacht in 4 Tassen Wasser einweichen. Einweichwasser mit dem Trockenobst zum Kochen bringen.
- Dinkel fein mahlen.
- Mit 1 ½ Tassen Wasser anrühren, zum siedenden Wasser geben, gut verrühren, abschalten und ausquellen lassen.
- Nüsse, Zimt und Ingwer darübergeben.
- Nach Geschmack mit Honig süßen.

Variante:
- Statt Dinkel Hirse, Hafer oder Weizen verwenden.

Brotaufstriche Mayonnaisen & Dips

Rezeptübersicht

Brotaufstriche

Wer Dip & Co probiert hat, weiß, wie fürstlich ein alltägliches Stück Brot schmecken kann. Ob mild oder Chili-scharf, Sie stellen die Zutaten für Ihren Lieblingsgeschmack selbst zusammen. Das gibt es in keinem Supermarkt und hat trotzdem ein langes Haltbarkeitsdatum. Die abwechslungsreichen Brotaufstriche und Dips der vegetarischen Vollwerternährung sind nicht nur zum Genießen da, sie verwandeln den Brotzeit-Teller zu Hause und die Kalte Platte auf dem Festbuffet in echte Hingucker.

Guter Geschmack kann eine Herzenssache sein. Bei diesem Aufstrich schützen Sie Ihr Herz/Kreislaufsystem mit den wertvollen Omega-3-Fettsäuren, die mit der Nahrung aufgenommen werden müssen. Für Vegetarier ist die beste Quelle das Leinöl. Achten Sie dabei auf Qualität und Frische! Weitere pflanzliche Omega-3-Quellen sind:

- Leinsamen, Leinöl ca. 52 %
- Hanföl ca. 17 %
- Walnussöl ca. 13 %
- Rapsöl ca. 9 %
- Sojaöl ca. 8 %

Tofu-Brotaufstrich

Zutaten

100 g Räuchertofu
1/8 l Leinöl, kalt gepresst
Schale einer halben Zitrone
1/2 TL Zitronensaft
1 TL Senf
1 TL Salz oder Kräutersalz
1 Msp. Pfeffer
1 Prise Cayenne-Pfeffer
Knoblauchpulver
1 TL Majoran
1/4 TL Basilikum, gehackt
1 TL Flüssigwürze
1/4 TL Curry

Arbeitsschritte

- Tofu mixen oder pürieren.
- Nach und nach Pflanzenöl, Zitronensaft und Gewürze zugeben.
- Dabei gut rühren, bis die Masse streichfähig ist.

Tipp: Experimentieren Sie nach Herzenslust mit Kräutern, Tomatenmark, Meerrettich, verschiedenen Ölsorten (z.B. Hanföl, Walnussöl, Rapsöl, Sojaöl), Hefeflocken oder Hefepaste 'Vitam-R' (dann eventuell Salzzugabe reduzieren)!

Fettarmer Brotaufstrich

Zutaten

Tofu-Brotaufstrich (s. links)

zusätzlich:
¼ l Gemüsebrühe
ca. 4 EL Reismehl oder
Ähnliches

Arbeitsschritte

- Gemüsebrühe aufkochen und mit fein gemahlenem Reis oder sonstigem Bindemittel puddingähnlich eindicken.
- Nach dem Abkühlen löffelweise dem Brotaufstrich zugeben.

Bitte beachten: Beide Komponenten müssen die gleiche Temperatur haben!

Tofusalat pikant

Zutaten

150 g Räuchertofu
200 g Gouda
1 P. vegetarische 'Landjäger'
von Heirler (Reformhaus)
8 mittelgroße Essiggurken,
süß-sauer
2 EL Kapern
2 EL Salatkräuter,
gefriergetrocknet
Salz und Pfeffer nach
Geschmack
1 EL Senf mittelscharf
ca. 10 EL Mayonnaise
(s. Rez. S. 150)

Der Hit bei jeder Party und am kalten Buffet der Renner, besonders wenn der vegetarische 'Fleischsalat' als Füllung für Tramezzini dient. Ganz klassisch geht's aber auch: als Füllung für Tomaten, Gurken, Paprika oder einfach auf ein knuspriges Baguette oder ein deftiges Vollkornbrot streichen!

Arbeitsschritte

- Tofu, Käse, vegetarische Landjäger und die Essiggurken in sehr feine Streifen schneiden oder raffeln.
- Kapern klein hacken und mit den Salatkräutern untermischen, mit Salz und Pfeffer abschmecken.
- Mayonnaise mit Senf verrühren und mit den vorbereiteten Zutaten vermischen.
- Der Tofusalat ist ca. eine Woche gut gekühlt haltbar.
- Er ist auch sehr gut geeignet als Grundlage für Kartoffel- und Nudelsalate.
- Variante: Statt Räuchertofu vegetarische Würstchen oder Reste von vegetarischem Braten verwenden.

Tipp: Italienische Tramezzini. Möglichst großes Toastbrot entrinden und diagonal durchschneiden. Für ein Tramezzini singolo den vegetarischen Fleischsalat auf ein Dreieck streichen, in der Mitte etwas höher, die zweite Scheibe daraufklappen und die Ränder zusammendrücken. Tramezzini doppio: Auf die erste Scheibe ein Salatblatt, darauf den vegetarischen Fleischsalat verteilen. Eine weitere Scheibe Toast darauflegen. Diese mit zwei hauchdünnen Tomatenscheiben belegen, den vegetarischen Fleischsalat darauf verteilen. Zum Schluss mit einem Salatblatt und der dritten Scheibe Brot belegen.

Vegan: Anstelle von Käse Stangensellerie in feine Streifen geschnitten verwenden.

Sellerie-Brotaufstrich

Zutaten

1 Sellerie
200 g Margarine
1 mittelgroße
Gemüsezwiebel
Majoran
1 TL Miso
Suppenwürze
Kräutersalz

Arbeitsschritte

- Die Sellerie in reichlich Salzwasser garen, mit kaltem Wasser abschrecken, auskühlen lassen.
- Schälen und in sehr kleine Würfel schneiden.
- Mit etwas Margarine die fein gewürfelte Zwiebel hellgelb anrösten.
- Die restliche Margarine und die Selleriewürfel dazugeben.
- Mit Majoran, Miso, Suppenwürze und Kräutersalz würzen.

Variante:

- Zur Abwechslung anstelle von Majoran mit Petersilie zubereiten.

Soja-Aufstrich

Zutaten

100 g Mungbohnen
200 g Champignons
1 EL Kräutersalz
1 mittelgroße Zwiebel
1 TL Majoran
½ TL Thymian
½ TL Pfeffer
4 EL Öl
Hefeflocken

Arbeitsschritte

- Mungbohnen verlesen, waschen und in reichlich Wasser über Nacht einweichen.
- Mit dem Einweichwasser aufsetzen und ca. ½ Stunde kochen. Champignons dazugeben und fertig garen.
- Überschüssige Flüssigkeit abgießen (für Suppe oder Soße verwenden).
- Mit den Gewürzen mixen oder durch den Wolf drehen.
- Öl und so viele Hefeflocken dazugeben, dass die Paste fest wird.
- Nach Geschmack mit Knoblauch und Basilikum abrunden.

Pikanter Brotaufstrich

Zutaten

⅛ l Wasser
1 Gemüsebrühwürfel
2 EL Reismehl
⅛ l Kondensmilch
4 EL Hefeflocken
¼ TL Pfeffer weiß
1 TL Majoran
½ Bio-Zitrone
⅛ l Öl
Senf
Tamari
Kräuter
Chilischoten klein-
geschnitten

Arbeitsschritte

- Reismehl in etwas Wasser anrühren.
- Restliches Wasser mit Gemüsebrühwürfel zum Kochen bringen.
- Reismehl einrühren und einige Minuten kochen lassen.
- Saft und Schale der Zitrone, Majoran und Pfeffer zufügen.
- Während der Brei abkühlt, das Öl abwechselnd mit Kondensmilch und Hefeflocken verquirlen.
- Nach Geschmack mit Senf, Tamari, Kräutern und mit Chili abschmecken.

Lieslfett

Zutaten

100 g Kokosfett
1 Apfel
1 Zwiebel
1 TL Majoran
¼ TL Salz

Arbeitsschritte

- Apfel und Zwiebel sehr klein schneiden.
- Fett leicht erhitzen, Apfel, Zwiebel und Majoran zugeben und langsam dünsten.
- Zum Schluss salzen.
- In ein Töpfchen geben und erstarren lassen.

Variante:

- Statt Salz ¼ TL 'Vitam-R'-Hefepaste zufügen, Apfel weglassen.

Zaziki

Zutaten

250 g Magerquark
100 g Crème fraîche
½ Salatgurke
½ Zwiebel
2 – 3 Zehen Knoblauch nach Geschmack
Salz
Pfeffer

Arbeitsschritte

- Quark in ein Sieb geben, 1 – 2 Stunden abtropfen lassen.
- Mit Crème fraîche verrühren.
- Salatgurke, Zwiebel und Knoblauch fein hacken, zugeben, salzen, pfeffern und gut vermischen.

Mayonnaisen & Dips

Mayonnaisen und Remouladen ohne Ei? – Ja, das gibt es! Hier die beliebtesten und interessantesten Ideen köstlicher Salatsoßen und Dips, die alle sehr einfach und schnell zubereitet sind und sich gekühlt gut aufbewahren lassen.

So können Sie zu jeder Gelegenheit und zu jedem Salat die passende Soße oder einen pfiffigen Dip servieren.

Grundrezept:

Mayonnaise

Zutaten

10 EL Kondensmilch, 10%ig
1 TL Senf, mittelscharf
½ TL Salz
1 Msp. weißer Pfeffer
2 TL Zitronensaft
10 EL Distelöl, kaltgepresst
und gut gekühlt
10 EL Leinöl (immer im
Kühlschrank aufbewahren)

Arbeitsschritte

- Kondensmilch und Öl gut kühlen.
- Senf, Pfeffer, Salz mit der Milch verrühren.
- Das kalte Distelöl darübergeben, Zitronensaft darüberträufeln, mixen.
- Leinöl tropfenweise zugeben, bis eine feste Masse entsteht.

Tipp: Eine gute Möglichkeit, Omega 3 zu sich zu nehmen.

Kräuter-Mayonnaise

Zutaten zusätzlich

2 EL frische gehackte
Kräuter

Arbeitsschritte

- Grundrezept Mayonnaise mit 2 EL frischen gehackten Kräutern verrühren.

Milcheiweißfreie Mayonnaise ✓

Zutaten zusätzlich

12 EL Sojamilch
3 geh. EL Kartoffelflocken
1 geh. TL Senf, mittelscharf
1 gestr. TL Salz
½ TL Pfeffer
15 EL Öl

Arbeitsschritte

- Die Kartoffelflocken in der Sojamilch auflösen und einige Stunden kalt stellen, dann
- weiter wie bei Grundrezept Mayonnaise.

Meerrettich-Mayonnaise

Zutaten zusätzlich

Arbeitsschritte

2 TL geriebenem
Meerrettich
1 EL Sahne

- Grundrezept Mayonnaise mit den Zutaten verrühren.

Curry-Mayonnaise

Zutaten zusätzlich

Arbeitsschritte

1 TL Curry
1 TL Johannisbeergelee
ein Spritzer Zitronensaft

- Grundrezept Mayonnaise mit den Zutaten verrühren.

Tomaten-Mayonnaise

Zutaten zusätzlich

Arbeitsschritte

2 EL Tomatenmark
1 EL gehackte Petersilie
etwas Pfeffer

- Grundrezept Mayonnaise mit den Zutaten verrühren.

Russische Soße

Zutaten zusätzlich

Arbeitsschritte

3 EL Tomatenketchup
1 TL geriebener Meerrettich

- Ein halbes Grundrezept der Mayonnaise mit den Zutaten verrühren.

Remoulade

Zutaten zusätzlich

Arbeitsschritte

1 kleine Zwiebel
1 EL Kapern
1 Gewürzgurke
1 EL Kräuter, gehackt

- Grundrezept Mayonnaise mit den sehr gut zerkleinerten Zutaten verrühren.

Dieser Dip bereichert durch sein würzig-kräftiges Aroma Fondues und schmeckt als Brotaufstrich oder als Verzierung auf attraktiv belegten Toasts.

Meerrettich-Apfel-Sahne

Zutaten

Arbeitsschritte

1 Apfel
2 TL Meerrettich
Zitronensaft, Salz
200 g Schlagsahne

- Apfel und Meerrettich fein reiben, mit Zitronensaft beträufeln und salzen. Sahne steif schlagen und unterheben.

Wiener Fürstensoße

Zutaten

125 g Doppelrahm-
Frischkäse
1 EL Zitronensaft
3 EL Apfel, gerieben
1 TL Meerrettich, gerieben
3 EL Apfelsaft
4 EL süße Sahne
1 Prise Paprika
etwas Zucker

Arbeitsschritte

- Frischkäse mit einer Gabel zerdrücken.
- Alle Zutaten außer der Sahne gut unterrühren.
- Steif geschlagene Sahne unterziehen.

Pistazien-Dip

Zutaten

125 g Doppelrahm-
Frischkäse
100 g Sahne
1–2 EL Milch
2 EL Pistazien, fein gehackt
Pfeffer
etwas Zitronensaft

Arbeitsschritte

- Käse, Sahne und Salz zu einer Creme verrühren.
- Pistazien im Mörser zerstoßen, untermischen und mit Pfeffer und Zitronensaft abschmecken.

Ob zu Chips, als Vorspeise oder als außergewöhnliche Salatsoße

Tomaten-Paprika-Dip

Zutaten

3 Tomaten
2 kleine Paprikaschoten
¾ l Joghurt
Salz
Zucker
Muskat
1 Spritzer Zitronensaft
Flüssigwürze oder Tamari
1 EL Petersilie, gehackt
4 gefüllte Oliven
etwas Schlagsahne

Arbeitsschritte

- Tomaten häuten, Kerne entfernen.
- Paprika entkernen, in Stücke schneiden, mit den Tomaten mixen.
- Joghurt würzen, mit den gemixten Tomaten und Paprika verrühren.
- In Cocktailgläser füllen, mit einem Tupfer Schlagsahne verzieren.
- Petersilie darüberstreuen und je eine Olive daraufsetzen.

*Da tauchen rohe Gemüsesticks, Chicorée
oder kleine, knackige Salatblätter gerne ein.*

Meerrettich-Sahne-Dip

Zutaten

100 g süße Sahne
Saft ½ Orange
etwas abgeriebene
Orangenschale
(unbehandelt)
1 TL Salz
½ TL Honig
¼ TL Ingwerwurzel,
gerieben
1 EL Meerrettich, frisch
gerieben

Arbeitsschritte

- Sahne steif schlagen. Orangensaft, Orangenschale, Salz, Honig, Ingwer und Meerrettich verrühren.
- Schlagsahne vorsichtig unterziehen.

Thousand Island Dressing

Zutaten

200 g Joghurt
200 g Crème fraîche
2 EL Tomatenketchup
etwas Salz
Pfeffer
½ TL Flüssigwürze

Arbeitsschritte

- Alle Zutaten mit dem Schneebesen verquirlen.

Variante:

- Anstelle von Joghurt und Crème fraîche Mayonnaise (s. Rez. S.150) verwenden.

Kräutersalat-Dressing

Zutaten

1 Becher Joghurt
1 Becher Crème fraîche
5 EL frische Kräuter,
gehackt
etwas Salz
Pfeffer
½ TL Flüssigwürze

Arbeitsschritte

- Alle Zutaten gut verrühren und über den vorbereiteten Salat geben oder als Dip servieren.

Burger & Bratlinge

Wie edel und lecker ein Burger aus Getreide, Soja oder Bohnen schmecken kann, beweisen die folgenden Rezepte. So wird ein schneller Imbiss zur echten Esskultur oder zur kerngesunden Beilage für Gemüsegerichte. Die Grundrezepte für Bratlinge eignen sich auch bestens als Füllung für Paprika, Gurken, Zucchini oder Kohlrabi.

Tipps und Tricks

für Burger und Bratlinge

Ist die Bratlingmasse zu flüssig oder lässt sie sich schwer formen:

- Kartoffelpürree-Pulver mit wenig Milch oder Wasser verrühren und zufügen
- Semmelbrösel, Cornflakes oder feine Haferflocken einstreuen, etwas quellen lassen
- Tofu pürieren und untermischen
- mit geriebenem Käse vermengen
- Vegavita-Pulver einstreuen und rasch verkneten
- Buchweizengrütze aufkochen, ausquellen lassen und zur Masse geben
- Quark zugeben und vermischen
- gemahlene Nüsse verwenden
- gefriergetrocknete Salatkräuter untermischen
- Als Füllung für Gemüse sind folgende Bratlingmassen geeignet:
  - Grundrezept S. 157
  - Seitan-Burger-Rezept S. 157
  - Soja-Burger-Rezept S. 158

Folgendes Grundrezept für Burger kann je nach Geschmack und saisonalen Zutaten abgewandelt werden.

Grundrezept:

für Burger, Bratlinge oder Füllung für Gemüse

Zutaten

300 g Dinkel oder Grünkern
300 g Mischgemüse wie Möhren, Lauch, Zucchini, Sellerie, Kohlrabi, Fenchel
½ l Wasser
1 Becher Joghurt
2 TL Salz
1 TL Pfeffer
1 EL Majoran
1 TL Thymian
3 Zwiebeln, mittelgroß
2 EL Petersilie, gehackt
Knoblauch nach Geschmack
Semmelbrösel, Sesam oder gemahlene Nüsse

Öl zum Ausbraten

Arbeitsschritte

- Getreide mittelgrob schroten und aussieben. Den mehligen Anteil zur Seite stellen und anderweitig verwenden.
- Gemüse sehr klein schneiden oder raffeln, in etwas Öl oder Butter anrösten, Gewürze kurz mitschmoren, 5 Minuten zugedeckt ziehen lassen.
- Schrot in etwas Öl rösten, etwa die Hälfte des Wassers dazugeben und unter Rühren bei geringer Hitze 5 – 10 Minuten köcheln lassen.
- Nach und nach so viel Wasser zugießen, bis ein dicklicher Brei entsteht.
- Joghurt unterziehen, Gemüse zugeben.
- Zwiebeln sehr klein schneiden und mit der Petersilie untermischen, mit Knoblauch abschmecken.
- Wenn nötig, noch etwas Semmelbrösel, Sesam oder gemahlene Nüsse zufügen. Die Masse sollte sich leicht zu Bratlingen formen lassen.
- Bratlinge in Öl auf beiden Seiten knusprig braten.

Tipp: Sonnenblumenkerne oder Cashewkerne zufügen.

Seitan-Burger

Zutaten

125 g Seitan
2 große Zwiebeln
1 – 2 Zehen Knoblauch
1 Brötchen, altbacken, oder
100 g Cornflakes
½ TL weißer Pfeffer
Salz nach Geschmack
1 TL Majoran
Schale ½ Bio-Zitrone
1 EL Petersilie, gehackt
2 – 3 EL Öl

Arbeitsschritte

- Seitan, Zwiebeln, Knoblauch und Petersilie sehr klein hacken.
- Brötchen oder Cornflakes in etwas heißer Brühe einweichen, ausdrücken und zur Masse geben.
- Salz, Pfeffer, Öl, geriebene Zitronenschale und Majoran zugeben, vermischen.
- Burger formen und in heißem Pflanzenfett ausbacken oder als Füllung für Gemüse verwenden.

Soja-Burger

Zutaten

125 g feine Sojaschnetzel
350 ml Gemüsebrühe
1 Glas (25 g) Salatkräuter,
gefriergetrocknet
Getreideflocken nach
Bedarf
1 Zwiebel klein geschnitten
2 EL frische Petersilie,
gehackt
3 EL Tamari (Sojasauce)
Knoblauch und Pfeffer
nach Geschmack

Arbeitsschritte

- Sojaschnetzel in der Gemüsebrühe aufkochen, mit dem Mixstab zerkleinern und 10 Minuten quellen lassen.
- Salatkräuter zufügen, verrühren und einige Minuten quellen lassen.
- Ist die Masse noch zu flüssig, Getreideflocken zufügen.
- Zwiebeln und Petersilie unterrühren.
- Mit Tamari, Knoblauch und Pfeffer abschmecken.
- Burger formen und auf beiden Seiten knusprig braten oder die Masse als Füllung für Gemüse verwenden.

Ein Schnellimbiss aus Bohnen. Mit einem Vollkornbrötchen serviert, erhalten Sie damit alle essentiellen Aminosäuren, die Eiweißgrundbausteine für starke Muskeln.

Bean-Burger

Zutaten

1 gr. Dose weiße Bohnen
1 kl. Dose Kidneybohnen
250 ml Tomaten, passiert
1 TL Bohnenkraut, frisch
oder getrocknet
1 Glas (25 g) Salatkräuter,
gefriergetrocknet
Pfeffer
Gemüsebrühe, gekörnt
Corn Flakes und/oder
Semmelbrösel
3 EL Petersilie, gehackt
Öl zum Braten

Arbeitsschritte

- Bohnen abgießen und grob zerquetschen (Gabel oder Kartoffelstampfer).
- Passierte Tomaten mit dem Bohnenkraut in einem großen Topf zum Kochen bringen.
- Bohnenmasse und Salatkräuter zugeben, verrühren.
- Mit Pfeffer und Gemüsebrühe abschmecken.
- Corn Flakes zerbröseln und so viel zugeben, bis sich die Masse gut formen lässt.
- Gehackte Petersilie untermischen.
- Burger formen und auf beiden Seiten in Öl knusprig braten.

Vollwert-Burger ✓

Zutaten

4 Vollkornbrötchen
Mayonnaise (s. Rez. S. 150)
4 Bratlinge
4 große Salatblätter
1 Tomate
Ketchup
Zwiebelringe
Essiggurkenscheiben

Arbeitsschritte

- Vollkornbrötchen aufbacken, durchschneiden, den Boden mit etwas Mayonnaise bestreichen.
- Je ein Salatblatt, den Burger und eine Tomatenscheibe, Ketchup, einige Zwiebelringe und Essiggurkenscheiben darauf geben.
- Nach Geschmack würzen und den Deckel aufsetzen.
- Für gesundheitsbewusste Genießer gern mit gekeimten Alfalfa-, Kresse- oder Rettichsprossen.

Cheese-Burger

Zutaten

wie Vollwert-Burger

zusätzlich:
4 Käse-Scheibletten

Arbeitsschritte

- Burger wie oben beschrieben vorbereiten, je 1 Scheiblette auf den heißen Burger legen.

Cheese-Burger auf Toast

Zutaten

8 Scheiben Toastbrot
8 EL Bratlingmasse
(s. Rez. S. 157)
8 Käse-Scheibletten

Arbeitsschritte

- Burger wie oben beschrieben vorbereiten, je 1 Scheiblette auf den heißen Burger legen.

Rezeptübersicht

Salate, Vorspeisen, Snacks, kaltes Buffet

In diesem Bereich zeigt sich die vegetarische Küche vielleicht von ihrer interessantesten und charmantesten Seite. Da bleiben keine Wünsche offen und diese auserlesenen Köstlichkeiten sprechen für sich.

Allerdings wollen große Feste gut vorbereitet sein. Ich habe eine ganze Reihe von Gerichten ausgesucht, die einige Tage vorher zubereitet werden können oder müssen, damit sie den besten Geschmack erhalten oder fest werden können, wie z. B. Aspik. So kann die Vorbereitung des kalten Buffets auf mehrere Tage verteilt werden. Die Gerichte sind entsprechend gekennzeichnet.

Salate

Immer mehr Menschen schätzen frische und vitaminreiche, nicht belastende Gerichte, ob zu Hause oder unterwegs. Die beliebten Salat- und Rohkostteller sind die Lösung und müssen gar nicht traditionell zubereitet sein.

Es erwarten Sie außergewöhnliche Gerichte und Kreationen bis hin zum Gemüsestick.

Salatrollen

Zutaten

1 Eisberg- oder Kopfsalat
3 Tomaten
½ Gurke
4 Oliven
100 g Joghurt
100 g Crème fraîche
1 EL Kräuter, gehackt
¼ TL Salz

Arbeitsschritte

- Joghurt, Crème fraîche, Kräuter und Salz zu einer Salatsoße verrühren.
- Salat waschen, 8 große Blätter trocken tupfen.
- Übrige Salatblätter zerkleinern.
- Tomaten schälen, entkernen und in Würfel schneiden.
- Gurke schälen und würfeln.
- Mit Salatsoße vermischen.
- Je 2 Salatblätter zusammenlegen, füllen und zusammenrollen.
- Je 1 Olive auf einen Zahnstocher spießen und die Salatrollen damit feststecken.

Gemüsesticks

Zutaten

innere Stiele von einem Stangensellerie
½ Salat-Gurke
2 Möhren
1 kleine Zucchini
Kräuter nach Wahl

Arbeitsschritte

- Die Gemüse säubern und in etwa gleich lange Stücke schneiden.
- Die Gemüsesticks auf die Gläser verteilen und mit Kräutern verzieren.
- Dazu verschiedene Dips (s. Rez. S. 150 ff.) servieren.

Mais-Salat

Zutaten

200 g Mais (Dose)
100 g Seitan, Glutenreste oder vegetarische Würstchen
3 Essiggurken
3 Tomatenpaprika
100 g sehr feste Mayonnaise (s. Rez. S. 150)

Arbeitsschritte

- Mais gut abtropfen lassen.
- Seitan etc. in Streifen schneiden.
- Essiggurken und Tomatenpaprika klein hacken.
- Alle Zutaten mischen. Eventuell nachwürzen.
- Einige Stunden ziehen lassen.

Waldorf-Salat

Zutaten

350 g Äpfel
200 g Sellerie
Saft ½ Zitrone
¼ TL Salz
3 EL Walnusskerne
125 g Mayonnaise
(s. Rez. S. 150)

Arbeitsschritte

- Äpfel schälen, Kerngehäuse entfernen.
- Sellerie schälen.
- Beides fein raffeln, salzen und mit Zitronensaft beträufeln.
- Nüsse klein hacken.
- Zutaten vermengen, mit Mayonnaise verrühren.
- Mindestens 2 Stunden ziehen lassen.

Windsor-Salat

Zutaten

125 g Räuchertofu
125 g Gluten oder
Ähnliches
4 Scheiben Sellerie,
gekocht
1 Apfel
1 Banane
1 Essiggurke
125 g Mayonnaise
½ TL Tamari
Salz
Curry
Essig
Zucker
1 EL Petersilie, gehackt

Arbeitsschritte

- Tofu, Gluten, Sellerie, Apfel, Banane und Essiggurke in feine Würfel schneiden.
- Übrige Zutaten zur Salatsoße verrühren, alles miteinander vermengen.
- 2 Stunden ziehen lassen, mit Petersilie verzieren.

Sauerkraut-Salat

Zutaten

500 g Sauerkraut
1 EL Kümmel
1 EL Majoran
5 EL Öl
1 Apfel

Arbeitsschritte

- Sauerkraut klein schneiden und in eine Schüssel geben.
- Das Öl erhitzen, Kümmel und Majoran zugeben und über das Sauerkraut gießen.
- Apfel in kleine Stifte schneiden, zugeben und gut verrühren.

Variante:

- Statt eines Apfels einige Scheiben Ananas, in kleine Stücke geschnitten, verwenden.

Tofu-Salat chinesisch

Zutaten

15 g Chinesische Morcheln
(Mu Err)
250 g rote Bohnen
300 g Zuckermais
200 g Tofu
2 rote Chilischoten
2 EL Sojasoße
2 EL Essig
1 TL Senf, scharf
1 TL Salz
1 Prise Zucker
6 EL Öl
Knoblauchpulver nach
Geschmack

Arbeitsschritte

- Pilze waschen und in reichlich lauwarmem Wasser 30 Minuten einweichen.
- Bohnen und Maiskörner abtropfen lassen.
- Tofu in kleine Würfel schneiden und dazugeben.
- Die Chilischoten fein hacken und zum Salat geben.
- Sojasoße, Essig, Senf, Salz, Zucker und eventuell Knoblauchpulver verrühren.
- Dann das Öl tropfenweise einrühren.
- Die Soße mit den übrigen Zutaten mischen.
- Pilze abtropfen lassen, die harten Stielansätze entfernen und in feine Streifen schneiden. Unter den Salat mischen.

Käse-Salat

Zutaten

300 g Gouda am Stück
100 g Champignons
8 schwarze Oliven
Essig
Öl
Salz
Pfeffer
1 EL Petersilie, gehackt

Arbeitsschritte

- Käse würfeln, Champignons blättrig schneiden, Oliven klein hacken.
- Aus Essig, Öl, Salz und Pfeffer eine Marinade zubereiten.
- Alle Zutaten vermengen.
- Mit Petersilie bestreut servieren.

Variante:
- Statt einer Marinade aus Essig und Öl Mayonnaise (s. Rez. S. 150 f.) verwenden.

Gersten-Remoulade

Zutaten

100 g Gerste
Salz
1 Bund Frühlingszwiebeln
½ Salatgurke
2 EL Kapern
300 g Crème fraîche
1 TL Zitronensaft
Pfeffer

Arbeitsschritte

- Gerste 2 Stunden in einem halben Liter kaltem Wasser einweichen.
- Dann 1 Stunde zugedeckt köcheln lassen, salzen, 15 Minuten ausquellen und abkühlen lassen.
- Frühlingszwiebeln waschen, weiße Teile fein würfeln, das Grün in feine Ringe schneiden.
- Gurke waschen und würfeln.
- Alle vorbereiteten Zutaten mit Kapern und Crème fraîche mischen.
- Mit Salz, Zitronensaft und Pfeffer abschmecken
- Vor dem Servieren mindestens einige Stunden kühl stellen.

Grünkern-Salat

Zutaten

250 g Grünkern
2 TL Gemüsebrühe
5 EL Öl
2 EL Sojatrockenmilch
1 kleines Glas milchsaures Gemüse
Tamari
Pfeffer
1 Bund Petersilie, gehackt

Arbeitsschritte

- Grünkern waschen, mit Wasser bedeckt einige Stunden einweichen.
- Mit dem Einweichwasser zum Kochen bringen.
- Gemüsebrühe zugeben und ca. 1 Stunde garen, abseihen, das Kochwasser auffangen und zu Suppen oder Soßen verwenden.
- Milchsaures Gemüse abseihen.
- Die Flüssigkeit mit Öl und Sojatrockenmilch zu einer Salatsoße verrühren.
- Mit dem milchsauren Gemüse über den abgekühlten Grünkern geben.
- Gut vermischen und mit Petersilie bestreuen.
- Einige Stunden ziehen lassen.
- Mit Tamari und Pfeffer abschmecken.

Tomaten-Cocktail

Zutaten

1 kg Tomaten
Saft ½ Zitrone
1 EL Olivenöl
Salz
Pfeffer
150 g süße Sahne
½ EL Meerrettich, gerieben

Arbeitsschritte

- Tomaten häuten, entkernen und in kleine Würfel schneiden.
- Aus Zitronensaft, Öl, Salz und Pfeffer eine Marinade herstellen, über die Tomaten geben und im Kühlschrank zwei Stunden ziehen lassen.
- Sahne steif schlagen, mit Meerrettich abschmecken.
- Kurz vor dem Anrichten die Tomaten in Cocktailgläser füllen, Meerrettichsahne darübergeben und mit Zitronenscheibchen und Salatblatt servieren.
- Dazu Toast und Butter reichen.
- Maximal 6 Stunden vorher zubereiten.

Bunter Cocktail

Zutaten

200 g Austernpilze
200 g Spargel, gekocht
Salz
Pfeffer
Saft ½ Zitrone
150 g Tomaten-Mayonnaise
(s. Rez. S. 151)
1 kleine rote Paprikaschote
1 EL Petersilie, gehackt

Arbeitsschritte

- Austernpilze in längliche Streifen schneiden.
- Salzen und pfeffern und in Butter braten, abkühlen lassen.
- Spargel gut abtropfen lassen, in kleine Stücke schneiden, salzen und pfeffern.
- Mit Zitronensaft beträufeln. Einige Stunden kühl stellen.
- 8 Spargelspitzen zum Verzieren aufheben.
- Pilze, Spargel und Mayonnaise gut vermischen.
- Paprika in 4 Ringe schneiden, den Rest klein hacken und zum Cocktail mischen.
- Auf 4 Cocktailgläser verteilen. Jeweils mit 2 Spargelspitzen, 1 Paprikaring und Petersilie garnieren.

Varianten:

- Statt Austernpilze Champignons verwenden.
- Anstelle von Spargel Bambussprossen, Sojasprossen oder Mais nehmen.

- Kann bis zu 6 Stunden vorher fertiggestellt und garniert werden.

Mozzarella mit Tomaten

Zutaten

2 P. Mozzarella (oder
Mozzarella selbst gemacht
s. Rez. S. 72)
Tomaten
Olivenöl
Salz
Pfeffer
Balsamico
Basilikum (möglichst frisch)

Arbeitsschritte

- Den abgekühlten Käse in 1 cm dicke Scheiben schneiden, salzen und pfeffern.
- Mit Tomatenscheiben abwechselnd in einer flachen Schale anrichten.
- Reichlich Öl und etwas Balsamico darüber verteilen.
- Mit frischen Basilikumblättern verzieren.
- Frisch servieren.

Mineralstoffreich und köstlich als Brotbelag oder an heißen Tagen mit Salzkartoffeln serviert. Am vegetarischen kalten Buffet eine Attraktion, die nach 'Meer' schmeckt.

Gelee maritim

Zutaten

150 g Räuchertofu
¼ l Gemüsebrühe
1 Lorbeerblatt
10 g Wakame Instand-
Algen
1 Glas milchsaures Gemüse
1 kleine Zwiebel
1 geh. TL Agar-Agar

Zum Verzieren:
Dill oder Petersilie
Mayonnaise

Arbeitsschritte

- Tofu in kleine Würfel schneiden.
- Mit der Gemüsebrühe, dem Lorbeerblatt und Algen zum Kochen bringen.
- Inzwischen das milchsaure Gemüse abseihen, die Flüssigkeit zur Seite stellen.
- Das Gemüse klein schneiden
- Agar-Agar mit 3 EL milchsaurer Flüssigkeit anrühren, zur Gemüsebrühe geben und 2 Minuten köcheln lassen.
- Zwiebel fein hacken und ebenso zufügen.
- Die restliche Flüssigkeit und das milchsaure Gemüse zugeben.
- Die Flüssigkeit etwas abkühlen lassen, dann in kleine Tassen füllen. Die Einlage gleichmäßig verteilen.
- Erkalten lassen.
- Vor dem Servieren auf kleine Platten oder Teller stürzen.
- Mit Mayonnaisetupfern und Dill oder Petersilie verzieren.
- Gekühlt eine Woche haltbar.

Gemüse-Aspik ✓ 🌾

Zutaten

1 l kräftige, gewürzte
Gemüsebrühe
2 Möhren
2 geh. TL Agar-Agar
250 g Champignons
1 rote Paprikaschote
250 g Erbsen, tiefgekühlt

Arbeitsschritte

- Möhren in kleine Würfel schneiden, in der Gemüsebrühe gar kochen, herausnehmen und beiseite stellen.
- Agar-Agar mit 2 EL Wasser anrühren, in die Flüssigkeit geben und 1 Minute kochen lassen.
- Champignons blättrig, die Paprikaschote in kleine Würfel schneiden.
- Möhren, Erbsen, Paprikawürfel und Champignons vermischen.
- Die inzwischen etwas abgekühlte Agar-Agar-Gemüse-brühe zufügen.
- Die Flüssigkeit in kleine Tassen füllen. Die Einlage sollte gleichmäßig aufgeteilt werden.
- Vor dem Servieren auf kleine Platten oder Teller stürzen.
- Mit Mayonnaisetupfern und Dill oder Petersilie verzieren.

Variante: Statt Erbsen Mais verwenden.

- Gekühlt eine Woche haltbar.

Gemüse-Aspik mit Tofu ✓ 🌾

Zutaten

Gemüse-Aspik (s. Rez.)
300 g Tofu
2 EL Tamari
¼ TL Pfeffer

Arbeitsschritte

- Tofu in kleine Würfel schneiden, pfeffern und in Tamari marinieren.
- Inzwischen Gemüse-Aspik nach Rezept vorbereiten, Tofu zugeben.

Variante: Statt Tofu Räuchertofu verwenden.

- Gekühlt eine Woche haltbar.

Spargelröllchen ✓

Zutaten

20 Scheiben Wheaty vom Rauch (vegetarischer Aufschnitt) oder Vegabraten (s. Rez. S. 26)
1 Glas, ca. 20 Stangen weißer Spargel
Mayonnaise (s. Rez. S. 150)
Tomatenpaprikastreifen
Petersilie

Arbeitsschritte

- Vegabraten einige Tage vorher zubereiten, in sehr dünne Scheiben schneiden oder Wheatyscheiben aus der Packung nehmen.
- Spargel abseihen und trocken tupfen.
- Jeweils einen TL Mayonnaise in die Mitte der Scheiben geben.
- Spargelstange in der Größe der 'Wurst'-Scheiben darauflegen und aufrollen.
- Mit einem Zahnstocher befestigen.
- Jedes Röllchen mit einem Tupfer Mayonnaise, Paprikastreifchen und Petersilie garnieren.

Gefüllte Tomaten

Zutaten

8 kleine Tomaten

für die Füllung: Tofusalat pikant (s. Rez. S. 147) oder Füllung nach Wahl

Arbeitsschritte

- Tomaten waschen, einen Deckel abschneiden.
- Mit einem Teelöffel das Kernhaus ausstechen, zur Seite geben und anderweitig verwenden.
- Die Tomaten mit dem Tofusalat füllen, Deckel aufsetzen und mit kleinen Mayonnaisetupfern verzieren.
- Mit Toastbrot servieren.
- Max. 3 Stunden vorher zubereiten.

Sushi

Zutaten

125 g Sushireis oder
ersatzweise Basmatireis
2 – 3 Nori-Algen
1 Avocado
1 Tomate
Frühlingszwiebeln in
dünnen Streifen
Salz und Pfeffer
Umeboshi-Pflaumenpaste
Tamari
Sushi-Ingwer
Wasabi (scharfe, an
Meerrettich erinnernde
Paste)

Vorspeise,
Zwischenmahlzeit
oder zum kalten
Buffet ein
kerngesunder Happen
mit maritimem
Geschmack.

Arbeitsschritte

- Reis garen und erkalten lassen.
- Nori-Algen auf eine Bambusmatte legen.
- Den Reis etwa ½ cm dick darauf verteilen.
  Wichtig: Jeweils den unteren und oberen Rand freilassen.
- Avocado und Tomate in schmale Streifen schneiden und quer mit den Frühlingszwiebelstreifen in einer Linie auf den Reis legen, salzen und pfeffern.
- Das obere, leere Stück Alge darüber klappen und festdrücken.
- Das untere Ende mit etwas Umeboshi-Paste dünn bestreichen und die Rolle mit gleichmäßigem Druck fertigstellen.
- Mit einem Keramik- oder Sushimesser kleine Stücke schneiden und auf einer Platte anrichten.
- Mit einigen Stängeln Schnittlauch und Blumen aus Gemüse oder auch essbaren Blüten von Kapuzinerkresse, Ringelblumen etc. verzieren.
- Dazu in kleinen Schalen Tamari, Sushi-Ingwer und Wasabi servieren.

Varianten für die Füllung:

Sie können nach Herzenslust variieren. Wichtig ist, dass die Füllung in Streifen geschnitten und dicht aneinander gereiht mit jeweils dünnen Streifen von Frühlingszwiebeln auf dem Reis platziert wird.
Klassisch vegetarisch wird's mit Shiitake-Pilzen, Avocado und Tomaten oder Gurkenstreifen und halb garen Möhren. Denkbar sind auch Frischkäse mit Rukola, Mais mit Chili, Austernpilze und getrocknete Tomaten. Richtig revolutionär werden die Sushis aber erst mit Tofuwürstchen und Senf. Für was Sie sich auch entscheiden, am besten schmecken sie ganz frisch, wenn die Algen noch knusprig sind. Ist dieser Zeitpunkt überschritten, werden die Algen etwas feucht. Dann eignen sie sich auch zum Aufbewahren und als Reiseproviant.

Gebackene Auberginen, mariniert

Zutaten

2 Auberginen (ca. 600 g)
Salz
Pfeffer
6 EL Mehl
4 – 5 EL Öl

Marinade:
¹⁄₈ l Öl
4 EL Essig
Salz
2 Knoblauchzehen nach
Geschmack
2 EL Petersilie, fein gehackt
1 TL Oregano

Arbeitsschritte

- Auberginen waschen und in Scheiben von etwa 1 cm Dicke schneiden.
- Salzen, pfeffern und in Mehl wenden.
- Im heißen Öl auf beiden Seiten in einer Pfanne goldgelb braten.
- In einer flachen Schüssel dachziegelartig anordnen.
- Aus Öl, Essig, durchgepresstem Knoblauch und den Gewürzen eine Marinade anrühren und über die Auberginenscheiben verteilen.
- Im Kühlschrank mindestens mehrere Stunden zugedeckt durchziehen lassen.
- Zwischendurch umschichten, um die Marinade zu verteilen.
- Gekühlt eine Woche haltbar.

Räuchertofu in Essig und Öl

Zutaten

200 g Tofu, geräuchert
1 kleine Zwiebel
1 TL Salz
½ TL Pfeffer
5 EL Öl
3 EL Essig
4 große Salatblätter

Arbeitsschritte

- Tofu in dünne Scheiben schneiden.
- Die Zwiebel schälen, in Ringe schneiden, mit kochendem Wasser überbrühen. Nach einigen Minuten abgießen.
- Aus Salz, Pfeffer, Öl und Essig eine Marinade herstellen.
- Zwiebel hineingeben mit Tofu bedecken und einige Stunden ziehen lassen.
- Durchmischen, abschmecken.
- Auf einen Teller je ein Salatblatt geben, Tofusalat darüber geben und mit Toastbrot servieren.
- Kann auch am Vortag zubereitet werden.

Fenchel auf französische Art

Zutaten

500 g Fenchel
200 g Möhren
2 Körner Koriander
1 geh. TL Salz
½ TL Pfeffer
1 Zitrone
¼ l Wasser
4 EL Olivenöl

Arbeitsschritte

- Fenchel säubern, von den Stielen befreien, vierteln, und in dünne Scheiben schneiden. Möhren schälen und in feine lange Streifen schneiden.
- Koriander, Salz, Pfeffer und den Saft einer Zitrone mit dem Wasser zum Kochen bringen. Das Gemüse knackig dünsten und abkühlen lassen. Olivenöl dazugeben und mindestens einen Tag vor dem Servieren in der Marinade ziehen lassen.
- Gekühlt einige Tage haltbar.

Eingelegte Paprika

Zutaten

je 4 rote und gelbe
Paprikaschoten
Olivenöl
1 TL Zitronensaft
1-2 TL Salz
2 Knoblauchzehen
1 EL Petersilie, fein gehackt

Arbeitsschritte

- Paprikaschoten waschen und trocknen.
- Den Backofen auf Oberhitze vorheizen.
- Die Paprikaschoten in eine Auflaufform geben und von allen Seiten grillen, bis die Haut blasen wirft.
- Die Haut abziehen, die Paprikaschoten vierteln, Stiele und Kerne entfernen.
- In ein Glas abwechselnd mit klein geschnittenem Knoblauch, Salz und Olivenöl schichten.
- Einige Tage durchziehen lassen.

Tipp: Spaghetti al dente kochen und abseihen. Die marinierten Paprikaschoten in Stücke schneiden und in der Pfanne erwärmen, nach Geschmack den Knoblauch entfernen. Die Spaghetti untermischen, mit frischen Basilikumblättern und gerösteten Pinienkernen servieren. Lecker!

Marinierte Auberginen

Zutaten

3 kleine Auberginen
4 EL Öl
2 – 3 EL Essig
1 TL Salz
Knoblauch nach
Geschmack

Arbeitsschritte

- Auberginen waschen, Stiel entfernen, der Länge nach in Scheiben schneiden.
- In einer Pfanne Öl erhitzen, Auberginen zufügen und auf beiden Seiten braten.
- Nach Geschmack Knoblauch durch die Knoblauchpresse drücken oder in Scheibchen schneiden.
- Auberginen salzen und in Essig mindestens 1 Tag marinieren.

Austernpilze gebraten

Zutaten

500 g Austernpilze
Salz
Pfeffer
2 EL Olivenöl

Arbeitsschritte

- Austernpilze, wenn nötig, mit einem feuchten Tuch säubern, nicht waschen.
- Die untersten harten Stielenden abschneiden, kleine Pilze ganz lassen, größere 1 – 2 Mal durchschneiden.
- Salzen und pfeffern.
- Das Öl erhitzen und die Pilze auf beiden Seiten knusprig braten.

Tipp: Rukola waschen und trocken tupfen. Heiße, gebratene Austernpilze zufügen und mit Vinaigrette beträufeln.
Dazu ein knuspriges Baguette servieren. Klasse!

- Diese Pilze eignen sich vorzüglich fürs kalte Buffet.
- Können einen Tag vorher zubereitet werden.

In Russland werden traditionell unter anderem Piroggen, russische Pasteten, vor dem 'großen' Essen serviert oder man reicht sie zu später Stunde als Mitternachtsimbiss.
Bei uns sind sie eher als kleine Zwischenmahlzeit oder Entree bekannt.

Piroschki

Zutaten

250 g Mehl Type 1050
200 g Margarine
2 EL Joghurt
1 EL Wasser
TL Salz
2 EL Olivenöl
1 TL Lezithin
1 EL Sahne
Sesam zum Bestreuen

Arbeitsschritte

- Aus Mehl, Margarine, Joghurt, Wasser und Salz einen Teig kneten, 2 Stunden kühl ruhen lassen.
- Messerrückendick ausrollen, Taler von 6 cm Durchmesser ausstechen.
- 1 EL Füllung in die Mitte geben, zusammenklappen, den Rand mit einer Gabel festdrücken.
- Olivenöl und Lezithin verrühren, Sahne zufügen und zu einer Creme verrühren.
- Piroschki damit bepinseln, mit Sesam bestreuen.
- Auf gefettetem Blech bei 180 °C ca. 15 Minuten backen.
- Die Piroschki kann man auch einen Tag vorher zubereiten und im Backofen aufwärmen.

Füllungen:

- Champignons oder Austernpilze mit Zwiebeln gedünstet
- pikant gewürzte Bratlingmasse (s. Rez. S. 157 f. Burger)
- Tofuwürfel mit klein geschnittenen Algen
- in Öl kurz angeschmortes Weißkraut
- in Butter gebratene Zwiebel, eventuell mit Petersilie

Champignon-Toast

Zutaten

Soße:
500 g Champignons
2 EL Butter oder Öl
1 TL gekörnte Gemüse-
brühe
1 Msp. Pfeffer
2 EL Mehl
1/8 l Wasser
4 EL Sahne oder
Sojatrockenmilch
2 EL Petersilie, gehackt
pro Pers. 3 Scheiben
Toastbrot
3 Käse-Scheibletten
1 Tomate
Salatblätter/
Gurkenscheiben

Arbeitsschritte

- Champignons waschen, blättrig schneiden und in Butter oder Öl anbraten.
- Gemüsebrühe und Pfeffer dazugeben und kurz schmoren lassen.
- Mit Mehl bestäuben, verrühren, mit kaltem Wasser ablöschen und kurz aufkochen lassen.
- Sahne oder Sojasahne und Petersilie unterrühren.
- Brot auf ein Blech geben und im Backrohr kurz rösten.
- 1 EL Champignonsoße auf einem Toast verteilen, mit Käse abdecken und kurz überbacken.
- Mit Tomatenachteln und Salat servieren.

Bosna

Zutaten

4 möglichst längliche
Brötchen
12 Scheiben Räuchertofu
oder vegetarische
Tofuwürstchen, geräuchert
1/2 Zwiebel
1 EL Petersilie
Mayonnaise (s. Rez. S. 150)
Butter oder Margarine
Curry
Senf
Salz

Arbeitsschritte

- Zwiebel schälen, in Ringe schneiden, mit kochendem Wasser überbrühen, abgießen und salzen.
- Vegetarische Würstchen oder Tofuscheiben auf beiden Seiten braten.
- Brötchen aufbacken und aufschneiden.
- Auf den Boden Mayonnaise, Zwiebelringe und Petersilie geben.
- Mit je 3 Scheiben Tofu belegen, mit Senf bestreichen und mit Curry bestäuben.
- Den Deckel mit Butter oder Margarine bestreichen und zusammensetzen.

Tipp: Sie stellen alle Zutaten auf den Tisch und alle bereiten sich ihr Bosna nach eigenem Geschmack zu.

Vegetarische Weißwürste für 6 – 8 Personen

Zutaten

200 g Tofu
5 EL Hefeflocken
1 Zwiebel
2 EL Petersilie, gehackt
geriebene Schale 1 Zitrone
1 TL Salz
1 TL weißer Pfeffer
300 ml Wasser
1,5 l Gemüsebrühe, kräftig
gewürzt

Arbeitsschritte

- Tofu, Hefeflocken, Zwiebel, Zitronenschale, Salz, Pfeffer und Petersilie in einer Küchenmaschine zu einer Creme mixen.
- Das Wasser zufügen und weitermixen.
- Die Maschine einige Male kurz einschalten, bis sich die Masse zu einem Kloß formt.
- Inzwischen die Gemüsebrühe zum Kochen bringen.
- Den Kloß in 1 cm dicke, längliche Streifen schneiden und zu Würstchen rollen.
- 20 Minuten in der Brühe köcheln lassen.
- Mit Brötchen oder Brezeln und süßem Senf servieren.

Französische Nudeln

Zutaten

500 g grüne Nudeln
1 – 2 Knoblauchzehen nach
Geschmack
1 Bund frisches Basilikum
¼ TL Salz
2 EL Pinienkerne
6 EL Olivenöl

Arbeitsschritte

- Knoblauchzehen schälen, Basilikum waschen, beides klein schneiden, mit den Pinienkernen und Salz in einem Mörser zerstoßen.
- 3 EL Olivenöl tropfenweise zugeben, dass eine Paste entsteht.
- Nudeln in reichlich Salzwasser und 1 EL Öl al dente kochen.
- Die Nudeln abseihen, mit kaltem Wasser abschrecken und abtropfen lassen.
- In einer Pfanne restliches Öl erhitzen und die Nudeln darin nochmals erwärmen.
- In eine vorgewärmte Schüssel geben, die cremige Soße darüber verteilen, durchmischen und servieren.

Lauchtorte

Zutaten

1 P. Tiefkühlblätterteig
(300 g)
1 kg Lauch
1 gelbe Paprikaschote
1 Knoblauchzehe nach
Geschmack
50 g Margarine
200 g Crème fraîche
2 EL Schlagsahne oder
Milch
100 g Gouda, gerieben
Salz
Pfeffer
Muskat
Paprika

Arbeitsschritte

- Blätterteig bei Zimmertemperatur auftauen lassen.
- In einer Richtung ausrollen und in eine Obstkuchenform oder mit Backpapier ausgelegte Springform geben.
- Lauch und Paprikaschote klein schneiden.
- Knoblauchzehe klein hacken und mit den Gewürzen in der heißen Margarine anschmoren.
- Gemüse dazugeben, kurz andünsten und über den Teig geben.
- Crème fraîche mit Käse, Sahne, Salz, Pfeffer und Muskat gut verrühren und darübergießen.
- Bei 180 °C ca. 40 Minuten backen.

Kapitel 4

Suppen
Soßen
Süßes
Drinks

Rezeptübersicht

Kapitel 4

Suppen

Obwohl gerne als Appetitanreger zu Festtagsmenüs gereicht, kann die Suppe, mit Brot serviert, auch die tägliche Hauptmahlzeit ersetzen – wenn sie richtig lecker schmeckt. Großer Beliebtheit erfreuen sich auch eisgekühlte Gemüsebouillons und Gazpachos an heißen Sommertagen.

Sie finden nachstehend eine reiche Auswahl von ausgezeichneten Rezepten.

Bon Appétit!

Grundrezept:

Klare Gemüsebrühe

Zutaten

350 – 500 g Gemüse
wie Möhren, Lauch,
Petersilienwurzel, Sellerie,
eventuell Gemüsereste
1 ½ l Wasser
1 TL Salz
2 EL Kräuter, gehackt
Flüssigwürze oder Tamari
1 EL Öl
1 EL Lezithin flüssig
(s. S. 351)

*Energie zum Trinken
oder Grundlage
für köstlichste und
gesunde Suppen.*

Arbeitsschritte

- Gemüse waschen, klein schneiden.
- In kaltem Wasser aufsetzen und ca. 10 Minuten kochen lassen.
- Durchseihen und mit Flüssigwürze oder Tamari abschmecken.
- Mit gehackten Kräutern bestreuen, Öl und Lezithin zugeben und servieren.

Gemüsebrühe mit Tofubällchen

Zutaten

10 g Shiitake-Pilze,
getrocknet
2 Schalotten
1 EL Petersilie
1 EL Kerbel
150 g Tofu
½ TL Salz
Pfeffer
2 EL Semmelbrösel
1 Msp. weißer Pfeffer
1 l klare Gemüsebrühe
(s. Grundrezept)

Arbeitsschritte

- Pilze waschen und in lauwarmem Wasser 30 Minuten einweichen. Abtropfen lassen.
- Stiele entfernen, die Kappen vierteln.
- Schalotten schälen und mit Petersilie, Kerbelblättern, Pilzen und Tofu im Mixer zu einer Creme pürieren.
- Mit Salz und Pfeffer abschmecken.
- Mit Semmelbröseln verrühren.
- Einen Teelöffel in Wasser tauchen, einen gehäuften TL der Masse abstechen und mit nassen Händen kleine Kugeln formen.
- In sanft siedender Gemüsebrühe 5 – 8 Minuten gar ziehen lassen.

Bouillon à la Regina

Zutaten

1 l Gemüsebrühe
1 EL Hefeextrakt
½ TL Flüssigwürze
2 EL Kürbiskernöl
1 EL Schnittlauch

Arbeitsschritte

- 1 l Gemüsebrühe nach Grundrezept ohne Salz aufkochen.
- Hefeextrakt, flüssige Suppenwürze und Öl zugeben.
- Mit Schnittlauch servieren.

Avocadosuppe

Zutaten

1 l Wasser
4 EL gemahlener Reis oder Mehl
2 EL Butter
½ TL Dill
¼ TL Pfeffer
2 feste Avocados
200 g Crème fraîche
½ TL Zitronensaft
3 TL Gemüsebrühe, gekörnt

Arbeitsschritte

- Butter schmelzen lassen, Mehl einrühren und gut vermischen.
- Mit etwas kaltem Wasser löschen, unter ständigem Rühren aufkochen.
- Nach und nach das restliche Wasser, Gemüsebrühe oder Hefebrühe, Dill und Pfeffer zugeben und eine Minute kochen lassen.
- Gemixte Avocados zugeben, nochmal heiß werden lassen, aber nicht kochen.
- Mit Crème fraîche, Zitronensaft und eventuell Salz abschmecken.

Königinsuppe

Zutaten

100 g Austernpilze
50 g Räuchertofu
1 EL Butter
Pfeffer
1 Bund Suppengemüse
1 l Gemüsebrühe
40 g Reismehl
1 Msp. Muskatnuss, gemahlen
2 EL Sahne
1 EL Petersilie, gehackt

Arbeitsschritte

- Austernpilze und Tofu klein schneiden, salzen, pfeffern und in der Butter 5 Minuten anbraten.
- Suppengemüse säubern und sehr klein schneiden.
- Das Gemüse in einem ¾ Liter Gemüsebrühe 5 Minuten kochen lassen.
- Reismehl mit dem restlichen ¼ l Gemüsebrühe verrühren, Muskat zugeben und nochmals kurz kochen lassen.
- Pilze, Tofu und Sahne zugeben.
- Mit gehackter Petersilie servieren.

Spargelsuppe

Zutaten

500 g Spargel
1 l Wasser
1 EL Butter
3 EL Reismehl oder Mehl
1 TL Salz
2 Msp. Muskatnuss, gemahlen
1 Msp. Pfeffer
3 – 4 EL Crème fraîche
1 EL Schnittlauch

Arbeitsschritte

- Spargel waschen und schälen. Schnittflächen abschneiden, falls sie ausgetrocknet sind.
- Die Schalen in einen Topf legen, mit Wasser auffüllen, den Spargel darauflegen und in 5 – 10 Minuten gar kochen.
- Spargel herausnehmen und in kleine Stücke schneiden.
- Den Sud abseihen, die Schalen auspressen.
- Mit Butter und Mehl eine helle Schwitze herstellen, mit dem Sud löschen.
- Salzen, pfeffern, Muskat und Crème fraîche dazugeben.
- Die Spargelstückchen in die Suppe geben, nochmals kurz erwärmen und mit Schnittlauch bestreut servieren.

Ob zum Auftakt eines Festmenüs oder als Ausklang eines schönen Abends:

Zwiebelsuppe

Zutaten

250 g Zwiebeln
60 g Butter
1 ¼ l Gemüsebrühe
⅛ l Apfelsaft
1 EL Petersilie, gehackt

Arbeitsschritte

- Zwiebeln grob hacken, in Butter hellgelb rösten.
- Mit Gemüsebrühe auffüllen und ca. 15 Minuten kochen.
- Apfelsaft zugeben, mit Petersilie bestreut anrichten.

Variante:

Französische Zwiebelsuppe

Zutaten zusätzlich

4 Scheiben Toastbrot
geriebener Käse

Arbeitsschritte

- Vier Scheiben Toastbrot mit Käse bestreuen.
- Je eine Scheibe auf die Suppe in Suppentassen legen und im Backofen überbacken.

Tomatensuppe

Zutaten

1 Zwiebel
40 g Butter
400 g Tomaten, enthäutet
1 l Gemüsebrühe
1 Msp. Pfeffer
1 EL Agavendicksaft
1 St. Zitronenschale
50 g Sago oder Reis
Weißbrotwürfel oder
Crème fraîche oder
1 EL Petersilie

Arbeitsschritte

- Zwiebel klein schneiden, in der Butter andünsten.
- Tomaten in kleine Würfel schneiden und dazugeben, mit Gemüsebrühe auffüllen.
- Pfeffer und Zitronenschale zugeben und etwa 10 Minuten bei schwacher Hitze kochen.
- Passieren, wieder zum Kochen bringen.
- Sago oder Reis einstreuen und bei geringer Hitze ca. 20 Minuten ziehen lassen. Öfter umrühren!
- Mit gerösteten Weißbrotwürfeln, Crème fraîche oder Petersilie garniert zu Tisch geben.

Variante für Eilige:

Zutaten

1 l passierte Tomaten
Agavendicksaft
Pfeffer nach Belieben
gekörnte Gemüsebrühe

Arbeitsschritte

- 1 l passierte Tomaten zum Kochen bringen.
- Mit gekörnter Gemüsebrühe, Agavendicksaft und Pfeffer abschmecken und mit einem Klecks Crème fraîche servieren.

Gurkensuppe

Zutaten

2 – 3 mittelgroße Kartoffeln
¾ l Gemüsebrühe
1 EL Zwiebel, gerieben
1 Schlangengurke
Salz
Pfeffer
¼ l Sahne
¼ TL Dill

Arbeitsschritte

- Kartoffeln waschen, schälen, klein schneiden und in der Brühe gar kochen.
- Passieren.
- Zwiebeln zugeben und mit Salz und Pfeffer abschmecken.
- Gurke schälen, halbieren, in Würfel schneiden, zur Suppe geben und nochmals kurz aufkochen lassen.
- Mit Sahne vermischen.
- Mit gehacktem Dill servieren.

Tipp: Dieses Rezept eignet sich auch gut als Gazpacho (eisgekühlte Suppe) an heißen Sommertagen.

Kürbissuppe

Zutaten

500 g Hokkaido-Kürbis
1 l Gemüsebrühe
Salz
1 EL Ingwer, in kleine
Streifen geschnitten
Zitronensaft
2 EL Kürbiskernöl

Arbeitsschritte

- Kürbis waschen, entkernen und in Stücke schneiden.
- Die Kürbisstücke mit dem Ingwer in der Gemüsebrühe 10 – 15 Minuten garen.
- Mit Salz und Zitronensaft abschmecken.
- Mit Kürbiskernöl vor dem Servieren verzieren.

Schwarzwurzelsuppe

Zutaten

250 g Schwarzwurzeln
Essig oder Zitronensaft
1 l Gemüsebrühe
40 g Mehl
40 g Butter
4 EL Sahne
Salz
Pfeffer
Zitronensaft

Arbeitsschritte

- Schwarzwurzeln schälen, in 2 – 3 cm große Stücke schneiden und sofort in mildes Essig- oder Zitronenwasser legen, damit sie sich nicht verfärben.
- In der Gemüsebrühe etwa 10 Minuten kochen lassen, dann herausnehmen.
- Mehl in Butter anschwitzen, mit etwas Sud löschen, zur Suppe geben und kurz aufkochen lassen.
- Sahne zugießen, mit Salz, Pfeffer und Zitronensaft abschmecken.
- Die Schwarzwurzelstücke zufügen, nochmals kurz erwärmen und servieren.

Broccolisuppe

Zutaten

1 kg Broccoli
¾ l Milch
¼ l Wasser
4 EL Reismehl bzw. Mais-
oder Kartoffelstärke
2 TL Gemüsebrühe, gekörnt
Pfeffer
Knoblauch
Butter
Brotwürfel
1 Becher Crème fraîche

Arbeitsschritte

- Broccoli waschen und die Röschen abtrennen.
- Broccolistiele klein schneiden.
- Mit den Röschen und dem Wasser zur Milch geben, bei geringer Hitze einige Minuten gar kochen lassen.
- Reismehl oder Stärke mit kaltem Wasser anrühren, zugeben, aufkochen lassen und würzen.
- Klein gehackten Knoblauch in Butter anrösten, Brotwürfel hinzugeben und goldgelb anbraten.
- Suppe mit den gerösteten Brotwürfeln und Crème fraîche garnieren.

Mal heiß begehrt –
mal eiskalt serviert:

Bunte Gemüsesuppe

Zutaten

50 – 300 g Gemüse wie
Blumenkohl, Erbsen,
Möhren, Zucchini, Spargel,
Kohlrabi, Broccoli
Olivenöl
40 g Mehl
1 ¼ l Gemüsebrühe
Salz
Petersilie, gehackt

Arbeitsschritte

- Gemüse säubern und klein schneiden.
- In der Gemüsebrühe 10 Minuten garen.
- Mehl (Reismehl) in etwas zurückbehaltener Brühe anrühren und nochmals kurz aufkochen.
- Öl zugeben, abschmecken und, mit Petersilie bestreut, anrichten.

Tipp: An heißen Sommertagen als Gazpacho eisgekühlt servieren (ohne Öl).

Erbsensuppe

Zutaten

500 g Trockenerbsen
1 Zwiebel
40 g Butter
1 ½ l Wasser
2 – 3 Gemüsebrühwürfel
Tofu-Wiener Würstchen

Arbeitsschritte

- Erbsen verlesen, waschen und über Nacht einweichen.
- Mit dem Einweichwasser zum Kochen bringen und ca. 60 Minuten garen.
- Zwiebel in Butter anbraten, mit den Gemüsebrühwürfeln zu den Erbsen geben und nochmals gut durchkochen lassen.
- Tofu-Wiener zur Suppe geben und 5 Minuten ziehen lassen.
- Mit Vollkorntoast servieren.

Grießnockerlsuppe

Zutaten

1 l Gemüsebrühe
20 g Butter
(Zimmertemperatur)
50 g Tofu
3 geh. EL Hefeflocken
Vollweizengrieß
1 TL Meersalz
1 TL Muskat
Schnittlauch

Arbeitsschritte

- Die Gemüsebrühe zum Kochen bringen, einige EL Brühe in eine Tasse abfüllen und erkalten lassen.
- Inzwischen die Butter schaumig rühren, den Tofu mixen und miteinander verrühren.
- Hefeflocken unter das Butter-Tofu-Gemisch rühren, mit den Gewürzen abschmecken.
- Abwechselnd je einen EL Brühe und Grieß untermischen, bis eine gut formbare Masse entsteht.
- Wenn die Brühe kocht, einen Teelöffel in die Suppe tauchen, von der Masse ein Klößchen abstechen, in der hohlen Hand etwas formen und in die Suppe gleiten lassen.
- Dabei den Löffel wieder anfeuchten und so Klößchen für Klößchen in die Suppe geben.
- Ca. 10 Minuten ziehen lassen.
- Mit Schnittlauch bestreuen und servieren.

Weißkohlsuppe

Zutaten

1 kleiner Kohlkopf
2 EL Öl
1 Tasse Suppengemüse
1 l Wasser
3 – 4 EL Weizen, gemahlen
¼ TL Majoran
2 TL Gemüsebrühe, gekörnt

Arbeitsschritte

- Kohl waschen und in dicke Streifen schneiden.
- Gemüse säubern und klein schneiden.
- Alles zusammen in Öl anbraten, mit Wasser auffüllen und 5 Minuten garen.
- Weizenfeinschrot mit etwas zurückbehaltenem Wasser verrühren, Majoran zugeben und kurz aufkochen lassen.
- Mit Gemüsebrühe abschmecken und servieren.

Kartoffelsuppe

Zutaten

1 kg Kartoffeln
1 Zwiebel
1 Möhre
1 Stange Lauch
2 Tomaten
1 Petersilienwurzel
2 EL Öl
2 TL Kräutersalz
½ TL Majoran
½ TL Paprika edelsüß
Wasser
1 Schuss Sahne
1 Spritzer Essig
Flüssigwürze oder Tamari
2 EL Petersilie, gehackt

Arbeitsschritte

- Kartoffeln schälen und in dünne Scheiben schneiden (eine Kartoffel zurückbehalten).
- Gemüse klein schneiden, mit den Kartoffelscheiben in Öl anbraten.
- Kräutersalz, Majoran und Paprikapulver zugeben und mit Wasser bedecken.
- Ca. 20 Minuten köcheln lassen, ab und zu umrühren.
- Die zurückbehaltene Kartoffel fein reiben, verrühren und nur kurz zum Kochen bringen.
- Sahne und Essig zufügen und mit Flüssigwürze oder Tamari abschmecken.
- Vor dem Servieren mit gehackter Petersilie bestreuen.
- Mit Butterbrot oder Dampfnudeln servieren.

Pfannkuchensuppe

Zutaten

250 g Dinkel
Sojamilch oder Milch
Butterschmalz oder Öl
1 l Gemüsebrühe
1 EL Schnittlauch

Arbeitsschritte

- Dinkel fein mahlen, mit so viel Milch begießen, dass ein zähflüssiger Teig entsteht. Ca. 20 Minuten quellen lassen.
- In Butterschmalz oder Öl zu sehr dünnen Pfannkuchen ausbacken und abkühlen lassen.
- In feine Streifen schneiden und in Suppentassen geben.
- Kurz vor dem Servieren die Pfannkuchenstreifen mit kochender Gemüsebrühe übergießen und mit Schnittlauch bestreuen.

Tipp: Die Pfannkuchen können einen Tag zuvor gebacken, geschnitten und gut verschlossen aufbewahrt werden.

Für die gute alte Brotsuppe braucht man hartes Brot. So sorgt sie einerseits für Abwechslung auf unserem Speiseplan und ist darüber hinaus eine ideale Lösung, trockenes Brot zu verwerten.

Brotsuppe

Zutaten

250 g Brotreste
1 Stange Lauch
¼ Knolle Sellerie
3 Möhren
Öl oder Butterschmalz
2 Zwiebeln
1 l Gemüsebrühe
1 Becher saure Sahne

Arbeitsschritte

- Brotreste in feine Scheiben schneiden.
- Suppengemüse klein schneiden, in Öl anbraten und die Brotscheiben darüberdecken (nicht umrühren, kein Wasser zufügen). Zugedeckt auf kleinster Stufe langsam garen.
- Inzwischen Zwiebelscheiben in Öl oder Butterschmalz rösten.
- Brotscheiben und Gemüse auf Teller verteilen.
- Kochend heiße Gemüsebrühe darübergießen.
- Gebratene Zwiebelscheiben auf die Brotsuppe geben, mit saurer Sahne verzieren.

Linsensuppe

Zutaten

250 g Linsen
1 ¼ l Wasser
1 Bund Suppengrün
1 Zwiebel, gehackt
1 TL Liebstöckel, frisch oder getrocknet
1 TL Zitronenmelisse, frisch oder getrocknet
Salz
Tamari
1 TL Essig
20 g Margarine oder Butter

Arbeitsschritte

- Linsen verlesen, waschen und einige Stunden einweichen.
- Mit dem Einweichwasser zum Kochen bringen.
- Nach 60 Minuten klein geschnittenes Suppengemüse, Kräuter und Zwiebel zugeben, fertig garen.
- Mit Salz, Tamari und Essig abschmecken.
- Servieren Sie dazu ein kräftiges Roggenvollkornbrot, damit erhalten Sie alle essentiellen Aminosäuren. (Mehr Infos: Indische Küche/Hülsenfrüchte S. 102)

Variante:

Linseneintopf

Zusätzlich:

Vollkornspätzle
Räuchertofu (nach Geschmack)

Arbeitsschritte

- Zutaten und Zubereitung wie Linsensuppe. Während der letzten 5 Minuten Vollkornspätzle mitkochen lassen. Auch mit dieser Variante wird das Gericht vollwertig, da es alle essentiellen Aminosäuren bietet.
- Nach Geschmack mit einigen Scheiben Räuchertofu servieren.

Vegetarische Gulaschsuppe

Zutaten

1 P. Sauerbratengewürz
400 g Seitan selbstgemacht
(s. Rez. S. 20) oder
fertig gekaufter Seitan
4 Zwiebeln
Öl
3 TL Salz
3 TL Gemüsebrühe, gekörnt
½ TL Pfeffer
2 TL Kümmel
2 TL Majoran
1 TL Oregano
2 rote Paprikaschoten
2 grüne Paprikaschoten
7 mittelgroße Kartoffeln
1 Dose (400 g) Tomaten
3 EL Tomatenmark
200 g Räuchertofu
250 g Champignons
2 EL Arrowroot oder
Reismehl
4 TL Paprikapulver edelsüß
2 EL Tamari
1 EL Essig
200 g Crème fraîche

Arbeitsschritte

▪ Sauerbratengewürz nach Vorschrift aufkochen, abseihen und die Seitanwürfel in dem Sud garen.

▪ Verwenden Sie fertigen Seitan aus dem Bioladen, diesen in Würfeln zum heißen Sud geben und einige Stunden ziehen lassen.

▪ Zwiebeln in Streifen schneiden und in Öl glasig dünsten.

▪ Glutenwürfel zugeben und anbraten.

▪ Salz und Gewürze – außer Paprikapulver – mit anrösten.

▪ Paprikaschoten in Streifen schneiden, zufügen und, mit Wasser bedeckt, köcheln lassen.

▪ Kartoffeln in kleine Würfel schneiden, zufügen, ebenfalls anbraten und Paprikapulver darüberstreuen.

▪ Räuchertofu würfeln und mit Tomaten und Tomatenmark zu Seitan und Gemüse geben. 15 Minuten köcheln lassen.

▪ Champignons blättrig schneiden und zufügen.

▪ Mehl mit kaltem Wasser und Paprikapulver anrühren, zugeben und kurz aufkochen lassen.

▪ Mit Tamari und Essig abschmecken.

▪ Crème fraîche und eventuell noch Öl zugeben.

▪ Reicht für 10 Personen.

Obstsuppe

Zutaten

500 g Obst (Äpfel, Birnen,
Aprikosen, Kirschen,
Pflaumen oder Beeren)
1 l Wasser
25 g Speisestärke
½ Vanilleschote oder
Zimtstange
2 EL Honig

Arbeitsschritte

- Obst waschen, zerkleinern, mit Wasser und Vanille bzw. Zimt aufkochen und bei schwacher Hitze garen.
- Die kalt angerührte Speisestärke zugeben und kurz aufwallen lassen.
- Gewürzstange herausnehmen.
- Nach Geschmack süßen und gut gekühlt servieren.

Varianten:

- Statt frischem Obst kann auch Trockenobst (über Nacht eingeweicht) verwendet werden.
- Oder die Obstsuppe aus 1 l Fruchtsaft zubereiten.
- Mit Schlagsahne, der vor dem Aufschlagen Zimt beigegeben wurde, verzieren.

Milchsuppe

Zutaten

1 l Milch (Sojamilch)
5 EL Dinkel
1 EL Honig
1 P. Vanillezucker
1 EL Butter

Hinweis: Rezept für
'Indische Milchsuppe'
siehe S. 108.

Arbeitsschritte

- Dinkel fein mahlen und mit Milch anrühren.
- Restliche Milch zum Kochen bringen.
- Angerührten Dinkel zugeben und kurz aufkochen lassen.
- Vanillezucker und Honig zugeben.
- In Suppentassen oder Teller füllen und etwas Butter in die Mitte geben.

Variante:

- 30 g Kakao oder Carob mit der Stärke anrühren.

Kapitel 4

Soßen

Mit guten Zutaten gekocht verfügt ein Gericht über einen unverkennbaren Eigengeschmack. Soßen und Gewürze sollen ihn hervorheben und nicht überdecken. Soßen zuzubereiten und abzustimmen ist eine Kunst, die Sie für sich neu entdecken können.

Grundregeln und Tipps

- Der Kochsud von vegetarischen Schnitzeln oder Gemüsegerichten ergibt eine gute Soßengrundlage, die nur noch angedickt und mit Gewürzen, etwas Öl oder Sahne verfeinert zu werden braucht.
- Helle Soßen am besten mit Olivenöl/Buttergemisch zubereiten. Das Fett erwärmen, das Mehl darin hellgelb anschwitzen. Von der Herdplatte nehmen, mit Wasser oder Gemüsebrühe löschen, mit dem Schneebesen gut verrühren. Wieder zum Kochen bringen, die restliche Flüssigkeit zufügen, würzen und mit Sahne verfeinern.
- Für fettarme helle Soßen statt Sahne halb Wasser, halb Milch verwenden.
- Mit Bindemittel sparsam umgehen, besonders bei Vollkornprodukten, es quillt nach dem Aufkochen noch auf.
- Mehl oder Bindemittel mit kaltem Wasser anrühren und der kochenden Flüssigkeit zufügen.
- Braune Soßen bekommen mit Zuckercouleur und Tamari ihre dunkle Farbe.
- Öl, Senf, Meerrettich, Sahne, Kräuter oder Zitronensaft erst nach dem Kochen zufügen.

Vegetarische Bratensoße

Zutaten

½ l Wasser
4 EL Reismehl o. ä.
je 1 EL Butter und Olivenöl
1 Knoblauchzehe, blättrig
geschnitten
1 Msp. Pfeffer
1 Msp. Muskat
2 TL Tamari*
1 EL Öl

*Tamari = Soße aus
milchsauer vergorenem
Soja und Weizen, salzhaltig

Arbeitsschritte

- Butter und Öl erwärmen.
- Mehl einstreuen, mit ⅛ l Wasser löschen.
- Aufkochen lassen, nach und nach das restliche Wasser zugießen.
- Gewürze zugeben.
- Zum Schluss Tamari zufügen, nicht mehr kochen lassen.

Tipp: Vegetarische 'Landjäger' (Reformhaus) in sehr feine Streifen schneiden und in der Soße erwärmen. Damit erhalten Sie einen deftigen Räuchergeschmack.

Zitronensoße

Zutaten

½ l Wasser
1 Würfel Gemüsebrühe
2 – 3 EL Reismehl
½ Zitrone
1 Msp. weißer Pfeffer
1 Becher Crème fraîche

Arbeitsschritte

- Von einem ½ Liter Wasser einige EL in eine Tasse geben, Reismehl darin anrühren.
- Zitronenschale abreiben, den Saft auspressen.
- Restliches Wasser mit Gemüsebrühwürfel und Zitronenschale zum Kochen bringen, andicken und nochmals aufkochen lassen.
- Nach einigen Minuten Crème fraîche und Zitronensaft zugeben.

Tipp: Diese Soße ist ein Traum zu Getreide und Pasta, eine gute Basis für Tofugeschnetzeltes oder Tofu mit Algen.

Senfsoße

Zutaten

½ l Wasser
2 EL Butter
2 – 3 EL Reismehl
1 Würfel Gemüsebrühe
2 EL Senf, mittelscharf
Salz
Essig, Zucker

Arbeitsschritte

- Butter schmelzen lassen, Mehl zugeben, gut verrühren. Nach und nach mit Wasser auffüllen, mit Gemüsebrühwürfel gut durchkochen lassen.
- Senf, wenig Zucker und Essig zugeben.

Meerrettichsoße

Zutaten

½ l Wasser
3 EL Reismehl
2 EL Butter
1 TL Gemüsebrühe, gekörnt
3 TL Meerrettich, gerieben
etwas Muskatnuss
weißer Pfeffer
Zitronensaft
100 g Sahne

Arbeitsschritte

- Butter schmelzen lassen, Mehl zugeben, gut verrühren.
- Wasser nach und nach zufügen, gut durchkochen.
- Gemüsebrühe, Pfeffer, Muskat zufügen, nochmals aufkochen lassen.
- Sahne, Zitronensaft und Meerrettich zugeben.

Knoblauchsoße

Zutaten

3 Zehen Knoblauch
2 EL Öl
½ l Wasser
½ Würfel Gemüsebrühe
1 ½ TL Mais- oder
Kartoffelstärke oder
1 Messlöffel Biobin
3 EL Tamari
1 Msp. weißer Pfeffer

Arbeitsschritte

- Knoblauch in Scheibchen schneiden.
- 1 EL Öl in einer Pfanne leicht erhitzen.
- Die Knoblauchscheiben hellgelb braten.
- Gewürze, Wasser und Bindemittel (Biobin) zugeben und kurz aufkochen lassen.
- Nach dem Aufkochen nochmals 1 EL Öl und Tamari zufügen.

Kräutersoße

Zutaten

½ l Wasser
1 Würfel Gemüsebrühe
2 Msp. Muskatnuss
1 Messlöffel Biobin* oder
Verdickungsmittel nach
Wahl
2 EL frische gehackte
Kräuter wie Petersilie,
Basilikum, Zitronenmelisse,
Liebstöckel, Kerbel, Dill,
Sauerampfer
1 Becher Crème fraîche
oder Öl

*Biobin = natürliches
Bindemittel aus
Johannisbrotkern- und
Guarkernmehl, glutenfrei,
Alternative zu Bindemitteln
wie Mais- oder
Weizenstärke

*Diese Soßen passen
gut zu Kartoffeln,
Getreide- oder
Nudelgerichten.*

Arbeitsschritte

- Wasser mit Brühwürfel, Biobin und Muskat zum Kochen bringen.
- 1 Minute köcheln und etwas abkühlen lassen.
- Kräuter und Crème fraîche oder Öl mit der Soße vermischen.
- Mit etwas zurückbehaltenem Dill oder Petersilie verzieren.

Variante:

Dillsoße

Arbeitsschritte

- Wie oben, jedoch ausschließlich 2 EL gehackten Dill verwenden.

Kapernsoße

Zutaten

¾ l Gemüsebrühe
ca. 5 EL Mehl
2 EL Butter
4 EL Kapern
2 EL Crème fraîche

Arbeitsschritte

- Aus Butter und Mehl eine helle Schwitze zubereiten.
- Mit Gemüsebrühe löschen, kurz aufkochen lassen.
- Restliche Gemüsebrühe nach und nach zugeben, einige Minuten kochen lassen.
- Kapern zufügen, etwas ziehen lassen.
- Mit Crème fraîche verfeinern.

Italienische Tomatensoße

Zutaten

8 – 10 Tomaten
1 mittelgroße Zwiebel
2 EL Butter
¼ TL Oregano
¼ TL Rosmarin
Agavendicksaft
Salz
Pfeffer

Arbeitsschritte

- Tomaten eine Minute in kochendes Wasser legen, häuten und in kleine Würfel schneiden.
- Zwiebel hacken, in Butter hellgelb rösten.
- Oregano und Rosmarin zugeben, kurz mitbraten und mit den Tomaten ablöschen.
- Ca. 5 Minuten ziehen lassen.
- Mit Agavendicksaft, Salz und Pfeffer abschmecken.

Käsesoße

Zutaten

½ l Gemüsebrühe
3 EL Reismehl oder Mehl
je 100 g Gouda und
Emmentaler, gerieben
2 Msp. Schabzigerklee
Zitronensaft

Arbeitsschritte

- Gemüsebrühe zum Kochen bringen.
- Mehl mit etwas Wasser verrühren, zugeben und einige Minuten kochen lassen.
- Käse zugeben und verrühren, bis er sich gelöst hat.
- Mit Schabzigerklee und Zitronensaft abschmecken.

Frikasseesoße

Zutaten

100 g Austernpilze
1 EL Butter
3 EL Mehl
¾ l Gemüsebrühe
1 TL Kapern
Salz, Pfeffer
1 EL Zitronensaft
1 EL Petersilie, gehackt
2 EL Crème fraîche

Arbeitsschritte

- Austernpilze klein schneiden und in etwas Butter anrösten.
- Mehl dazugeben und nach und nach mit Gemüsebrühe auffüllen.
- Einige Minuten köcheln lassen.
- Kapern, Salz, Pfeffer und Zitronensaft zugeben.
- Mit Petersilie und Crème fraîche verfeinern.

Zwiebelsoße

Zutaten

250 g Zwiebeln
60 g Butter
2 – 3 EL Reismehl
½ l Gemüsebrühe
½ Lorbeerblatt
2 Nelken
Salz
Essig
Zucker

Arbeitsschritte

- Zwiebeln fein schneiden, in Butter goldgelb braten.
- Reismehl dazugeben, mit Gemüsebrühe auffüllen.
- Mit Lorbeerblatt und Nelken 10 Minuten kochen lassen.
- Nach Belieben passieren, andernfalls Lorbeerblatt und Nelken herausnehmen.
- Mit etwas Salz, Essig und Zucker abschmecken.

Sauce hollandaise

Zutaten

50 g Butter
50 g Mehl
¼ l Wasser
¼ l Milch / Sojamilch
2 TL Gemüsebrühe, gekörnt
2 Msp. Muskat
1 Msp. weißer Pfeffer
2 EL saure Sahne
evtl. 1 EL Lezithin flüssig
(s. Info S. 351)

Arbeitsschritte

- Butter zerlassen, das Mehl darin hellgelb anschwitzen.
- Von der Herdplatte nehmen, Wasser zugießen, mit dem Schneebesen gut verrühren.
- Wieder zum Kochen bringen.
- Milch zugießen, Gewürze zufügen und nochmals aufkochen lassen.
- Mit saurer Sahne verfeinern.

Béchamelsoße

Zutaten

1 Zwiebel
20 g Butter oder Öl
40 g Mehl
¼ l Gemüsebrühe
¼ l Milch oder Sojamilch
Muskat
100 g Sahne oder Soja
Cuisine
Zitronensaft
evtl. 1 EL Lezithin flüssig

Arbeitsschritte

- Zwiebel sehr klein hacken.
- Butter erhitzen und die Zwiebel goldgelb rösten.
- Mit Mehl bestäuben. Mit kalter Gemüsebrühe löschen und aufkochen lassen.
- Milch und Muskat zugeben, nochmals aufkochen lassen.
- Sahne mit Lezithin oder Lezithingranulat verrühren, zufügen, mit Zitronensaft abschmecken.

Varianten:

Sauce Mornay

- 100 g fein geriebenen Räucherkäse und 30 g Butter mit der Milch zugeben.

Sauce Soubise

- 3 Zwiebeln dünsten, pürieren, mit der Soße verrühren. Mit Sahne und Cayenne-Pfeffer abschmecken.

Als Ergänzung zu indonesischen Tofugerichten. Zusammen mit Haferbratlingen erhalten Sie auch alle essentiellen Aminosäuren auf pflanzlicher Basis.

Erdnusssoße

Zutaten

¼ l Milch
1 Msp. Bourbon-Vanille
2 TL Zucker
3 EL Erdnussbutter
1 EL Crème fraîche

Arbeitsschritte

- Milch mit Zucker und Vanille erhitzen.
- Erdnussbutter und Crème fraîche zugeben und verquirlen. (Nicht mehr kochen lassen!)

Für indonesiche Gerichte, passt aber auch gut zu Pfannkuchen.

Bananensoße

Zutaten

¼ l Milch
2 TL Reismehl
2 TL Zucker
2 Msp. Bourbon-Vanille
2 – 3 Bananen
1 EL Crème fraîche

Arbeitsschritte

- Von der Milch 3 EL abnehmen und Mehl oder Reismehl anrühren.
- Restliche Milch mit Zucker und Vanille zum Kochen bringen.
- Reismehl einrühren und aufkochen lassen.
- Bananen mixen und mit Crème fraîche zur Soße geben. (Nicht mehr kochen lassen!)

Zur Bayrischen Dampfnudel, zur nordischen Roten Grütze oder einfach über den Schokoladenpudding:

Vanillesoße

Zutaten

½ l Milch (Sojamilch)
40 g brauner Zucker
¼ TL Bourbon-Vanille
20 g Speisestärke
⅛ l Sahne

Arbeitsschritte

- Milch mit Zucker und Vanille zum Kochen bringen.
- Speisestärke kalt anrühren, in die Milch geben und kurz aufkochen lassen.
- Nach Wunsch ⅛ l Schlagsahne unter die etwas abgekühlte Soße unterziehen.

Schokoladensoße

Zutaten

½ l Milch (Sojamilch)
40 g brauner Zucker
¼ TL Bourbon-Vanille
20 g Speisestärke
1 – 2 EL Kakao

Arbeitsschritte

- Von der Milch 6 EL abnehmen.
- Restliche Milch mit Zucker und Vanille zum Kochen bringen.
- Speisestärke und Kakao mit der zurückbehaltenen Milch anrühren, in die kochende Milch geben und kurz aufkochen lassen.

Variante:

Carobsoße

Zutaten zusätzlich

1 – 2 EL Carob
⅛ l Schlagsahne nach Geschmack

Arbeitsschritte

- Zubereitung wie oben.
- Statt Kakao Carob verwenden.
- Nach Geschmack mit ⅛ l Schlagsahne verfeinern.

Auf Eis, Pudding oder Joghurt das vitaminreiche i-Tüpfelchen.

Fruchtsoße kalt

Zutaten

250 g Obst wie Erdbeeren,
Aprikosen, Kirschen,
Pfirsiche oder Pflaumen
1 – 2 EL Honig oder
Reismalz
Zitronensaft

Arbeitsschritte

- Obst je nach Sorte waschen, schälen, entsteinen.
- Mit Honig und je nach Geschmack 1 – 2 EL Zitronensaft kurz mixen. (Es sollten noch einige Fruchtstückchen verbleiben.)

Fruchtsoße warm

Zutaten

250 g Obst wie Erdbeeren,
Aprikosen oder Waldbeeren
2 – 3 EL Fruchtzucker

Arbeitsschritte

- Obst vorbereiten, mit Fruchtzucker vermischen.
- Kurz mixen. (Es sollten noch einige Fruchtstückchen ganz bleiben.)
- Die Soße erwärmen und servieren.

Variante:

alternative Zutaten

200 g Vierfruchtmarmelade
100 g Wasser

Arbeitsschritte

- Marmelade mit dem Wasser mixen.
- Je nach Wunsch kalt oder erwärmt servieren.

Gerne zu Rohr- oder Dampfnudeln

Fruchtsoße mit Agar-Agar

Zutaten

1/8 l Fruchtsaft
1/8 l Wasser
Zucker oder Honig
1 geh. TL Agar-Agar*

*Agar-Agar = pflanzliches
Geliermittel aus Rotalgen

Arbeitsschritte

- Agar-Agar mit 1 TL Wasser verrühren und 5 Minuten quellen lassen.
- Wasser zum Kochen bringen, das gequollene Agar-Agar einrühren und eine Minute kochen lassen.
- Saft zugeben, nach Geschmack mit Fruchtzucker oder Honig süßen.

Süße Vollwertgerichte

Dem einen gehen Süßspeisen über alles, dem anderen reicht ab und zu mal ein Dessert. Die angebotenen Rezepte vom Apfelstrudel bis zur Dampfnudel, vom Pfannkuchen bis zu luftigen Soufflés sind sicher einen Blick wert. Selbst der Kräuter-Feinschmecker kommt hier mit fast in Vergessenheit geratenen Gerichten wie ausgebackenen Holunderblüten oder Comfrey-Schnitten auf seine Kosten.

Kapitel 4: Suppen, Soßen, Süßes, Drinks

Grundrezept:

Strudelteig für drei mittelgroße Strudel

Zutaten

250 g Weizen
¼ TL Essig
etwas Salz
3 EL Öl
etwa ⅛ l lauwarmes Wasser

Arbeitsschritte

- Weizen fein mahlen.
- Essig, Salz, Öl und so viel Wasser zufügen, dass sich ein glatter elastischer Teig kneten lässt.
- Den Teig in drei Teile schneiden, zu Kugeln rollen.
- 20 Minuten an einem warmen Ort ruhen lassen (der Teig darf nicht kalt werden).
- Jede Teigkugel auf einem bemehlten Brett möglichst dünn ausrollen. Dabei oft mit Mehl bestäuben und wenden.
- Je nach Rezept mit Butter bepinseln, mit Füllung belegen und mit Hilfe eines Tuches aufrollen.
- Die Strudel auf ein gefettetes Backblech oder in eine Bratpfanne gleiten lassen.
- Mit Butter bestreichen und bei 175 °C 40 – 50 Minuten backen.
- Warm oder kalt servieren.

Wiener Apfelstrudel

Zutaten

Strudelteig (s. Grundrezept)
2 kg säuerliche Äpfel
1 EL Zitronensaft
100 – 200 g Butter
75 g Rosinen
75 g Mandelstifte
70 g Rohrohrzucker oder Honig
1 TL Zimt

Arbeitsschritte

- Äpfel schälen und hobeln, mit Zitronensaft beträufeln und zur Seite stellen.
- Butter in einem Pfännchen zerlaufen lassen, drei Viertel davon über den Strudelteig verteilen.
- Äpfel, Rosinen und Mandeln darauf verteilen.
- Mit Zucker und Zimt bestreuen, aufrollen.
- Auf ein gefettetes Backblech gleiten lassen, mit restlicher Butter bepinseln und bei 175 °C 40 – 50 Minuten backen.

Rahmstrudel

Zutaten

Strudelteig s. Grundrezept

Füllung: wie Apfelstrudel
zusätzlich:
Milch
saure Sahne

Arbeitsschritte

- Die Strudel vorbereiten, in eine Bratpfanne legen, in der ca. einen Zentimeter hoch Milch mit 40 g Butter erhitzt wurde, und bei 175 °C 40 – 50 Minuten backen.
- Während des Backens wiederholt einige EL saure Sahne darüber verteilen.

Zwetschgenstrudel

Zutaten

Strudelteig s. Grundrezept

Füllung:
1,5 kg Zwetschgen
75 g Mandelstifte
70 g Rohrohrzucker
1 TL Zimt
100 – 200 g flüssige Butter

Arbeitsschritte

- Strudelteig vorbereiten.
- Zwetschgen entsteinen, vierteln. Mit Mandeln, Zucker und Zimt vermischen.
- Strudelteig mit ¾ der Butter bepinseln.
- Obst auf die Teigplatten verteilen und aufrollen.
- Mit restlicher Butter bepinseln und bei 175 °C ca. 40 Minuten backen.

Kirschstrudel

Zutaten

Strudelteig s. Grundrezept

Füllung:
100 – 200 g flüssige Butter
1,5 kg Kirschen
90 g Rohrohrzucker

Arbeitsschritte

- Herstellung wie 'Zwetschgenstrudel'.

Quarkstrudel

Zutaten

Strudelteig s. Grundrezept

Füllung:
1,5 kg Quark 40%
150 g Rohrohrzucker
½ Bio-Zitrone
100 g flüssige Butter

Arbeitsschritte

- Quark, Zucker, Schale und Saft einer halben Zitrone gut verrühren.
- Vorbereitete Strudelblätter je mit einem Drittel der Masse füllen, aufrollen, mit der Butter bepinseln und bei 175 °C 40 – 50 Minuten backen.

Wichtige Tipps:

Mehlspeisen aus Hefeteig

Mehlspeisen aus Hefeteig haben in Deutschland und Österreich eine lange Tradition. In manchen Regionen gab es z. B. Dampfnudeln tagtäglich, ob herzhaft oder süß. Sie entscheiden, ob Sie die Mehlspeisen aus Hefeteig lieber traditionell mit frischer Hefe oder zeitgemäß mit Trockenhefe, mit Auszugsmehl oder vollwertig machen möchten. (S. Rezepte Hefeteig für Hefekuchen S. 274 f.)

Mit folgenden Regeln und Tipps sollte es Ihnen leicht fallen, Mehlspeisen aus Hefeteig herzustellen:

- Trockenhefe vereinfacht die Zubereitung ohne das Ergebnis einzuschränken.
- Die 'treibende Kraft' entfaltet sich am besten bei zimmerwarmen Temperaturen der Zutaten.
- Fett und Salz werden von der Hefe nicht vertragen und sollten bei der Verwendung von frischer Hefe nicht mit dem Vorteig in Verbindung kommen.

Dampfnudeln

Zutaten

300 g Weizen oder Dinkel
200 g Weizenmehl Type 405
1 P. Frischhefe
¼ l Milch
40 g Rohrohrzucker
abgeriebene Schale einer
Zitrone
1 Prise Salz

Vanillemilch zum Garen:
Milch
30 g Butter
20 g Rohrohrzucker
1 P. Vanillezucker

Arbeitsschritte

- Etwa 100 g Mehl, die Hefe, etwas lauwarme Milch und etwas Zucker in eine Schüssel geben und einen Hefevorteig anrühren.
- Zudecken und an einem warmen Ort eine halbe Stunde gehen lassen, bis sich der Teig verdoppelt hat.
- Restliches Mehl, gemahlenen Weizen oder Dinkel, restlichen Zucker, restliche Milch, Zitronenschale und eine Prise Salz dazugeben und zu einem geschmeidigen Teig verarbeiten.
- Aus dem Teig Kugeln formen (ca. 5 cm Durchmesser) und zugedeckt gehen lassen.
- Inzwischen in eine Pfanne (oder feuerfeste Glasschüssel) etwa einen Zentimeter hoch Milch, Butter, Zucker, Vanillezucker und 30 g Butter geben, aufkochen und etwas abkühlen lassen.
- Die aufgegangenen Nudeln in die warme Vanillemilch legen und mit einem dicht schließenden Deckel (möglichst aus Glas) zudecken.
- Zunächst bei mittlerer Hitze die Milch zum Kochen bringen, dann bei kleiner Temperatur etwa 25 Minuten ziehen lassen.
- Während der Garzeit den Deckel nicht öffnen!
- Die fertigen Nudeln umdrehen.
- Mit Frucht- oder Vanillesoße servieren.

Variante:

- Die Dampfnudeln mit Obst wie Pflaumen-, Aprikosen- oder Zwetschgenmus füllen (dann nur halb so viel Zucker wie angegeben im Teig verwenden).

Rohrnudeln

Zutaten

Teig (s. Rez. Dampfnudeln
S. 209)
100 g Butter
Pflaumenmus
100 g Haselnüsse, gerieben

Arbeitsschritte

- Hefeteig nach Rezept für Dampfnudeln herstellen, gehen lassen und Kugeln formen.
- Die Hälfte der Butter in einer Auflaufform schmelzen lassen.
- Die Teigkugeln handtellergroß platt drücken, mit einem TL Pflaumenmus füllen.
- Die Ränder gut zusammendrücken und mit der 'Naht' nach unten in die Auflaufform dicht aneinander setzen.
- Mit restlicher zerlassener Butter bestreichen.
- Haselnüsse darüberstreuen.
- Ca. 45 Minuten bei 180 °C backen.
- Dazu Vanillesoße (s. Rez. S. 202) servieren.

Mohnbuchteln

Zutaten

Teig (s. Rez. Dampfnudeln
S. 209)

Füllung:
1/8 l Milch
125 g Mohn, gemahlen
4 EL Honig
1 P. Vanillezucker
1/4 TL Zimt
50 g Mandelstifte
100 g Butter

Arbeitsschritte

- Hefeteig nach Grundrezept herstellen und gehen lassen.
- Milch zum Kochen bringen, den Mohn einstreuen und bei geringer Hitze ausquellen lassen.
- Honig, Gewürze und die Mandelstifte unterrühren, zur Seite stellen.
- Den Teig ausrollen und in ca. 8 bis 10 quadratische Stücke schneiden.
- Mohnmasse darauf verteilen, die vier Teigspitzen gut zusammendrücken und zu Kugeln formen.
- In einer Auflaufform die Butter schmelzen lassen und die Buchteln dicht aneinander hineinsetzen.
- Ca. 30 Minuten gehen lassen.
- Im vorgeheizten Backofen ca. 40 Minuten bei 180 °C backen.
- Dazu Vanillesoße (s. Rez. S. 202) servieren.

Vollkornpfannkuchen

Zutaten

500 g Dinkel
Sojamilch oder Milch (ca. 1 l)
Butterschmalz oder Öl
1 Prise Salz

Arbeitsschritte

- Dinkel fein mahlen. Milch nach und nach einrühren.
- Den Teig 10 – 20 Minuten quellen lassen.
- Der Teig muss zähflüssig sein.
- In Butterschmalz oder Öl dünne Pfannkuchen ausbacken.
- Nach Geschmack mit Melasse oder Marmelade bestreichen.

Variante:

- Zur Hälfte Braunhirse verwenden, bei niedriger Temperatur ausbacken.

Kaiserschmarrn

Zutaten

Rezept
Vollkornpfannkuchen
einige Rosinen zufügen

Arbeitsschritte

- Den Pfannkuchen nach dem Wenden in mundgerechte Stücke zerteilen und fertig backen.
- Mit Puderzucker bestreut servieren und Apfelmus dazu reichen.

Pfannkuchen mit frischem Obst und Carobsoße

Zutaten

Vollkornpfannkuchen
zusätzlich:
800 g Obst wie Erdbeeren,
Bananen, Aprikosen und
Äpfel
Carobsoße (s. Rez. S. 202)

Arbeitsschritte

- Über die Pfannkuchen klein geschnittenes Obst verteilen.
- Mit Carobsoße übergießen.

Pfannkuchen süß oder pikant

Zutaten

300 g Mehl nach
Geschmack und Vorliebe
¾ l Milch
2 geh. EL Sojamehl
½ TL Salz
1 gestr. TL Natron
Butterschmalz oder Öl zum
Ausbacken

Arbeitsschritte

- Milch in eine Schüssel geben.
- Unter ständigem Rühren Mehl, Sojamehl, Salz und Natron zugeben.
- In Butterschmalz oder Öl Pfannkuchen ausbacken.
- Je nach Geschmack süß oder pikant servieren.

Variante:

- Champignons, Spargel oder Kräuter in den Teig geben und unter mehrmaligem Wenden ausbacken.

*Ungarische Tradition vom Feinsten: Eine Nachspeise, die es in sich hat!
Damit es ein ungetrübter Genuss wird, servieren Sie diesen Nachtisch
nur nach einem leichten Hauptgang.*

Pfannkuchen ungarische Art

Zutaten

8 dünne Pfannkuchen

Füllung:
150 g Milch
100 g Wal- oder Haselnüsse
100 g Zucker oder
Rohrohrzucker
30 g Rosinen
abgeriebene Schale einer
½ Zitrone

Soße:
200 g Milch
150 g Schokolade
1 P. Vanillezucker
100 g Sahne
½ Fl. Rumaroma

Arbeitsschritte

- 8 dünne Pfannkuchen backen.
- Für die Füllung 150 g Milch zum Kochen bringen.
- Fein gemahlene Nüsse, Zucker, Rosinen und Zitronenschale hineingeben und kurz aufkochen lassen.
- Die Füllung auf die Pfannkuchen verteilen.
- Diese entweder einzeln zusammenklappen und auf vorgewärmter Platte anrichten oder zum Turm aufschichten und wie Tortenstücke portionieren.

- Für die Soße Milch erhitzen.
- Schokolade zerkleinern, mit Vanillezucker zur Milch geben und auflösen.
- Sahne und Rumaroma zugeben.
- Die Pfannkuchen mit der Schokoladensoße servieren.

Pfirsichsoufflé

Zutaten

4 frische Pfirsiche
200 g Dinkel
1 P. Backpulver
½ l Milch (Sojamilch)
300 g Tofu
150 g Zucker
1 Becher Joghurt
200 g Schlagsahne
1 P. Vanillezucker
etwas Butter für die
Auflaufform

Arbeitsschritte

- Pfirsiche mit kochendem Wasser überbrühen, die Haut ablösen, vierteln und in eine gefettete Auflaufform geben.
- Dinkel fein mahlen und mit dem Backpulver gut vermischen.
- Tofu mit Zucker, Zitrone, Joghurt und Milch mixen und locker unter das Mehl heben.
- Sahne mit einem Päckchen Vanillezucker steif schlagen und locker unterheben.
- Die Masse auf die Pfirsiche gleiten lassen und im vorgeheizten Backofen bei 200 °C 45 Minuten backen.
- Eventuell nach der halben Garzeit mit Folie abdecken.

Bananen-Schoko-Auflauf

Zutaten

wie Rez. Pfirsichsoufflé,
statt der Pfirsiche:
3 große Bananen

zusätzlich:
½ Tasse Schokopulver
oder Carob
5 EL Milch

Arbeitsschritte

- Die Bananen halbieren, in eine gefettete Auflaufform geben.
- Den Teig wie oben beschrieben zubereiten, das Schokopulver oder Carob und die Milch mit dem Tofu und den sonstigen Zutaten mixen.

Apfelringe

Zutaten

50 g Dinkel
2 EL Hefeflocken
1 Becher Joghurt
Mineralwasser
6 – 8 Äpfel
Honig
Zimt
Zucker

Variante:

- Kichererbsenmehl statt Dinkelmehl über Nacht einweichen.
- Äpfel-, Bananen- oder Ananasscheiben in den Teig tauchen und ausbacken (s. Rez. indische Pakora, Kapitel 2, S.131).

Arbeitsschritte

- Den gemahlenen Dinkel mit Hefeflocken, Joghurt und so viel Mineralwasser verrühren, dass ein dickflüssiger Teig entsteht.
- Die Äpfel vom Kerngehäuse befreien, in Ringe schneiden.
- Im Ausbackteig wenden und in Öl oder Butterschmalz ausbacken.
- Etwas Honig darübergeben oder je nach Geschmack Zimt und Zucker darüberstreuen.

Ein köstliches, gesundes Gericht aus Großmutters Zeiten mit einem außergewöhnlichen Geschmack:

Ausgebackene Holunderblüten

Zutaten

Ausbackteig siehe
'Apfelringe'
ca. 12 Holunderblüten

Arbeitsschritte

- Am besten eignen sich Holunderblüten, die noch nicht ganz aufgeblüht sind.
- Vorsichtig waschen und abtupfen.
- In den Teig tauchen und in heißem Fett schwimmend ausbacken.
- Anschließend mit Zitronensaft beträufeln oder mit Zimt und Zucker servieren.

Wenn die Natur erwacht, ist eine blutreinigende, kräftigende Comfrey-Kur sehr wertvoll. Mit einigen jungen Blättchen zum Salat wird das Gericht zur Medizin. Hier eine weitere Möglichkeit:

Comfrey-Schnitten

Zutaten

4 – 8 Comfreyblätter
(Beinwellblätter)
250 g Dinkel
½ l Milch
½ TL Salz

Arbeitsschritte

- Comfrey- oder Beinwellblätter (Symphytum) waschen und in Streifen schneiden.
- Dinkel fein mahlen, salzen und mit der Milch zu einem dickflüssigen Teig verrühren.
- Die Blätterstreifen zugeben, kurz stehen lassen und daraus kleine dicke Pfannkuchen ausbacken.
- Je nach Geschmack süß oder salzig servieren.

Pikante Variante:

- In 2 cm dicke Streifen schneiden und mit Sauce hollandaise (s. Rez. S. 200) übergießen.

Ein kerngesunder Leckerbissen, die afrikanische Weizen-Süßspeise:

Belila

Zutaten

150 g Weizen
½ TL Koriander, gemahlen
¼ TL Anis, gemahlen
¼ TL Fenchel
1 Prise Zimt oder Delifrut*
1 EL Honig
2 EL Rosinen
1 Prise Zimt
2 TL abgeriebene
Orangenschale
4 EL frisch geraspelte
Kokosflocken
Nüsse oder Nussmus
200 g Sahne
Obst zum Garnieren

*Delifrut = Würzmischung
für Süßspeisen und Gebäck

Arbeitsschritte

- Weizen über Nacht in 300 ml Wasser einweichen.
- Am nächsten Tag mit Koriander, Anis und Fenchel, Zimt oder Delifrut 40 – 60 Minuten auf kleiner Flamme köcheln.
- Ausquellen und erkalten lassen.
- Unter den abgekühlten Weizen Honig, Rosinen, Zimt, abgeriebene Orangenschale und Kokosflocken, Nüsse oder Nussmus mischen.
- Sahne schlagen und unterheben.
- Mit frischem Obst garniert servieren.
- Für eine warme Hauptmahlzeit die Flüssigkeit mit Kuzu** oder sonstigem Bindemittel andicken und die Schlagsahne getrennt servieren.

** Kuzu = Bindemittel aus der Wurzel des Kuzustrauches. Es wird in den östlichen Ländern sehr geschätzt, besonders in der Makrobiotik. Wichtig: Kuzu ist sehr ergiebig und sollte in etwas Wasser restlos aufgelöst und nicht lange gekocht werden.

Gemäßigt süß, so zeigt sich die Hirse von ihrer besten Seite:

Hirse mit Äpfeln und Datteln

Zutaten

2 Tassen Hirse
Öl
1 großer Apfel
10 Datteln
6 – 8 Tassen Wasser
1 TL Zimt
Haselnüsse, gerieben

Arbeitsschritte

- Hirse warm waschen, gut abtropfen lassen.
- In einem Topf etwas Öl erhitzen und die Hirse darin anrösten.
- Apfel in kleine Würfel schneiden, Datteln entkernen, zerkleinern und zur Hirse geben.
- Wasser und Zimt zugeben und zum Kochen bringen. Anschließend den Herd abschalten, den Topf zudecken und die Hirse ca. 20 Minuten quellen lassen.
- In kleine Schalen füllen. Etwas Leinöl auf die abgekühlte Hirse träufeln, mit Haselnüssen bestreut servieren.

Maisgrießpudding mit Datteln

Zutaten

200 g Datteln
1 l Milch
6 – 8 EL feiner Maisgrieß
½ Zitrone (Schale und Saft)
1 P. Vanillezucker
2 Msp. Zimt
Butter
2 EL Ahornsirup

Arbeitsschritte

- Datteln ca. 1 Stunde in etwas Wasser einweichen.
- Milch zum Kochen bringen.
- Maisgrieß einrieseln lassen.
- Ca. 10 Minuten bei schwacher Hitze kochen, dabei ständig rühren.
- Datteln entkernen, in kleine Stücke schneiden.
- Schale und Saft der halben Zitrone, Vanillezucker und Zimt in den Maisbrei einrühren. Dattelstückchen unterrühren.
- Eine Form oder Schüssel mit Butter auspinseln, den Brei hineingeben, gut festdrücken, abkühlen lassen.
- Stürzen und Ahornsirup darübergießen.

Süßer Reisring

Zutaten

1 ½ l Milch (Soja- oder Reismilch)
1 Prise Salz
1 P. Vanillezucker
250 g Rundkorn-Reis
3 EL Agar-Agar*
200 g Sahne
3 EL Honig
500 g frisches Obst oder Kompott oder Vanille- oder Fruchtsoße

*Agar-Agar – Geliermittel aus Algen, genauso wie Gelatine anzuwenden

Arbeitsschritte

- Milch mit Salz und Vanillezucker zum Kochen bringen.
- Den gewaschenen Reis hineingeben und bei schwacher Hitze körnig-weich quellen lassen.
- Agar-Agar mit etwas lauwarmem Wasser 5 Minuten quellen lassen, einrühren und 2 Minuten mit dem Reis köcheln lassen.
- Gut rühren! Abkühlen lassen.
- Sahne steif schlagen und vorsichtig mit dem Honig unter den Reis mischen.
- Eine Ringform mit kaltem Wasser ausschwenken, die Masse einfüllen und festdrücken.
- Im Kühlschrank erstarren lassen.
- Den Reisring auf eine Servierplatte stürzen.
- Mit Früchten, Kompott, Vanille- oder Fruchtsoße servieren.

Diese Nachspeise mit frischem Obst können Sie schon einen Tag vor einem Fest zubereiten. Durch den Luftabschluss bleiben die wertvollen Vitamine erhalten. Und Agar-Agar liefert zusätzlich wertvolle Mineralstoffe.

Fruchtkaltschale

Zutaten

1 l Obstsaft
2 leicht geh. TL Agar-Agar*
300 g frisches Obst nach Jahreszeit

* s. S. 217

Arbeitsschritte

- Agar-Agar mit 5 EL Saft anrühren.
- ¼ l Saft zum Kochen bringen.
- Das gequollene Agar-Agar zugeben und eine Minute kochen lassen.
- Den restlichen Saft dazugießen und verrühren.
- Inzwischen frisches Obst in kleine Stücke schneiden und in eine Schüssel geben, die lauwarme Flüssigkeit darübergießen.
- Portionsweise in Kompottschalen füllen.
- Vor dem Servieren mit Schlagsahne verzieren.

Rote Grütze

Zutaten

1 ½ l Johannisbeersaft
200 g Tapioka (Sago)*
1 geh. TL Agar-Agar

*Tapioka oder Sago = aus der Sago-Palme gewonnene kleine Perlen, die beim Kochen glasig werden, leicht gelieren und die Säure neutralisieren. Wichtig ist das wiederholte Umrühren, Sago legt sich sonst leicht am Topfboden an!

Arbeitsschritte

- 1 l Johannisbeersaft zum Kochen bringen.
- Tapioka einstreuen und auf niedriger Temperatur 10 Minuten köcheln lassen. Dabei ab und zu umrühren.
- Agar-Agar in 2 EL kaltem Wasser quellen lassen, zugeben und noch eine Minute kochen lassen.
- Restlichen Saft zugießen.
- Die Grütze in kalt ausgespülte Förmchen geben, erkalten lassen und stürzen.
- Mit Sahne oder Vanillesoße servieren.

Rhabarber mit Sago

Zutaten

1 kg Rhabarber
1 l Wasser
10 cm Zitronenschale oder
einige Tropfen Zitronenöl
125 g Tapioka (Sago)*
150 g Fruchtzucker

* s. S. 218

Arbeitsschritte

- Rhabarber waschen und in 3 cm lange Stücke schneiden.
- Wasser mit Zitrone zum Kochen bringen.
- Sago oder Tapioka einstreuen und 10 Minuten kochen lassen.
- Die Rhabarberstückchen dazugeben und nochmals 5 – 10 Minuten kochen lassen.
- Den Herd abschalten und ausquellen lassen.
- Fruchtzucker einstreuen und abkühlen lassen.

Variante:

- Kochäpfel, sehr feste Birnen, Pflaumen oder Kirschen statt Rhabarber verwenden.

Rhabarberkaltschale mit Vanillereis

Zutaten

500 g Rhabarber
1 l Wasser
150 g Fruchtzucker
25 g Speisestärke*

Vanillereis:
½ l Milch
125 g weißer Reis
¼ Vanillestange oder
1 P. Vanillezucker
3 EL Reismalz, ersatzweise
Agavendicksaft

*Speisestärke = Kartoffel-
oder Maisstärke. Sie
eignet sich zum Andicken
von Speisen allgemein,
besonders geeignet für
glutenfreie Gerichte und
Backwaren.

Arbeitsschritte

- Rhabarber waschen, in kleine Stücke schneiden.
- Wasser mit Zucker zum Kochen bringen, Rhabarberstückchen zugeben und weich kochen.
- Mit angerührter Speisestärke binden und abkühlen lassen.

Vanillereis:

- Milch mit Vanille zum Kochen bringen.
- Reis hineingeben und bei niedriger Temperatur ausquellen lassen, Reismalz zugeben und verrühren.
- Den Reis in kalt ausgespülte Tassen drücken, etwas abkühlen lassen und in die Mitte eines tiefen Tellers stürzen.
- Rhabarber rundherum verteilen.
- Mit Zimt und Zucker servieren.

Drinks und Erfrischungsgetränke

Tipps und Tricks für Drinks

- Nur reife, möglichst naturbelassene Früchte verwenden.
- Für Kräuter gilt als beste Erntezeit der frühe Sommermorgen, wenn das Grün am frischesten und die Aromen am stärksten sind. Wichtig ist auch, die Kräuter vor der Blüte zu pflücken!
- Die gemixten Drinks möglichst frisch zubereiten und sofort servieren, damit sich die Vitamine nicht verflüchtigen.
- Besonders gut sieht es aus, wenn die Saftgläser am Rand verziert sind. Dazu den Gläserrand mit Zitronensaft anfeuchten und für pikante Drinks in gehackte Kräuter oder Paprikapulver drücken.
- Für süße Drinks eignen sich Kokosraspel, gemahlene Nüsse oder Carobpulver zum Dekorieren des Glasrandes.

Kräuterauszüge und zuckerfreie Frucht- und Blütenwasser

Voller Genuss – zero Kalorien!

Minzezauber

Zutaten

1 l Wasser
2 Zweige frische
Pfefferminze
Saft ½ Zitrone
einige Blätter
Zitronenmelisse

Arbeitsschritte

- Aus dem Wasser und der Pfefferminze über Nacht einen Kaltauszug herstellen.
- Mit Zitronensaft und mit gehackter Zitronenmelisse verzieren.

Himbeer-Wasser

Zutaten

1 l Wasser
3 EL gefrorene Himbeeren

Arbeitsschritte

- Aus dem Wasser und den Himbeeren über Nacht einen Kaltauszug herstellen.
- Abseihen und mit Eiswürfeln servieren.

Tipp schnelle Variante: 2 Filterbeutel Himbeertee für einige Stunden in kaltem Wasser ziehen lassen.

Almdudler

Zutaten

1 l Wasser
1 Holunderblüte
1 Bio-Zitrone
einige Blätter
Zitronenmelisse

Arbeitsschritte

- Aus dem Wasser und der Blüte über Nacht einen Kaltauszug herstellen.
- Die Zitrone heiß waschen und halbieren.
- In dünne Scheiben schneiden, entkernen und in das Wasser geben.
- Gekühlt servieren.

Kräuterhexe

Zutaten

1 Zweig Rosmarin
1 Zweig Zitronenverbene
oder Zitronenmelisse
1 Stängel Zitronengras
1 Bio-Orange
1 l Wasser

Arbeitsschritte

- Die Kräuter waschen und in einen Saftkrug geben.
- Die Orange heiß abwaschen und einige Scheibchen zufügen.
- Mit Wasser auffüllen und über Nacht einen Kaltauszug herstellen.
- Gekühlt servieren.

Rosenwasser

Zutaten

1 Handvoll Rosenblätter
von Duftrosen
1 EL gefrorene Himbeeren
1 Stängel Zitronengras
1 l Wasser

Arbeitsschritte

- Die Blüten verlesen und mit den Himbeeren und dem Zitronengras zum Wasser geben.
- Über Nacht einen Kaltauszug herstellen.
- Abseihen und einige Tropfen Orangenblütenwasser zufügen.
- Gekühlt servieren.

Blütenwasser

Zutaten

1 Handvoll gemischte
Blüten (Veilchen,
Gänseblumen,
Ringelblumen,
Schlüsselblumen)
1 l Wasser
1 Stängel Zitronengras
1 Bio-Zitrone

Arbeitsschritte

- Die Blüten verlesen, in einen Saftkrug geben, mit Wasser auffüllen und über Nacht einen Kaltauszug herstellen.
- Die Zitrone heiß waschen und halbieren.
- In dünne Scheiben schneiden, entkernen und in das Wasser geben.
- Gekühlt servieren.

Gingerale

Zutaten

Einige Scheiben frischer
Ingwer
¼ l Wasser
1 Stängel Zitronengras
1 Bio-Zitrone
¾ l Mineralwasser

Arbeitsschritte

- Ingwer und das klein geschnittene Zitronengras in einen Saftkrug geben und mit dem Wasser ansetzen.
- Über Nacht ziehen lassen.
- Die Zitrone heiß waschen, halbieren und achteln und zum Ingwerwasser geben.
- Kurz vor dem Servieren mit kaltem Mineralwasser aufgießen.

Gemüsedrinks

Möhrenmix

Zutaten

200 g junge Möhren
½ l Kefir
1 EL Öl
Honig nach Geschmack

Arbeitsschritte

- Möhren waschen und raspeln.
- Mit Kefir und Öl mixen und eventuell mit Honig süßen.
- Den Rand der Gläser mit geraspelten Möhren verzieren.

Flotte Gurke

Zutaten

1 Salatgurke
1 Tasse Sauerampferblätter
½ Tasse Dill
500 g Joghurt oder
Schwedenmilch
Kräutersalz
Pfeffer
Tamari*

Arbeitsschritte

- Gurke schälen und zerkleinern.
- Mit den Kräutern mixen.
- Joghurt unterrühren und mit Gewürzen abschmecken.

*Tamari = Soße aus milchsauer vergorenem Soja und Weizen, salzhaltig

Rosaroter Panther

Zutaten

500 g Tomaten
1 l Wasser
1 TL Gemüsebrühe
1 Msp. Pfeffer
100 g Crème fraîche
2 EL Kräuter nach Belieben
(Kerbel, Petersilie,
Estragon, Dill, Basilikum)

Arbeitsschritte

- Tomaten mixen. (Nach Geschmack vorher häuten.)
- Wasser, Gewürze und einen Teil der gehackten Kräuter und Crème fraîche dazugeben.
- Jedes Glas mit einem Klecks Crème fraîche und gehackten Kräutern verzieren.

Avocadoschnee

Zutaten

1 große weiche Avocado
¾ l Buttermilch
¼ l Mineralwasser
1 Bio-Zitrone (Saft)
Kräutersalz
Minzeblätter
Zitronenscheiben

Arbeitsschritte

- Avocado pürieren.
- Mit Buttermilch und Mineralwasser mixen.
- Mit Zitronensaft und Kräutersalz abschmecken.
- Mit Minzeblättchen dekorieren.
- Die Gläser mit einer Zitronenscheibe garnieren.
- Sofort servieren!

Paradiesgrün

Zutaten

500 g Spinat
100 g Brennnesseln
½ Bio-Zitrone
2 EL Orangensaft
Tamari
Kräutersalz
Pfeffer
Möhren

Arbeitsschritte

- Spinat und Brennnesseln gut waschen und entsaften.
- Zitrone auspressen, alle Säfte mischen.
- Mit einem Schuss Tamari, etwas Kräutersalz und einer Prise Pfeffer würzen.
- Mit 1 TL geraspelter Möhre pro Glas servieren.

Tipp: Ganz pfiffig wird dieser Drink mit einigen Blättern Bärlauch!

Fruchtdrinks

Fruchtsaft-Bowle

Zutaten

¼ l Orangensaft
¼ l Kirschsaft
500 g Obst nach Jahreszeit
Erdbeeren, Pfirsiche, Kirschen
1 l Mineralwasser
Honig
Zitronensaft

Arbeitsschritte

- Die Säfte getrennt zu Eiswürfeln gefrieren.
- Obst vorbereiten (waschen, schälen, klein schneiden).
- Obst und Eissaftwürfel in ein Bowlengefäß oder in eine Schüssel geben.
- Mit Mineralwasser auffüllen.
- Mit Honig und Zitronensaft abschmecken.

Beerenstark

Zutaten

200 g frische, sehr reife
Beeren wie Heidel-,
Johannis-, Brom- oder
Himbeeren
½ l Buttermilch
Honig
Zimt

Arbeitsschritte

- Die gewaschenen Beeren pürieren, mit der Buttermilch verrühren und abschmecken.

Melonenbar

Zutaten

1 l Malventee
½ l Apfelsaft
1 Bio-Zitrone (Saft)
2 EL Honig
1 Zucker- oder
Honigmelone
Zitronenmelisse

Arbeitsschritte

- Kalten Tee, Apfelsaft, Zitronensaft und Honig gut verrühren.
- Ausgestochene Melonenkugeln sowie Blätter der Zitronenmelisse hineingeben und gut gekühlt servieren.

Mandeltraum

Zutaten

3 EL Mandelmus
½ l Wasser
3 EL Honig
1 Msp. Vanille
150 g Sahne
Orangenscheiben (Bio)

Arbeitsschritte

- Mandelmus, Wasser, Honig und Vanille im Mixer mischen.
- Langsam die Sahne zufügen und jedes Glas mit einer Orangenscheibe verzieren.

Heiße Bowle

Zutaten

50 g Glühweingewürz
2,5 l Wasser
250 g Trockenobst
500 ml Holundersaft
700 ml schwarzer Johannisbeersaft
400 ml Himbeersirup
700 ml Apfelsaft

Arbeitsschritte

- Das Glühweingewürz in 2,5 l kochendes Wasser geben und 10 Minuten ziehen lassen.
- In einen großen Topf abseihen.
- Trockenobst zugeben und wieder zum Kochen bringen.
- Nach und nach sämtliche Säfte zugießen und vorsichtig erhitzen.
- Heiß servieren.
- Reicht für 10 Personen.

Den Frühling flaschenweise verkorken:

Holunderblütensirup

Zutaten

20 Holunderblüten
3 Bio-Zitronen
1 l Wasser
1 kg Fruchtzucker
80 g Zitronensäure

Arbeitsschritte

- Blüten verlesen, Zitronen mit Schale in Scheiben schneiden.
- In 1 l Wasser über Nacht stehen lassen.
- Am anderen Tag mit dem Zucker zum Kochen bringen und einige Minuten kochen lassen.
- Abseihen, Zitronensäure dazugeben, gut verrühren und sofort in heiß ausgespülte Flaschen füllen und mit Schraubverschlüssen oder Gummikappen dicht verschließen.
- Verschlossen ca. 1 Jahr haltbar, nach dem Öffnen die Flasche kühl lagern und bald verbrauchen.
- Den Sirup etwa 1:5 mit Mineralwasser verdünnen.

Kapitel 5

Backwaren & Süßigkeiten

Rezeptübersicht

Brot und Brötchen

Das Grundnahrungsmittel der westlichen Welt hat schon manche Trends hinter sich. Konnte es vor 50 Jahren gar nicht weiß und damit vornehm genug sein, gibt es heute viele, die die Vorteile des Vollkornbrotes schätzen und lieben. Wer ganz genau wissen will, was er isst, backt sich sein Brot am besten selbst. Der Trick dabei ist die schmackhafte Mehlmischung – insbesondere für diejenigen, die auf eine glutenfreie Ernährung achten und auf den Genuss von Brot nicht verzichten möchten. Hier finden Sie einige Grundrezepte, die zum Variieren anregen.

Die verschiedenen Getreidesorten lassen sich je nach Geschmack austauschen oder mischen. Wichtig ist, dass das Getreide frisch gemahlen ist – ob fein oder grob, ob ballaststoffreich oder nicht bestimmen Sie.

Essener Brotstangen

Zutaten

500 g Weizen gekeimt
Braunhirse, gemahlen nach
Bedarf
Zimt, Trockenfrüchte und
Nüsse für die süße Variante
Sesam, Mohn,
Sonnenblumenkerne nach
Geschmack

Arbeitsschritte

- Gekeimten Weizen durch den Wolf drehen oder mixen.
- Trockenfrüchte klein schneiden, Nüsse klein hacken und untermischen.
- Alle Zutaten zu einem festen Teig verarbeiten.
- Den gut gekneteten Teig zu einer Rolle formen (sollte er zu flüssig sein, gemahlene Braunhirse zufügen), in gleich große Stücke schneiden und zu Stangen formen.
- Bei maximal 80 °C Temperatur eher trocknen als backen.

Weizenbrötchen

Zutaten

500 g Weizen
350 g Wasser oder Milch-
Wasser-Gemisch
30 g Hefe
1 TL Meersalz

Arbeitsschritte

- Weizen fein mahlen.
- Alle Zutaten zu einem festen Teig verarbeiten.
- Den gut gekneteten Teig zu einer Rolle formen, in gleich große Stücke schneiden und mit feuchten Händen zu Bällchen drehen.
- Sonnenblumenkerne, Mohn, Sesam oder Kümmel auf eine Untertasse geben, die Oberseite eintauchen und auf ein gefettetes Blech setzen.
- In das kalte Backrohr schieben.
- Eine Untertasse mit Wasser auf den kalten (Elektro-)Back-ofenboden stellen. Nach 5 Minuten auf ca. 180 °C schalten und 10–15 Minuten backen.
- Bei mit Gas beheizten Herden die Brötchen in dem kurz aufgeheizten und wieder ausgeschalteten Backrohr 10 Minuten gehen lassen.
- Mit lauwarmem Wasser besprühen.
- Bei Mittelhitze 15 Minuten backen.

Rosinen-Nussbrötchen

Zutaten

wie Weizenbrötchen S. 232

zusätzlich:
ca. 200 g Mischung aus
Trockenfrüchten und
Nüssen

Arbeitsschritte

- Grundteig mit 2 EL Wasser, gehackten Nüssen, Sonnenblumenkernen, Rosinen, geschnittenen Feigen oder Aprikosen verkneten.
- Teigbällchen formen.
- Bei 175 – 200 °C ca. 15 Minuten backen (nicht vorheizen).

Leinsamen-Dinkelbrot

Zutaten

100 g Leinsamen
1/8 l warmes Wasser
500 g Dinkel
30 g Hefe
1/8 l lauwarmes Wasser
1/4 l Joghurt
1 geh. TL Salz

Arbeitsschritte

- Leinsamen in 1/8 l warmen Wasser einweichen. Dinkel fein mahlen. Hefe und 1/8 l lauwarmes Wasser zugeben, verrühren und ca. 10 Minuten gehen lassen.
- Leinsamen, Joghurt und Salz zufügen und in einer Küchenmaschine oder mit einem Handrührgerät zu einem lockeren Hefeteig kneten.
- Auf einer bemehlten Fläche noch einige Minuten von Hand durchkneten und zu einer Kugel formen.
- Eine Kastenform einfetten, die Teigkugel länglich formen und hineingeben.
- Eine Untertasse mit Wasser auf den Backofenboden stellen.
- Aufgehen lassen und bei 200 °C 60 – 80 Minuten backen.

Roggen-Vollkornbrot

Zutaten

1 kg Roggenmehl
1 TL Zucker
150 g Wasser
1 Würfel Hefe
2 P. Hensels Natursauerteig
(Reformhaus)*
1 TL kräftiges Brotgewürz
2 geh. TL Salz, in 400 ml
lauwarmem Wasser
auflösen

Nach Geschmack Nüsse
zugeben:
Pinienkerne
Sonnenblumenkerne
Kürbiskerne
Walnüsse oder
Haselnüsse

Haferflocken, Sesam oder
Mohn zum Bestreuen

*Es kann natürlich auch
Sauerteig einer anderen
Firma verwendet werden,
dann bitte auf die
Mengenangaben achten!

Arbeitsschritte

- Mehl in eine angewärmte Schüssel geben.
- Eine Vertiefung machen, Zucker in warmem Wasser auf-lösen und hineinfüllen, die Hefe hineinbröckeln und mit etwas Mehl zu einem Teig rühren.
- Ca. 25 Minuten an einem warmen Ort gehen lassen, bis der Vorteig Blasen wirft.
- Sauerteig und Salzwasser zugeben, gut verrühren.
- Gewürze bzw. sonstige Zutaten nach Geschmack zufügen.
- Den Teig auf eine bemehlte Arbeitsfläche geben und kneten.
- In eine Schüssel einige EL Mehl geben, den Teig dazu, etwa 30 Minuten, mit Tuch zugedeckt, an einem warmen Ort gehen lassen.
- In eine vorgewärmte Form geben, mit Sesam bestreuen und an einem warmen Ort gehen lassen, bis sich der Teig verdoppelt hat.
- Untertasse mit Wasser auf den Backofenboden stellen.
- Bei 250 °C ca. 60 Minuten backen.

Variante:

- 1 Tasse halb gegarten Reis oder gekeimten Weizen unter-mengen.

Luzerner Frühstückskuchen

Zutaten

500 g Roggenmehl
1 Tasse Birnendicksaft
1 Tasse Zucker
1 Tasse süße oder saure
Sahne
½ Tasse Milch
½ Tasse Apfelsaft
1 EL Öl
1 EL Lebkuchengewürz
1 EL Natron

Arbeitsschritte

- Alle Zutaten zusammen verrühren.
- Dann so viel Roggenmehl beigeben bis ein zähflüssiger Teig entsteht (ungefähr wie Spätzleteig).
- In eine gefettete Kuchenform füllen und einige Stunden oder über Nacht mit einem feuchten Tuch bedeckt stehen lassen.
- Backen bei etwa 180 °C 45 – 55 Minuten (mit Stricknadel die Garprobe machen).
- Schmeckt am besten nach 1 bis 2 Tagen mit etwas Butter.
- Kühl gelagert kann er lange aufbewahrt werden.

Rezeptübersicht

Torten

Backen ohne Ei – geht das denn?

Wir wollen Ihnen diese Frage mit einer Vielfalt an Rezepten beantworten, die sowohl bestens gelingen als auch köstlich schmecken.

Ob laktovegetarische, vegane oder glutenfreie Ernährung: Niemand muss auf Naschereien verzichten! Außerdem sind unsere Rezepte gut geeignet für Cholesterin-reduzierte Kost.

Vegane Rezepte oder Rezeptvarianten sind gekennzeichnet mit

Glutenfreie Rezepte oder Rezeptvarianten sind gekennzeichnet mit

Für die veganen oder glutenfreien Rezeptvarianten wählen Sie dann bitte die entsprechenden Zutaten aus!

Viel Spaß, Genuss und Erfolg beim Experimentieren!

Regeln und Tipps

zur Herstellung von eifreien Kuchen und Torten

Ob Sie für Ihre Kuchen Mehlmischungen oder pures Weißmehl wählen, ist reine Geschmackssache. Je nach den Zutaten wird beispielsweise der Rührteig leicht bis gehaltvoll. Er kann sogar als Grundprodukt für Torten biskuitähnlich werden. Torten brauchen einen möglichst lockeren Teig und volles Korn eignet sich dafür nicht. Eine gute Alternative für Vollwertfreunde sind die leichten Rührteige, die aus gemahlenem Reis gemacht werden. Ob Sie nun Vollkorn- oder Weißmehl verwenden, zum guten Gelingen tragen nachfolgende Regeln und Tipps bei:

- Vegan und fettarm: 1 P. Soja Schlagcreme nach Vorschrift steif schlagen und unterziehen.
- Für besonders lockeren, veganen Kuchen oder Torte: 10 EL Olivenöl, 1 EL Lezithin flüssig, 1 EL Obstessig mit einem 1/8 l kalten Apfelsaft schaumig schlagen. Mit der geschlagenen Sojasahne vermischen und das Mehlgemisch vorsichtig unterheben. So viel Apfelsaft zufügen, wie es der Teig verlangt.
- Lezithin flüssig oder 1 EL Lezithingranulat in etwas Wasser aufgelöst kann als Ei-Ersatz verwendet werden (s. Info S. 351).
- Die Hälfte der Butter oder Margarine erwärmen, bis sie flüssig ist. Mit der restlichen gekühlten Butter oder Margarine und dem Zucker schaumig schlagen.
- Bei der Verwendung von Fruchtzucker empfiehlt es sich, den Zucker zu mixen, damit er sich besser auflöst.
- Von der im Rezept angegebenen Flüssigkeit 200 g abziehen und durch 250 g Joghurt oder Quark ersetzen (sind z. B. 500 g Milch angegeben, nimmt man 300 g Flüssigkeit und 250 g Joghurt oder Quark).
- Vollwertkuchen brauchen mehr Flüssigkeit, da sie quellen. In den Rezepten ist die Flüssigkeitsmenge der genannten Mehlart angepasst. Wenn Sie nach Ihrem Bedürfnis die Rezepte in die eine oder andere Richtung (von Weißmehl bis zu fein gemahlenem Getreide) abändern, ist es nötig, die Flüssigkeitsmenge anzupassen. Sie ist richtig, wenn der Teig zähflüssig vom Löffel fällt.
- Damit Kuchenböden beim Backen nicht zu dunkel werden, nach der halben Backzeit mit Alufolie abdecken, in die Sie zuvor Löcher gestochen haben.
- Die verschiedenen Backöfen können abweichende Backzeiten und Backtemperaturen erforderlich machen.
- Den Kuchen im Backofen bei geöffneter Türe abkühlen lassen, vorsichtig aus der Form nehmen. Für eine Torte den Boden erst nach völligem Erkalten durchschneiden oder den Teig aufteilen und einzeln backen.

Grundrezept:

Biskuit vegan

Zutaten

300 g Soja-Schlagcreme
100 g Zucker
1 P. Bourbon-Vanille
10 EL Olivenöl
1 EL Lezithin flüssig
oder aufgelöstes
Lezithingranulat*
1 EL Apfelessig
⅛ l Apfelsaft, gekühlt
150 g Mehl Type 405 oder
1050
100 g fein geriebene
Mandeln ohne Schale
1 P. Sahne- oder
Vanillepuddingpulver
1 P. Backpulver

*s. Hinweis S. 351

Arbeitsschritte

- Die Soja-Schlagcreme mindestens 2 Stunden kühlen und gut 3 Minuten lang mit einem Rührgerät aufschlagen.
- Zucker, Vanillezucker und Olivenöl in eine Schüssel geben, Lezithin und Essig zufügen und mit dem gut gekühlten Apfelsaft mit einem Handrührgerät zu einer steifen Creme schlagen, in die Soja-Schlagcreme geben und unterheben.
- Mehl, geriebene Mandeln, Puddingpulver und Backpulver in einer zweiten Schüssel verrühren.
- Die Creme über das Mehlgemisch gleiten lassen und vorsichtig unterheben (nicht zulange rühren). Falls der Teig etwas mehr Flüssigkeit braucht, einige EL Apfelsaft zufügen. Er sollte jedoch nicht zu flüssig sein.
- Eine Springform mit Backpapier auslegen und den Teig einfüllen.
- Bei 180 °C ca. 45 Minuten backen.
- Vor dem Durchschneiden gut auskühlen lassen.

Vegan und glutenfrei: Das Mehl durch eine Mischung aus Mais- und Hirsemehl ersetzen.

Schokotortenboden vegan

Zutaten

300 g Soja-Schlagcreme
150 g Zucker
1 P. Bourbon-Vanille
10 EL Olivenöl
1 EL Lezithin flüssig
oder aufgelöstes
Lezithingranulat*
1 EL Apfelessig
1/8 l Apfelsaft, gekühlt
150 g Mehl Type 405 oder
1050
100 g fein geriebene
Mandeln ohne Schale
3 EL Kakao
1 P. Sahne- oder
Vanillepuddingpulver
1 P. Backpulver

*s. Hinweis S. 351

Arbeitsschritte

■ Die Soja-Schlagcreme mindestens 2 Stunden kühlen und gut 3 Minuten lang mit einem Rührgerät aufschlagen.

■ Zucker, Vanillezucker und Olivenöl in eine Schüssel geben, Lezithin und Essig zufügen und mit dem gut gekühlten Apfelsaft mit einem Handrührgerät zu einer steifen Creme schlagen, in die Soja-Schlagcreme geben und unterheben.

■ Mehl, geriebene Mandeln, Kakaopulver, Puddingpulver und Backpulver in einer zweiten Schüssel verrühren.

■ Die Creme über das Mehlgemisch gleiten lassen und vorsichtig unterheben (nicht zulange rühren). Falls der Teig etwas mehr Flüssigkeit braucht, einige EL Apfelsaft zufügen. Er sollte jedoch nicht zu flüssig sein.

■ Eine Springform mit Backpapier auslegen und den Teig einfüllen.

■ Bei 180 °C ca. 45 Minuten backen.

■ Vor dem Durchschneiden gut auskühlen lassen.

Vegan und glutenfrei: Das Mehl durch eine Mischung aus Mais- und Hirsemehl ersetzen.

Grundrezept:

Biskuit glutenfrei

Zutaten

300 g Reismehl
300 ml Mineralwasser
200 g Joghurt
10 EL Olivenöl
1 EL Lezithin flüssig
oder aufgelöstes
Lezithingranulat*
1 EL Obstessig
150 g Zucker oder 200 g
Honig
1 P. Bourbon-Vanille
100 g geriebene Mandeln
2 P. Sahne- oder
Vanillepuddingpulver
1 P. Backpulver

*s. Hinweis S. 351

Arbeitsschritte

- Reismehl mit Mineralwasser übergießen, verrühren und am besten über Nacht kühl stellen und quellen lassen. (Der Einweichvorgang wird abgekürzt, wenn der Reis in das leicht erwärmte Mineralwasser eingerührt wird.)
- Danach Joghurt unterrühren.
- Öl, Lezithin, Essig, Zucker und Vanille schaumig schlagen.
- Mandeln mit Puddingpulver und Backpulver vermischen.
- Alle Zutaten sorgfältig mischen.
- Eine Springform mit Backpapier auslegen und den Teig vorsichtig hineingleiten lassen.
- Bei 180 °C ca. 45 Minuten backen.
- Vor dem Durchschneiden gut auskühlen lassen.

Schokotortenboden glutenfrei

Zutaten

300 g Reismehl
300 ml Mineralwasser
200 g Joghurt
10 EL Olivenöl
1 EL Lezithin flüssig
oder aufgelöstes
Lezithingranulat*
1 EL Obstessig
200 g Agavendicksaft
1 P. Bourbon-Vanille
100 g geriebene Mandeln
2 P. Sahne- oder
Vanillepuddingpulver
5 EL Kakao
1 P. Backpulver
2 Msp. Natron

Arbeitsschritte

- Reismehl mit Mineralwasser übergießen, verrühren und am besten über Nacht kühl stellen und quellen lassen. (Der Einweichvorgang wird abgekürzt, wenn der Reis in das leicht erwärmte Mineralwasser eingerührt wird.)
- Danach Joghurt unterrühren.
- Öl, Lezithin, Essig, Agavendicksaft und Vanille schaumig schlagen.
- Mandeln mit Puddingpulver, Kakao, Backpulver und Natron vermischen.
- Alle Zutaten sorgfältig mischen.
- Eine Springform mit Backpapier auslegen und den Teig vorsichtig hineingleiten lassen.
- Bei 180 °C ca. 45 Minuten backen.
- Vor dem Durchschneiden gut auskühlen lassen.

Grundrezept I:

Tortenboden – besonders bekömmlich und leicht

Zutaten

300 g Reismehl
300 ml Mineralwasser
200 g Joghurt
100 g Butter oder Öl
150 g Zucker
1 P. Bourbon-Vanille
200 g Mehl Type 405 oder 1050
1 P. Sahne- oder Vanillepuddingpulver
1 P. Backpulver

Arbeitsschritte

- Reismehl mit Mineralwasser übergießen, verrühren und am besten **über Nacht** kühl stellen und quellen lassen. (Der Einweichvorgang wird abgekürzt, wenn der Reis in das leicht erwärmte Mineralwasser eingerührt wird.)
- Danach Joghurt unterrühren.
- Butter oder Öl, Zucker und Vanille schaumig schlagen.
- Mehl mit Puddingpulver und Backpulver mischen.
- Alle Zutaten sorgfältig mischen, in eine gefettete Springform geben.
- Mit gelochter Alufolie abdecken (s. Regeln und Tipps).
- Bei 180 °C ca. 45 Minuten backen.

 Glutenfreie Variante: Das Mehl durch Mais- oder Hirsemehl ersetzen.

Tipp: Den Teig auf 2 bis 3 Springformen verteilen und einzeln backen. Damit entfällt das Durchschneiden der Tortenböden.

Grundrezept II:

Tortenboden

Zutaten

150 g Basmatireis
gemahlen oder Reismehl
200 g Mandeln geschält,
fein gerieben
1 P. Puddingpulver Vanille-
oder Sahnegeschmack
150 g Mehl Type 1050
1 P. Backpulver
100 g Margarine
1 EL Lezithin flüssig
oder aufgelöstes
Lezithingranulat*
1 P. Vanillezucker
150 g Fruchtzucker
(gemixt)
Schale ½ Zitrone oder
5 Tropfen Zitronenöl
200 g Sojamilch oder Milch
200 g Joghurt

Arbeitsschritte

- Reismehl mit Mandeln, Puddingpulver, Mehl und Back-pulver vermischen.
- Aus Margarine, Lezithin, Zucker, Vanillezucker und Zitronenschale bzw. Zitronenöl eine lockere Creme herstellen und über das Mehlgemisch gleiten lassen.
- Milch und Joghurt verrühren, darübergießen und einen eher flüssigen Teig herstellen. Bei Bedarf noch Wasser dazugeben und 10 Minuten ruhen lassen.
- Eine Springform mit Backpapier auslegen und den Teig löffelweise in die Form geben.
- Alufolie mit Löchern versehen, locker über die Form legen und an den Rändern etwas festdrücken.
- Bei 180 – 200 °C 45 Minuten backen.

Tipp: Den Teig auf zwei Springformen verteilen und einzeln backen. Damit entfällt das Durchschneiden der Tortenböden.

Schokotortenboden

Zutaten

Tortenboden I oder II

zusätzlich:
100 g Kakao
50 g Zucker
3 EL Sahne oder Sojasahne

Arbeitsschritte

- Sonst gleiche Zubereitung wie Rez. Tortenboden I und II.
- Kakao zum Mehl geben, Zucker und Milch um die genannte Menge erhöhen.

Tipp: Den Teig auf zwei Springformen verteilen und einzeln backen. Damit entfällt das Durchschneiden der Tortenböden.

243

Sachertorte vegan

Zutaten

300 g Soja-Schlagcreme
150 g Mehl Type 405 oder
1050
150 g fein geriebene
Mandeln
1 P. Backpulver
2 EL Zucker
1 P. Bourbon-Vanillezucker
4 EL Olivenöl
1 EL Lezithin flüssig
oder aufgelöstes
Lezithingranulat
1 EL Apfelessig
100 ml Apfelsaft, gekühlt

250 g Aprikosenmarmelade
200 g Bitterschokolade

Arbeitsschritte

- Die Soja-Schlagcreme mindestens 2 Stunden kühlen und gut 3 Minuten lang mit einem Rührgerät aufschlagen, zur Seite stellen.
- Mehl, geriebene Mandeln und Backpulver in einer großen Rührschüssel vermischen, zur Seite stellen.
- Zucker, Vanillezucker und Olivenöl in einen Rührbecher geben, Lezithin und Essig zufügen und mit einem Mixstab verrühren.
- 3 – 4 EL von dem kalten Apfelsaft zufügen und weiterschlagen, bis eine steife Creme entsteht.
- Mit der Soja-Schlagcreme vorsichtig vermengen, über das Mehlgemisch gleiten lassen und das Ganze behutsam verrühren (nicht zulange rühren, es macht nichts, wenn einige Klümpchen bleiben).
- Falls der Teig zu trocken ausfällt, sehr vorsichtig etwas Apfelsaft zufügen. Der Teig sollte auf keinen Fall zu flüssig werden.
- Eine Springform mit Backpapier auslegen und den Teig einfüllen.
- Bei 180 °C ca. 45 Minuten backen.
- Den Kuchen aus der Form nehmen.
- Die Aprikosenmarmelade pürieren, vorsichtig erhitzen und rundum auf dem Kuchen verstreichen.
- Am besten über Nacht trocknen lassen. Wenn weniger Zeit ist, reichen auch einige Stunden, dann aber unbedeckt in den Kühlschrank stellen.
- Die Schokolade im Wasserbad erwärmen und die Torte damit gänzlich überziehen.
- Bevor die Schokolade ganz fest wird (das geht sehr schnell, falls der Kuchen aus dem Kühlschrank kommt!), 12 Tortenstücke kennzeichnen, damit die Torte sich leichter schneiden lässt und die Schokolade später nicht bricht.

Vegan und glutenfrei: Das Mehl durch eine   Mischung aus Mais- und Hirsemehl ersetzen.

Rokokotorte

Zutaten

1 Tortenboden
Grundrezept nach Wahl
(s. S. 239–243)

Füllung:
Rumbuttercreme
(s. Rez. S. 319)
150 g Rosinen
1 Fl. Rumaroma
½ Tasse Zuckerwasser

Arbeitsschritte

- Tortenboden nach Grundrezept backen, auskühlen lassen und in 2 bis 3 Platten schneiden.
- Rosinen heiß überbrühen, abseihen und mit Rumaroma gleichmäßig beträufeln.
- Mit Zuckerwasser, dem etwas Rumaroma zugegeben wurde, die Böden beträufeln.
- Zwei Drittel der Rumbuttercreme mit den 'Rum-Rosinen' verrühren und auf 2 Böden verteilen.
- Dritte Platte darauflegen.
- Rand und Oberfläche mit der zurückbehaltenen Creme überziehen.
- Cremetupfer aufsetzen und etwas rote Marmelade in die Mitte der Tupfer geben.
- Den Rand nach Belieben mit Schokostreuseln oder Mandelplättchen verzieren.

Buttercremetorte

Zutaten

1 Tortenboden
Grundrezept nach Wahl
(s. S. 239–243)

Füllung:
Buttercreme
(s. Rez. S. 317 f.)
Marmelade oder Konfitüre
Johannisbeere, Aprikose
oder Kirsche)
1 Fl. Rumaroma oder
Rosenwasser
ca. 100 g Mandeln,
gehobelt und geröstet

Arbeitsschritte

- Tortenboden in 3 gleich große Platten schneiden.
- Echte oder verlängerte Buttercreme vorbereiten.
- Ca. 5 EL Marmelade mit Rumaroma oder Rosenwasser verrühren und auf dem Boden verteilen.
- Zweite Platte darauflegen, diese mit einem Drittel der Creme bestreichen. Tortenbodendeckel aufsetzen.
- Marmelade erhitzen und den Deckel dünn bestreichen.
- Einige Stunden einziehen lassen.
- Mit der restlichen Buttercreme Oberfläche und Rand großzügig bestreichen.
- Oberfläche nach Belieben verzieren und den Rand mit den Mandeln bestreuen.

Frankfurter Kranz

Zutaten

1 Tortenboden
Grundrezept nach Wahl
(s. S. 239 – 243)

Füllung:
verlängerte Buttercreme
(s. Rez. S. 318)
1 TL Rosenwasser oder
Rumaroma
Dreifruchtkonfitüre

Krokant:
100 g Haselnüsse
1 EL Butter
1 P. Vanillezucker

Arbeitsschritte

- Tortenboden nach Anleitung zubereiten, in eine gefettete Ringform füllen, backen und auskühlen lassen.
- Den Kuchen zweimal horizontal durchschneiden.
- 3 EL Wasser in eine Tasse geben, mit 1 TL Zucker, 1 TL Rosenwasser oder Rumaroma verrühren.
- Die Kuchenplatten damit beträufeln und mit Marmelade bestreichen.
- Buttercreme nach Rezept herstellen, je 1/3 auf die Kuchenplatten verteilen und zusammensetzen.
- Einige TL Buttercreme zum Garnieren aufheben.
- Mit dem letzten Drittel der Creme den Frankfurter Kranz rundherum bestreichen.
- Die Nüsse fein hacken, mit Vanillezucker in Butter unter ständigem Rühren bräunen.
- Nach dem Abkühlen gleichmäßig über den Kranz verteilen.
- Buttercremetupfer aufsetzen und etwas Marmelade in die Mitte der Tupfer geben.

Tipp: Schneller geht's mit gekauftem Krokant und das Ergebnis ist auch gut!

Nougattorte

Zutaten

1 Tortenboden
Grundrezept nach Wahl
(s. S. 239 – 243)

Füllung:
3 EL warmes Wasser
1 Fl. Rumaroma
Nougatcreme (s. Rez. S. 319)
12 Stückchen Nougat zum
Verzieren
Schokolade, geraspelt

Arbeitsschritte

- Tortenboden einmal durchschneiden.
- Wasser und Rumaroma verrühren und den Boden damit besprenkeln.
- 2/3 der Nougatcreme verteilen, Deckel darauflegen.
- Etwas Creme in eine Spritztülle füllen.
- Restliche Creme auf der Oberfläche und dem Rand verteilen und glatt streichen.
- 12 Stücke markieren, Cremetupfer aufbringen und auf jeden Tupfer ein Stück Nougat geben.

Schokoladentorte

Zutaten

Schokotortenboden
(s. Rez. S. 240, 241, 243)
Schokoladencreme
(s. Rez. S. 318)
1 Glas säuerliche
Marmelade

Zum Dekorieren:
12 Schokoröllchen
12 Erdbeerviertel
Schokoladenraspel
aus weißer und
Bitterschokolade

Arbeitsschritte

- Tortenboden nach Rezept backen und nach dem Abkühlen in 2 – 3 gleich große Platten schneiden.
  Oder 2 – 3 Böden backen.
- Schokoladencreme nach Rezept vorbereiten und ⅔ für die Füllung, 1/3 zum Überziehen zur Seite geben.
- Marmelade im Wasserbad erwärmen.
- Auf den untersten Boden etwas Marmelade verstreichen und einen Teil der Creme darauf verteilen.
- Den zweiten Boden drauflegen, Marmelade und Creme daraufstreichen, ebenso den dritten Boden.
- Die Torte mit dem restlichen Drittel der Creme rundum bestreichen.
- Weiße und Bitterschokolade raspeln und gleichmäßig auf dem Rand verteilen
- 12 Stücke markieren. Jeweils ein Erdbeerviertel und ein Schokoröllchen am Rand platzieren.

Tipp: Einige Tafeln Schokolade auf Vorrat zu raspeln. So haben Sie immer ein wenig Schokolade zur Hand, um Süßspeisen, Puddings, Fruchtkaltschalen oder Pfannkuchen im Handumdrehen zu dekorieren.

Rüblitorte mit Sanddornsahne

Zutaten

200 g Mandeln
75 g Weizen
25 g Buchweizen
½ P. Backpulver
200 g zarte Möhren
150 g Honig
Schale und Saft ½ Zitrone
1 Prise Salz
200 g Sahne
1 Msp. Zimt

Füllung:
400 g Schlagsahne
1 P. Vanillezucker
4 EL Sanddornsirup

Verzierung:
1 kleine Möhre geraspelt
oder Marzipanmöhren

Arbeitsschritte

- Am Vortag Mandeln heiß überbrühen, schälen, gut trocknen lassen und fein reiben.
- Weizen und Buchweizen fein mahlen und mit Backpulver vermischen.
- Möhren abschaben oder schälen und sehr fein reiben.
- Alle Zutaten zusammenmischen.
- Sahne mit Zimt steif schlagen und unter die Masse heben.
- Den Teig in eine gefettete Springform geben, glattstreichen und bei 180 °C 30 – 45 Minuten backen.
- Im Backofen abkühlen lassen.

Sanddornsahne:

- Sahne mit Vanillezucker steif schlagen.
- Etwas zurückbehalten für die Verzierung der Torte.
- 3 EL Sanddornsirup zugeben und kurz durchrühren.
- Den Tortenboden einmal durchschneiden.
- 1 EL Sanddornsirup mit 1 EL heißem Wasser verrühren.
- Die Böden damit beträufeln.
- Die Hälfte der Sanddornsahne auf den Boden geben.
- Deckel aufsetzen und die Torte mit der restlichen Sahne bestreichen.
- Mit geraspelter Möhre oder Maripanmöhren verzieren.

Mokkatorte

Zutaten

½ Grundrezept
Tortenboden nach Wahl
(s. S. 239 – 243)

Füllung:
Mokkacreme (s. Rez. S. 319)
1 Fl. Arrakaroma
5 EL Marmelade (Aprikose, Dreifrucht)
Mokkabohnen
Schokolade, geraspelt

Arbeitsschritte

- Tortenboden in 2 bis 3 Platten teilen.
- Marmelade erwärmen, mit dem Arrakaroma verrühren und auf die Tortenböden verteilen.
- Mokkacreme darauf verteilen (etwas zum Verzieren zurückbehalten).
- Zum Schluss Oberfläche und Rand mit Creme bestreichen.
- 12 Stücke markieren, Cremetupfer daraufsetzen.
- Mit Mokkabohnen und Schokolade nach Belieben verzieren.

Philadelphia-Käsetorte

Zutaten

100 g Kekse
40 g Butter

Füllung:
500 g Doppelrahm-
Frischkäse
200 g Rohrohrzucker
½ Bio-Zitrone (Saft und
Schale)
200 g Schlagsahne
1 P. Vanillepudding
1 TL Backpulver

- Kekse fein zerbröseln, kalte Butterstückchen darübergeben und kneten, bis sich die Zutaten verbunden haben.
- Die Masse zu einem glatten Boden in eine Springform drücken.
- Frischkäse, Zucker und Zitrone schaumig rühren.
- Vanillepuddingpulver mit dem Backpulver vermischen und dazugeben.
- Zum Schluss die geschlagene Sahne unterheben.
- Die Masse auf den Boden gleiten lassen und im vorgeheizten Ofen bei 150 °C 75 Minuten backen.
- Erst nach dem völligen Erkalten den Springformrand lösen.

Tiramisu mit gebackenem Tortenboden

Zutaten

½ Grundrezept
Tortenboden nach Wahl
(s. S. 239 – 243)

Füllung:
½ Tasse Espresso oder
starker Kaffee
1 Fl. Rumaroma
500 g Mascarpone (ital.
Frischkäse)
2 P. Vanillezucker
1 EL Honig
1 TL Kakao

Arbeitsschritte

- Auf einem Backblech einen dünnen Tortenboden herstellen und auskühlen lassen.
- Acht gleich große Streifen schneiden.
- Mit Kaffee und Rumaroma beträufeln.
- Aus Mascarpone, Vanillezucker und Honig eine lockere Creme herstellen.
- Auf 4 Kuchenstreifen die Hälfte der Creme verteilen, mit den weiteren 4 Kuchenstreifen belegen, restliche Creme daraufstreichen und mit Kakao bestäuben.
- Vor dem Servieren kühl stellen.
- Ergibt 4 Stück.

Ab hier wird's fruchtig…

Erdbeer-Nougattorte

Zutaten

½ **Rezept Rührkuchen**
(s. Rez. S. 262 oder 264)
500 g Erdbeeren
125 g Nougat
1 TL Zucker
¼ l Schlagsahne

Arbeitsschritte

- Zwei dünne Tortenböden backen und auskühlen lassen.
- Nougat in ein Schälchen geben und in warmem Wasser vorsichtig erwärmen.
- Einen Boden damit bestreichen, den zweiten darauflegen.
- Kurz vor dem Servieren Erdbeeren (nach Belieben eingezuckert) in Reihen auf den Tortenboden legen.
- Die Zwischenräume mit Schlagsahne ausspritzen und den Rand mit Sahnetupfern verzieren.

Schlemmen Sie sich gesund mit der Königin der Beerenfrüchte! Ihr hoher Vitamin-C-Gehalt, die Erdbeer-Farbstoffe Kämpferol und Quercetin sind effektive Radikalfänger. Herz und Kreislauf werden geschützt, weil die wertvolle Folsäure den Abbau von Stoffwechselprodukten fördert, die ansonsten die Zellen angreifen. Um all die Vorteile der 'Fitness-Queen' zu nutzen, kaufen sie möglichst ausgereifte, erntefrische Bio-Qualität.

Sahnetorte

Zutaten

1 Tortenboden
Grundrezept nach Wahl
(s. S. 239 – 243)

5 EL Marmelade

Füllung:
½ l Sahne
300 g gemischte Früchte
wie Bananen, Mandarin-
Orangen, Pfirsiche,
Aprikosen, Ananas aus dem
Glas
Obst und Schokolade nach
Wahl zum Dekorieren

Arbeitsschritte

- Tortenboden nach Rezept backen, auskühlen lassen und in 2 Platten schneiden. Oder 2 Böden backen.
- Marmelade mit 1 EL heißem Wasser glattrühren und auf dem untersten Boden verstreichen.
- Sahne steif schlagen.
- Untersten Boden dünn mit Sahne bestreichen.
- Zerkleinerte Früchte auflegen und mit Sahne bedecken.
- Zweiten Boden darauflegen.
- Rand und Oberfläche mit restlicher Sahne überziehen und mit Obst und Schokolade verzieren.

Erdbeer-Sahnetorte

Zutaten

1 Tortenboden Grund-
rezept nach Wahl
(s. S. 239 – 243)

Füllung:
1 kg Erdbeeren
180 g Fruchtzucker
3 gestr. TL Agar-Agar*
2 EL Erdbeermarmelade
1 Fl. Rumaroma nach
Geschmack
600 g Sahne
2 P. Sahnesteif
Melisseblättchen
Erdbeeren und
Schokoraspel
zum Verzieren

Arbeitsschritte

- Tortenboden nach Grundrezept herstellen.
- Nach dem Auskühlen den Boden einmal durchschneiden
- Erdbeeren waschen, ca 10 große Erdbeeren mit dem Stielansatz zum Verzieren zur Seite legen.
- Die restlichen Erdbeeren mit einer Gabel zerdrücken und zuckern.
- Das Fruchtpüree zum Kochen bringen.
- Agar-Agar mit Wasser anrühren, in das kochende Erdbeerpüree einrühren, 2 Minuten kochen lassen.
- Den Topf zum Abkühlen in ein kaltes Wasserbad stellen.
- Inzwischen die Marmelade mit Rumaroma verrühren und den Tortenboden damit bestreichen.
- Sahne mit Sahnesteif aufschlagen, etwa 1/3 zum Verzieren zur Seite stellen.
- Die Schlagsahne unter die abgekühlte Erdbeermasse heben.
- Den Tortenboden in die Springform legen, die Creme auf dem Boden verteilen und glatt streichen, die zweite Platte darauflegen.
- Mit der zurückbehaltenen Schlagsahne die Torte gleichmäßig überziehen.
- Einige zurückbehaltene Erdbeeren vierteln und auf der Mitte der Torte aufschichten und am Rand die Schokoladenraspel verteilen.
- Die restlichen Erdbeeren in dicke Scheiben schneiden und am Rand in regelmäßigen Abständen in die Sahne drücken.
- Die Torte vor dem Servieren kalt stellen.

*Agar- Agar = pflanzliches Geliermittel aus Rotalgen

Hier eine wundervolle Torte, die sofort gegessen werden muss, da sie sonst bitter wird. Das Enzym der frischen Ananas zersetzt in kürzester Zeit das Milcheiweiß und macht die Torte ungenießbar!

Angenehm leicht, schnell gemacht und hervorragend im Geschmack!

Ananas-Kokos-Torte

Zutaten

½ Grundrezept
Tortenboden nach Wahl
(s. S. 239 – 243)

Belag:
5 EL Kokosraspel
300 g Sahne
1 P. Sahnesteif
4 EL Magerquark
4 EL Crème fraîche
1 – 2 EL Honig oder
Ahornsirup
1 P. Vanillezucker
1 große Ananas*
2 EL Preiselbeermarmelade

* s. Tipp

Arbeitsschritte

- Tortenboden nach Rezept backen, abkühlen lassen.
- Inzwischen Kokosraspel leicht anrösten, zur Seite stellen.
- Sahne mit Sahnesteif aufschlagen.
- Crème fraîche und Quark mit Honig und Vanillezucker verrühren und 2/3 der Kokosraspel unterziehen.
- Die Creme 30 Minuten in den Kühlschrank stellen.
- Ananas schälen, in Ringe und dann in Stücke schneiden und bis auf 12 Stücke auf dem Boden verteilen.
- Preiselbeermarmelade tupfenweise dazwischen verteilen.
- Die Creme darüberstreichen und mit den zurückbehaltenen Kokosraspeln bestreuen.
- Sahnetupfer aufsetzen und mit den zurückbehaltenen Ananasstücken verzieren.

Tipp: Falls Sie die Torte nicht sofort verbrauchen, eingelegte statt frischer Ananas verwenden.

Pfirsichtorte mit Guss

Zutaten

½ Tortenboden
Grundrezept nach Wahl
(s. S. 239 – 243)
500 – 600 g Pfirsiche

Tortenguss :
½ l Apfelsaft
1 geh. TL Agar-Agar*

*Agar- Agar = pflanzliches
Geliermittel aus Rotalgen

Arbeitsschritte

- Tortenboden backen und auskühlen lassen.
- Pfirsiche heiß überbrühen, Pfirsichhaut abziehen.
- Halbieren und entsteinen.
- Den Tortenboden damit belegen (Schnittflächen nach unten).
- Mit Tortenguss überziehen.
- Nach Belieben mit Schlagsahne verzieren.

Tipp: Eingelegte Pfirsiche anstelle von frischen Pfirsichen verwenden.

Obsttorte

Zutaten

½ Tortenboden
Grundrezept nach Wahl
(s. S. 239 – 243)

Füllung:
verlängerte Buttercreme
(s. Rez. S. 318)

Belag:
2 EL Marmelade
Obst nach Jahreszeit oder
eingemachtes Obst

Tortenguss:
½ l Apfelsaft
1 geh. TL Agar-Agar*
Mandelblättchen zum
Verzieren

Arbeitsschritte

- Tortenboden nach Rezept backen und auskühlen lassen.
- Apfelsaft zum Kochen bringen.
- Agar-Agar mit 3 EL lauwarmem Wasser verrühren, in den heißen Apfelsaft einrühren, 1 Minute kochen lassen. Zum Auskühlen zur Seite stellen.
- Um den Tortenboden jeweils einen Tortenring legen.
- Buttercreme zum Rand hin gleichmäßig verteilen.
- Obst darauflegen und mit Tortenguss überziehen.
- Nach dem Erkalten den Ring lösen, den Rand mit Marmelade bestreichen und mit Mandelblättchen verzieren.

Variante:

- Statt Buttercreme ½ l Pudding verwenden und heiß auf den Boden geben.

Schwarzwälder Kirschtorte

Zutaten

Schokotortenboden
(s. Rez. S. 240, 241, 243)

Füllung:
3 EL Kirschmarmelade
2 EL heißes Wasser
1 Fl. Rumaroma
700 g eingelegte
Sauerkirschen, entsteint
30 g Speisestärke*
60 g Zucker oder 40 g
Honig
600 g Sahne
2 P. Sahnesteif
1 P. Vanillezucker
geraspelte Schokolade zum
Bestreuen

*Speisestärke = Kartoffel-
oder Maisstärke. Sie
eignet sich zum Andicken
von Speisen allgemein,
besonders geeignet für
glutenfreie Gerichte und
Backwaren.

Arbeitsschritte

- Tortenboden am besten am Vortag backen.
- In 3 gleich große Teile schneiden oder in 3 Etappen backen.
- Marmelade mit dem heißen Wasser und Rumaroma verrühren und die Böden damit gleichmäßig beträufeln.
- Sauerkirschen abseihen, den Saft auffangen.
- 12 Kirschen zurückbehalten, den Rest auf dem Tortenboden verteilen.
- Tortenring für Obstkuchen um den Boden legen.
- Den zurückbehaltenen Saft mit Wasser auf ¼ l ergänzen und erhitzen.
- Speisestärke mit etwas Saft anrühren, kurz aufkochen, Zucker oder Honig zugeben, verrühren.
- Etwas abkühlen lassen und auf den Kirschen verteilen.
- Zweite Lage darauflegen.
- Sahne mit Sahnesteif und Vanillezucker steif schlagen.
- 3 EL Schlagsahne zum Verzieren zurückbehalten. Die Hälfte der Schlagsahne auf der zweiten Platte verteilen.
- Deckel daraufgeben, den Rest der Schlagsahne darauf verteilen, den Tortenrand ebenso mit Sahne bestreichen.
- Die Torte rundherum mit geraspelter Schokolade bestreuen.
- 12 gleichmäßige Tortenstücke markieren, oben am Rand je einen Sahnetupfer aufbringen und mit je einer Kirsche garnieren.
- Bis zum Verzehr kühl stellen.

Sie möchten eine wohlschmeckende Torte servieren und sie schon zwei Tage vor dem Fest backen? Diese 'Früchtekugel' erfüllt Ihre Wünsche.

Früchtekugel

Zutaten

½ Grundrezept
Tortenboden nach Wahl
(s. S. 239 – 243)
2 Tassen Wasser
100 g Rosinen
1 Fl. Rumaroma
1 Tasse Obst, klein
geschnitten (Aprikosen,
Kirschen, Pfirsiche)
1 Banane, in Würfel
geschnitten
3 EL Aprikosenkonfitüre
200 g Sahne
200 g Bitterschokolade

Arbeitsschritte

- Teig für Tortenboden nach Rezept vorbereiten.
- Eine Springform mit Backpapier auslegen und den Teig hineingleiten lassen.
- Bei 180 °C ca. 40 Minuten backen, auskühlen lassen.
- Einen Deckel abschneiden, in Stücke brechen, in eine Schüssel geben und zur Seite stellen.
- Während der Backzeit Rosinen in Wasser erhitzen, abkühlen lassen, mit dem Aroma beträufeln und ca. 1 Stunde ziehen lassen.
- Den Kuchenboden mit Marmelade bestreichen.
- Obst und Rosinen zu den Kuchenbrocken geben, locker durchmischen. Sahne steif schlagen und unterheben (nicht zu lange rühren).
- Die Masse auf dem Kuchenboden zu einer halbrunden Kugel formen.
- Aprikosenkonfitüre im Wasserbad erhitzen, die Torte damit bestreichen und am besten über Nacht trocknen lassen.
- Die Schokolade im Wasserbad schmelzen und die Torte damit überziehen.

Rumspitzen

Zutaten zusätzlich

runde Plätzchen,
ca. 5 cm Durchmesser

Arbeitsschritte

- Die oben beschriebene Masse auf kleinen, runden Plätzchen (ca. 5 cm Durchmesser) zu Kegeln formen, ebenso mit Konfitüre bestreichen und mit Schokoladenguss überziehen.

Wiener Bananenschnitten

Zutaten

für ein großes Blech
1 Tortenboden
Grundrezept nach Wahl
(s. S. 239 – 243)

Füllung:
200 g Aprikosenmarmelade
6 – 8 große Bananen
1 l Milch
2 P. Vanillepudding

Guss:
Schokoladenguss aus 200 g
Bitterschokolade (s. Rez.
Schokoladentorte S. 247)

Arbeitsschritte

- Tortenboden nach Grundrezept herstellen, auf ein gefettetes Blech geben und bei 180 °C 20 – 25 Minuten backen.
- Aprikosenmarmelade in Schälchen füllen und im Wasserbad erwärmen.
- Den ausgekühlten Kuchen damit bestreichen.
- Reife Bananen in ca. 1 cm dicke Scheiben schneiden und den Tortenboden damit dicht belegen.
- Aus Milch und Puddingpulver ungesüßten Pudding kochen.
- Den heißen Vanillepudding über dem Kuchen verteilen.
- Nach dem Abkühlen mit Schokoladenguss überziehen.
- Noch bevor die Schokolade ganz fest geworden ist, in Vierecke schneiden.
- Ergibt ca. 20 Stück.

Himbeertorte ungebacken

Zutaten

½ l Sahne
450 g Himbeermarmelade
200 ml heißes Wasser
1 Paket Zwieback (ohne Ei)
600 g Himbeeren, gefroren
2 EL Mandelblättchen
oder Schokoraspel zum
Verzieren

Arbeitsschritte

- Sahne steif schlagen und zur Seite stellen.
- Himbeermarmelade mit dem heißen Wasser verrühren.
- In eine rechteckige Auflaufform die Hälfte der angerührten Marmelade geben.
- Bodenbedeckend und dicht den Zwieback auf die Flüssigkeit schichten.
- Die gefrorenen Himbeeren darübergeben, mit der restlichen Marmelade beträufeln.
- Die Schlagsahne auf den Himbeeren verstreichen.
- Mit gerösteten Mandelblättchen bestreuen.

Tipp: Am besten einen Tag vor Verzehr zubereiten, damit die Himbeeren auftauen und sich der Zwieback gut voll saugen kann. So wird er zum flockigen Biskuit!

Schokoladentorte ungebacken

Zutaten

200 g Bitterschokolade
1 ¼ l Milch, Soja- oder Reismilch
2 P. Schokoladenpudding
3 – 4 EL Zucker
1 Paket Zwieback (ohne Ei)
½ l Sahne

Arbeitsschritte

- Die Schokolade raspeln, zur Seite stellen.
- Aus Milch, Puddingpulver und Zucker einen flüssigen Pudding herstellen.
- Noch heiß ein Drittel des Puddings in eine rechteckige Auflaufform gießen.
- Den Zwieback dicht an dicht auf den Pudding schichten.
- Das zweite Drittel Pudding darüber verteilen.
- Die Hälfte der Schokoladenraspel auf den noch warmen Pudding verteilen, schmelzen lassen.
- Sofort eine weitere Schicht Zwieback in die Form schichten, restlichen Pudding darüber verteilen und kalt stellen.
- Inzwischen die Sahne aufschlagen.
- Auf die erkaltete Pudding-Schokoladenschicht verteilen und mit den restlichen Schokoraspeln verzieren.

Tipp: Mindestens einige Stunden, besser am Tag zuvor zubereiten, damit sich der Zwieback vollsaugen kann. So wird er zum flockigen Biskuit!

Tiramisu

Zutaten

¼ l Espresso oder Getreidekaffee
1 Fl. Rumaroma
1 Paket Zwieback (ohne Ei)
500 g Mascarpone (ital. Frischkäse)
200 g Schlagsahne
2 P. Vanillezucker
1 EL Honig
1 TL Kakao

Arbeitsschritte

- Den Kaffee mit Rumaroma vermischen.
- Die Hälfte des Kaffees noch heiß in eine rechteckige Auflaufform gießen.
- Bodenbedeckend und dicht den Zwieback auf die Flüssigkeit schichten.
- Den restlichen Kaffee darüberträufeln, kalt stellen.
- Mascarpone mit Vanillezucker und Honig verrühren.
- Sahne aufschlagen und mit der Creme vermengen.
- Die Creme auf dem Zwieback verteilen und mit Kakao bestäuben.
- Vor dem Servieren kühl stellen.

Tipp: Vegan wird das Tiramisu mit 600 g Soja-Schlagcreme (z. B. SoyaToo) gemacht. Siehe auch die Variante mit gebackenem Tortenboden S. 249.

Himbeertraum

Zutaten

2 EL Mandelblättchen
200 g Semmelbrösel
50 g Butter
2 EL Vollrohrzucker
½ TL Zimt
450 g Himbeermarmelade
800 g Himbeeren, gefroren
½ l Schlagsahne
2 P. Sahnesteif

Tipp: Dieses Dessert muss vor dem Servieren einige Stunden bei Raumtemperatur stehen, damit die Himbeeren auftauen können.

Arbeitsschritte

- Mandelblättchen in etwas Butter goldgelb rösten, abkühlen lassen und zur Seite stellen.
- Semmelbrösel in der restlichen Butter hell rösten, Zucker und Zimt darunter mischen, abkühlen lassen.
- Entweder in eine Auflaufform oder portionsweise in Stielgläser eine Schicht Brösel geben.
- 225 g Marmelade darauf verteilen, 400 g Himbeeren darüber geben.
- Sahne mit Sahnesteif steif schlagen.
- Die Hälfte der Schlagsahne auf den Himbeeren verstreichen. Restliche Brösel darüber schichten. Wieder mit Marmelade bestreichen, die restlichen Himbeeren darüber verteilen und zum Schluss mit der Sahne bedecken.
- Mit den gerösteten Mandelblättchen bestreuen.

Variante glutenfrei:

- 4-Korn-Brösel glutenfrei von Werz verwenden.

Kuchen

Ob traditionell oder raffiniert und trotzdem einfach. Ob mit erfrischendem Obst oder Schokoguss, festlich verziert für besondere Anlässe oder einfach zwischendurch: Hier gibt es jede Menge Kuchen für gemütliche Stunden!

Kuchen aus Rührteig

Vollwertig und natürlich gesüßt, haben auch gesundheitsbewusste Genießer keine Probleme mehr mit der süßen Seite des Lebens.

Trockenfrüchte wie Datteln, Rosinen, Aprikosen, Ingwer, Orangeat und Zitronat sowie die breite Palette von Nüssen, Samen und Kernen lassen dem individuellen Geschmack grenzenlose Möglichkeiten des Variierens. Interessante, hilfreiche Tipps und Tricks stehen auf S. 238.

Und am Ende des Kapitels, ab S. 271, finden Sie mehrere Rezepte für vegane Rührkuchen. Bitte hier immer die entsprechenden Zutaten wählen.

Grundrezept:

Vollreiskuchen

Zutaten

400 g Vollreis
100 g Mehl Type 405
1 P. Backpulver
150 g Agavendicksaft
250 g Margarine
½ Bio-Zitrone (abger. Schale)
1 P. Vanillezucker
ca. 600 ml Sojamilch oder Milch
200 g Joghurt oder Sojajoghurt

Arbeitsschritte

- Reis fein mahlen, mit Mehl und Backpulver vermischen.
- Agavendicksaft mit Margarine und Geschmackszutaten schaumig rühren.
- Die Masse zum Mehlgemisch geben.
- Milch und Joghurt verrühren, bis auf einen kleinen Rest nach und nach über das Mehlgemisch gießen.
- Vorsichtig und in eine Richtung unterrühren. Der Teig sollte etwas dickflüssig sein.
- 10 Minuten quellen lassen. Bei Bedarf restliche Flüssigkeit zugeben.
- Den Teig auf das gefettete Backblech bzw. in Springformen geben und bei 175 °C 50 – 60 Minuten backen (Backzeit bei Blechkuchen 20 – 30 Minuten).

 Variante glutenfrei:
- Das Mehl durch Braunhirse oder Maismehl ersetzen.

Reiskuchen mit Obst

Zutaten

Reiskuchen
(s. Grundrezept)
1 – 1,5 kg Früchte zum
Belegen (je nach Sorte)

Arbeitsschritte

- Reiskuchen nach Rezept herstellen.
- Backblech oder 2 Springformen fetten, den Teig mit Obst wie Äpfel, Birnen, Aprikosen oder Kirschen belegen.
- Bei 175 °C 30 – 45 Minuten backen.

Er hat alle Vorzüge, die man sich denken kann: Er schmeckt auch noch nach Tagen gut, ist saftig, locker und obendrein gesund.

Reiskuchen mit Obst und Sahneguss

Zutaten

Reiskuchen
(s. Grundrezept)
1 – 1,5 kg Birnen, Aprikosen
oder Äpfel

Sahneguss:
400 g Crème fraîche
400 g saure Sahne
1 TL Delifrut*
1 Fl. Zitronenöl
100 g Vollrohrzucker oder
Honig

*Delifrut = Gewürzmi-
schung für Süßspeisen

Arbeitsschritte

- Reiskuchen nach dem Grundrezept zubereiten und auf ein gefettetes Backblech mit hohem Rand geben.
- Obst (frisches oder gut abgetropftes aus dem Glas) auf dem Teig verteilen (die Menge muss man von der Sorte abhängig machen).
- Aus den übrigen Zutaten den Sahneguss herstellen und darübergießen.
- Bei ca. 180 °C 60 – 80 Minuten backen.

Grundrezept:

Obstboden für ein Blech oder zwei Springformen

Zutaten

250 g Dinkel
100 g Haferflocken
150 g Mehl Type 1050
1 P. Backpulver
200 g Margarine
1 EL Lezithin flüssig oder
Lezithingranulat*
150 g Fruchtzucker
1 P. Vanillezucker
1 Bio-Zitrone
1 Becher Joghurt
³/₈ l Apfelsaft

*Lezithin (s. Hinweis S. 351)

Arbeitsschritte

- Den Dinkel mit den Haferflocken mischen, fein mahlen und in eine Rührschüssel geben.
- Mehl und Backpulver zufügen und alles vermischen.
- Margarine mit Lezithin, Zucker, Vanillezucker, Schale und Saft einer halben Zitrone schaumig schlagen.
- Den Joghurt mit dem Apfelsaft verquirlen und über das Mehl-Backpulver-Gemisch geben.
- Die Margarinecreme darauf gleiten lassen und sämtliche Zutaten vorsichtig zu einem Teig verrühren.
- 10 Minuten ruhen lassen.
- Das Blech oder die Form einfetten, mit Bröseln bestreuen und den Teig locker auf das Blech oder in die Form geben.
- Bei 175 °C 50–60 Minuten backen.

Gedeckter Obstkuchen

Zutaten

Obstboden für ein Blech
(s. oben)
500 g Sauerkirschen,
Zwetschgen, Äpfel, Birnen
oder Aprikosen

Arbeitsschritte

- Die Hälfte des Teiges auf ein Kuchenblech streichen.
- Sauerkirschen oder Obst nach Wahl daraufgeben, den restlichen Teig darüber verteilen.
- Bei 175 °C 50–60 Minuten backen.

Apfelkuchen vegan glutenfrei

Zutaten

75 g Buchweizen
75 g Hirse
50 g Reismehl
50 g Kartoffelstärke
1 TL Backpulver
200 g Margarine
125 g Fruchtzucker
½ Bio-Zitrone (Saft und Schale)
200 g Sojamilch
1 kg Äpfel
Rosinen
Zimt

Arbeitsschritte

- Buchweizen, Hirse und Reis fein mahlen, mit Backpulver und Kartoffelstärke vermischen.
- Margarine, Zucker und Zitronenschale schaumig schlagen und über das Mehlgemisch geben.
- Zitronensaft zur Sojamilch geben und ebenfalls über das Mehl gießen.
- Vorsichtig in einer Richtung unterrühren.
- Eine Springform fetten.
- Den Teig in die Form geben.
- Äpfel nach Belieben schälen, vierteln und auf dem Teig mit einigen Rosinen dazwischen verteilen.
- Mit Zimt bestäuben und bei 180 °C ca. 50 Minuten backen.

Er ist schnell gemacht, denn für diesen Kuchen braucht man nicht einmal einen Teig herzustellen. Trotzdem ist das Ergebnis hervorragend!

Apfel-Grießkuchen

Zutaten

300 g Vollkorngrieß
300 g Zucker
300 g Mehl
1 P. Backpulver
2 kg Äpfel
1 gestr. TL Zimt
2 Msp. Nelkenpulver
200 g Sahne
250 g Butter

Arbeitsschritte

- Grieß, Zucker, Mehl und Backpulver vermengen.
- Äpfel entkernen, grob raspeln.
- Mit Zimt und Nelkenpulver abschmecken.
- Backblech mit Backpapier auslegen.
- Ein Drittel der Grieß-Mehlmischung auf dem Blech verteilen. Die Hälfte der Äpfel darauf verteilen.
- Ein Drittel der Mischung auf die Äpfel geben.
- Sahne darübergießen. Restliche Äpfel darübergeben.
- Das letzte Drittel der Mischung darauf verteilen.
- Die Hälfte der geschmolzenen Butter dünn über den Kuchen träufeln. Bei 180 °C 30 Minuten backen.
- Restliche Butter darüber verteilen. Bei 180 °C weitere 30 Minuten backen.

Einfacher Käsekuchen

Zutaten

1 kg Magerquark
(Schichtkäse)
½ l Milch
1 P. Vanillepudding
250 g Mehl
1 geh. TL Backpulver
150 g Margarine
50 g Zucker
100 ml Milch
200 g Zucker
4 EL Maisstärke
1 P. Vanillezucker
1 Bio-Zitrone
2 Msp. Backpulver
200 g Sahne

Arbeitsschritte

- Quark über Nacht oder mindestens einige Stunden abtropfen lassen.
- Vanillepudding kochen und abkühlen lassen, am besten auch über Nacht.
- Für den Teig Mehl mit Backpulver mischen.
- Margarine und Zucker schaumig schlagen, mit der Milch zum Mehl geben und vorsichtig untermischen.
- Eine Springform fetten, den Teig hineingeben und bei 180 °C 15 – 20 Minuten backen.
- Den abgetropften Quark mit Zucker, Maisstärke, Vanillezucker, Saft und Schale der Zitrone, Backpulver und Vanillepudding cremig rühren.
- Sahne steif schlagen und unter die Quarkmasse heben.
- Die Füllung auf dem Boden verstreichen und bei 175 °C ca. 60 Minuten backen.
- Im Backofen abkühlen lassen.

Tipp: Auf dem Boden nach dem Backen eingelegte Kirschen, Pfirsiche, Birnen, Aprikosen oder Mandarinen verteilen. Die Quarkcreme darüber verteilen und verstreichen.

Wenn mal nicht viel Zeit fürs Backen übrig ist, ist das der Richtige für Sie:

Schneller Quarkkuchen

Zutaten

300 g Mehl
1 TL Backpulver
100 g Ur-Süße
125 g Butter

Füllung:
750 g Schichtkäse
100 g Zucker
1 Bio-Zitrone (Schale und Saft)
1 P. Backpulver
1 TL Agar-Agar

Arbeitsschritte

- Mehl, Backpulver, Zucker und Butter abbröseln (schnell zwischen den Fingern zu Streuseln verarbeiten).
- Etwas mehr als die Hälfte in eine gefettete Springform geben und ca. 10 Minuten bei 200 °C backen.
- Schichtkäse, Zucker, Zitronenschale und -saft, Backpulver und Agar-Agar in eine Rührschüssel geben, zu einer Creme rühren und auf dem vorgebackenen Boden verteilen.
- Den Rest der Streusel darübergeben und bei 175 °C 60 – 90 Minuten fertig backen.

Quark-Schokokuchen

Zutaten

Rezept Schneller Quark-
kuchen (s. Rez. S. 266)
zusätzlich für den Teig:
3 EL Kakao
2 EL Sahne
1 EL Zucker

Arbeitsschritte

- Füllung wie beim Schnellen Quarkkuchen vorbereiten.
- Den Teig mit den zusätzlichen Zutaten herstellen.

Haselnusstorte

Zutaten

250 g Weizen
1 P. Backpulver
250 g Haselnüsse, gerieben
2 TL Kakao
120 g Margarine
180 g Zucker
1 P. Vanillezucker
1 Bio-Zitrone (abgeriebene
Schale)
¼ l Milch

Füllung:
100 g Schokolade
100 g Butter
80 g Puderzucker
1 TL Rumaroma nach
Geschmack
Marmelade zum
Bestreichen
12 Haselnüsse zum
Verzieren

Arbeitsschritte

- Weizen fein mahlen, in eine große Rührschüssel geben.
- Backpulver, Haselnüsse und Kakao zufügen und vermischen.
- In einer zweiten Schüssel mit einem Handrührgerät die weiche Margarine mit Zucker, Vanillezucker, Zitronenschale schaumig rühren, über das Mehlgemisch geben und mit Milch vorsichtig verrühren.
- In einer gefetteten Springform bei 175 – 200 °C ca. 50 Minuten backen, abkühlen lassen.
- Inzwischen für die Füllung die Schokolade im Wasserbad erwärmen.
- Die kalte Butter in eine Schüssel geben, die erwärmte Schokolade, Puderzucker und evtl. Rumaroma zufügen und mit dem Handrührgerät zu einer schaumigen Creme schlagen.
- Den abgekühlten Kuchen durchschneiden.
- Mit Marmelade dünn bestreichen, die Schokocreme darüber verteilen und den Deckel darauflegen.
- Mit Puderzucker bestäuben oder mit Schokoladenguss (s. Rez. S. 317 oder Rez. Sachertorte S. 244) überziehen. 12 Stücke markieren und auf jedem Stück oben am Rand eine Haselnuss aufsetzen.

Mandeltorte

Zutaten

250 g Mandeln, gerieben
restliche Zutaten siehe
Haselnusstorte

Arbeitsschritte

- Herstellung wie Haselnusstorte, jedoch anstelle der Haselnüsse Mandeln verwenden.

Marmorkuchen

Zutaten

300 g Reis
200 g Mandeln
100 g Mehl Type 405
1 P. Backpulver
250 g Margarine
250 g Fruchtzucker
1 P. Vanillezucker
½ Bio-Zitrone (abgeriebene Schale)
200 g Sojamilch
2 EL Joghurt
150 g Kakao
1 TL Rumaroma
Puderzucker oder Schokoladenguss

Arbeitsschritte

- Reis fein mahlen. Mandeln fein reiben und mit Mehl und Backpulver in einer großen Rührschüssel vermischen.
- In einer zweiten Schüssel die weiche Margarine, den Zucker, Vanillezucker und die Zitronenschale schaumig schlagen und über das Mehlgemisch geben.
- Sojamilch und Joghurt mischen und bis auf einen kleinen Rest darübergießen.
- Alles vorsichtig vermengen und 1/3 zurück in die Schüssel geben.
- In der restlichen Milch den Kakao anrühren und Rum-aroma dazugeben. In die große Rührschüssel zum Teig geben und sorgfältig vermengen.
- In eine stark gefettete Napfkuchenform abwechselnd den hellen und den dunklen Teig geben. Zum Marmorieren den Teig mit einem Kochlöffel spiralförmig durchmischen, damit das typische Marmormuster entsteht.
- In Alu-Folie kleine Löcher stechen, locker über die Form geben, den Rand gut andrücken.
- Bei 180 – 200 °C 55 – 70 Minuten backen.
- Nach dem Erkalten mit Puderzucker bestäuben oder mit Schokoladenguss (s. Rez. S. 317 oder Rez. Sachertorte S. 244) überziehen.

Englischer Kuchen

Zutaten

Teig für Obstboden
(s. Rez. S. 264)

zusätzlich:
200 g Mandeln
ca. ¼ l Wasser und einige
Tropfen Bittermandelöl
1 TL Rumaroma
70 g Orangeat
50 g Zitronat oder
100 g getrocknete Apri-
kosen
100 g Korinthen
150 g Rosinen

Arbeitsschritte

- Mandeln zerkleinern und in etwas Fett in einer Pfanne anrösten, abkühlen lassen.
- Mit Orangeat, Zitronat, Rosinen, Korinthen und 2 EL Mehl gut vermischen.
- Kuchenteig nach Rezept, mit der erhöhten Wassermenge und den zusätzlichen Geschmackszutaten herstellen.
- Der Teig muss dickflüssig sein.
- Die bemehlten Zutaten unterheben.
- Die Formen ausfetten und den Teig hineingeben.
- Mit durchlöcherter Alu-Folie locker abdecken und bei 175 °C zunächst 60 Minuten, dann 30 Minuten ohne Folie backen.
- Ergibt 2 Kastenformen.

Bananenkuchen

Zutaten

250 g Weizenvollkornmehl
250 g Weizenmehl Type
1050
1 P. Backpulver
1 TL Natron
2 Tassen Walnüsse, gehackt
100 g kandierter Ingwer
5 große reife Bananen
250 g Margarine
4 geh. EL Vollrohrzucker
1 Becher Joghurt
Schokoladenguss
(s. Rez. S. 317)

*Diese Kuchen
schmecken frisch
besonders gut,
eignen sich aber
auch für eine
längere Lagerzeit.*

Arbeitsschritte

- Beide Mehlsorten mit Backpulver, Natron, Walnüssen und Ingwer vermischen.
- Bananen in Stücke schneiden, mit Zucker und weicher Margarine mixen oder schaumig schlagen.
- Die Creme über das Mehl gleiten lassen.
- Joghurt zufügen und alle Zutaten sorgfältig zu einem dickflüssigen Teig vermengen.
- Falls der Teig zu trocken ist, noch etwas Sahne oder Soja-milch dazugeben.
- Eine Napfkuchen- oder große Kastenform einfetten und mit Bröseln bestreuen.
- Den Teig löffelweise in die Form geben.
- Bei ca. 175 °C 70 – 80 Minuten backen.
- Nach dem Erkalten mit Schokoladenglasur überziehen.

Tipp: Der Bananenkuchen ist auch glutenfrei sehr leicht herzustellen. Dafür bitte das Weizenmehl durch ein Mehlgemisch aus Reis, Braunhirse, Puddingpulver und Maismehl ersetzen.

Hirsekuchen

Zutaten

200 g Goldhirse (Reform-
haus)
300 ml Wasser
100 g Datteln
100 g Rosinen
100 g Mehl
1 P. Backpulver
1 P. Vanillezucker
2 kleine Äpfel
70 g Mandeln, gerieben

Arbeitsschritte

- Hirse einige Male waschen und abseihen.
- Das Wasser zum Kochen bringen, die Hirse zufügen, einmal aufwallen lassen.
- Trockenfrüchte zufügen, die Herdplatte abschalten.
- Die Hirse 10 Minuten ausquellen lassen.
- Mehl mit Backpulver und Vanillezucker vermischen.
- Äpfel grob raffeln und mit den Mandeln zur Hirse geben.
- Sorgfältig vermengen.
- Den Teig in eine gefettete Springform geben und bei 180 – 200 °C 60 Minuten backen.

Tipp: Für die glutenfreie Variante das Mehl durch 50 – 100 g Braunhirse ersetzen.

Dattelkuchen glutenfrei, zuckerfrei

Zutaten

150 g Reis
200 g Mandeln, gerieben
100 g Speisestärke*
2 gestr. TL Backpulver
200 g Datteln
4 EL Sojamilch
2 EL Joghurt
300 g Sahne
1 P. Vanillezucker
Rumglasur (s. Rez. S. 316)
Datteln und Mandeln zum
Dekorieren

*Speisestärke = Kartof-
fel- oder Maisstärke. Sie
eignet sich zum Andicken
von Speisen allgemein,
besonders geeignet für
glutenfreie Gerichte und
Backwaren.

Arbeitsschritte

- Reis fein mahlen, mit Mandeln, Stärke und Backpulver vermischen.
- Datteln klein schneiden, mit Sojamilch und Joghurt zum Mehlgemisch geben und verrühren.
- Sahne mit Vanillezucker steif schlagen und unter die Masse heben.
- In eine gefettete Springform geben und bei 175 – 180 °C 30 – 40 Minuten backen.
- Nach dem Erkalten stürzen.
- Mit Rumglasur überziehen und beliebig mit Mandeln und Datteln garnieren.

Die folgenden Rezepte sind rein vegan. Das Grundrezept kann als Tortenboden, Rührkuchen oder Obstkuchen verwendet werden und mit Trockenfrüchten oder Nüssen abgeändert werden.

Grundrezept:

Rührkuchen vegan

Zutaten

250 g Weizen oder Dinkel
100 g Mandeln, geschält
3 geh. EL Stärkemehl
3 geh. EL Sojamehl
2 Msp. Natron
1 P. Backpulver
100 g Vollrohrzucker
10 EL Öl
1 EL Lezithin flüssig oder
Lezithingranulat*
½ TL Bourbonvanille
1 Bio-Zitrone (Saft und
Schale)
400 ml Apfelsaft, gekühlt

*Lezithin (s. Hinweis S. 351)

Arbeitsschritte

- Weizen und Mandeln fein mahlen, in eine Schüssel geben.
- Stärke, Sojamehl, Natron und Backpulver zugeben, sorgfältig vermischen.
- In einer zweiten Rührschüssel das Öl, Lezithin, Vanille, Saft und Schale der Zitrone mit dem Schneebesen zu einer Creme verrühren.
- Einige EL gekühlten Apfelsaft zufügen und weiterrühren, bis die Creme standfest ist.
- Restlichen Apfelsaft über das Mehlgemisch gießen, die Creme darauf gleiten lassen und alle Zutaten vorsichtig vermengen.
- Beliebige Kuchenform einölen, mit Semmelbröseln bestreuen und den Teig einfüllen.
- Bei 175 °C 40 – 50 Minuten backen.

Variante Schoko-Rührkuchen:

- Mit dem Teig 4 geh. EL Kakaopulver und die trockenen Zutaten vermengen. Nach Belieben 1 Fl. Rumaroma zur Creme geben.

Aniskuchen vegan

Zutaten

wie Rührkuchen vegan
(s. Rez. S. 271)

zusätzlich:
2 TL Anis, gemahlen
1 TL Anis, ganz

Arbeitsschritte

- Herstellung wie bei Rührkuchen vegan beschrieben, zusätzlich den gemahlenen Anis zugeben.
- Eine Kasten- oder Rehrückenform mit Öl bepinseln und mit Anissamen ausstreuen.
- Bei 175 °C ca. 40 Minuten backen. Schmeckt ganz frisch am besten!

Feiner Mohnkuchen vegan

Zutaten

wie Rührkuchen vegan
(s. Rez. S. 271)

Für die Mohnmasse:
50 g Mandeln, geschält
1 EL Olivenöl
150 g Mohn, gemahlen
3 EL Agavendicksaft
100 g Rosinen
1 Bio-Zitrone (Saft und Schale)

Arbeitsschritte

- Den Kuchenteig vorbereiten, wie bei Rührkuchen vegan beschrieben, zur Seite stellen.
- Mandeln grob hacken und in Öl anrösten und in eine Rührschüssel geben.
- Gemahlenen Mohn, Agavendicksaft und Rosinen, Saft und Schale einer Zitrone und ein Drittel des Teiges zufügen und sorgfältig vermengen.
- Nach Bedarf noch etwas Apfelsaft zufügen, der Teig sollte schwer vom Löffel fallen.
- Eine Kastenform mit Öl bepinseln, mit Semmelbröseln ausstreuen.
- Abwechselnd Schichten vom hellen und dunklen Teig in die Form füllen, mit einer Gabel spiralförmig durch den Teig ein Muster ziehen.
- Bei 180 °C 40 – 50 Minuten backen.

Kuchen aus Hefeteig

Hefekuchen haben in Deutschland eine lange Tradition und nehmen beim Bäcker und Konditor einen festen Platz ein. Regionale Vorlieben führten zu einer Vielfalt an Rezepten. In manchen Gegenden werden fast ausschließlich Hefekuchen gebacken und die Zubereitung bleibt in einigen Familien ein gut gehütetes Geheimnis.

Aber niemand braucht Bedenken zu haben, ob der Hefeteig gelingt. Wenn Sie nachstehende Grundregeln und Tipps befolgen, werden auch Sie bald zu den Hefekuchenliebhabern gehören und sich wundern, warum Sie ihn nicht schon früher selbst gebacken haben.

So gelingt Ihr Hefeteig:

- Trockenhefe vereinfacht die Zubereitung ohne das Ergebnis einzuschränken.
- Die treibende Kraft entfaltet sich am besten bei zimmerwarmen Temperaturen der Zutaten.
- Fett und Salz werden von der Hefe nicht vertragen und sollten bei der Verwendung von frischer Hefe nicht mit dem Vorteig in Verbindung kommen.
- Leichte Hefeteige wie Blechkuchen, Obstböden, Obstkuchen und einfacher Hefestollen benötigen auf 500 g Mehl 30 – 40 g Frischhefe oder 1 Päckchen Trockenhefe
- Schwere Hefeteige wie Hefe-Napfkuchen, Stollenteige etc. benötigen 40 – 50 g Frischhefe oder 1 ½ Päckchen Trockenhefe. Bitte dazu die Hinweise in den Rezepten beachten!
- Die Grundrezepte sind nicht sehr süß gehalten, da der Hefeteig noch mit süßen Zutaten ergänzt wird wie frischem oder eingemachtem Obst, Marmelade und/oder Streuseln, Trockenfrüchten oder – wie beim Bienenstich – mit dem Mandelbelag.
- Für die veganen Varianten wählen Sie bitte die entsprechenden Zutaten.

Grundrezept:

Vollkorn-Hefeteig süß, mit Frischhefe

Zutaten

500 g Weizen oder Dinkel
1 Würfel Frischhefe (ca. 40 g)
300 ml Milch (Sojamilch)
100 g Butter, flüssig oder Öl
1 EL Lezithin* flüssig nach Bedarf
80 g Vollrohrzucker
1 P. Vanillezucker oder Zitronenschale
1 Prise Salz

*Lezithin (s. Hinweis S. 351)

Arbeitsschritte

- Weizen oder Dinkel fein mahlen und in eine Schüssel geben.
- In der Mitte eine Vertiefung machen, Hefe zerbröckeln und einen TL Zucker zufügen.
- Mit etwas lauwarmer Milch übergießen und mit so viel Mehl verrühren, dass ein flüssiger Vorteig entsteht.
- Zugedeckt an einem warmen Ort eine halbe Stunde gehen lassen, bis sich der Teig verdoppelt hat.
- Nach und nach die restliche Milch, die erwärmte (nicht flüssige) Butter (oder das Öl), Lezithin, Zucker, Vanillezucker oder Zitronenschale und eine Prise Salz dazugeben und zu einem geschmeidigen Teig verarbeiten.
- Aus dem Teig eine Kugel formen, mit Mehl bestäuben, zugedeckt gehen lassen, bis sich der Teig verdoppelt hat.
- Den Teig auf einem gefetteten Backblech gleichmäßig ausrollen und weiterverarbeiten.

Grundrezept:

Vollkorn-Hefeteig süß mit Trockenhefe ✓

Zutaten

500 g Weizen oder Dinkel
1 P. Trockenhefe
80 g Vollrohrzucker
1 P. Vanillezucker oder Zitronenschale
100 g Butter (Öl)
1 EL Lezithin flüssig* nach Bedarf
300 ml Milch (Sojamilch)
1 Prise Salz

Arbeitsschritte

- Weizen oder Dinkel fein mahlen und in eine Schüssel geben.
- Trockenhefe, Zucker, Vanillezucker oder Zitronenschale, die erwärmte (nicht flüssige) Butter (oder das Öl), Lezithin, die erwärmte Milch und Salz dazugeben und zu einem geschmeidigen Teig verarbeiten.
- Aus dem Teig eine Kugel formen, mit Mehl bestäuben, zugedeckt gehen lassen, bis sich der Teig verdoppelt hat.
- Den Teig auf einem gefetteten Backblech gleichmäßig ausrollen und weiterverarbeiten.

Grundrezept:

Hefeteig süß, vegan mit Frischhefe

Zutaten

500 g Weizen- oder
Dinkelmehl Type 1050
1 Würfel Frischhefe (ca.
40 g)
250 ml Sojamilch
100 g Olivenöl
1 EL Lezithin* flüssig nach
Bedarf
80 g Vollrohrzucker
1 P. Vanillezucker oder
Zitronenschale
1 Prise Salz

Arbeitsschritte

- Das Mehl in eine Schüssel geben.
- In der Mitte eine Vertiefung machen, Hefe zerbröckeln und einen TL Zucker zufügen.
- Mit etwas lauwarmer Milch übergießen und mit so viel Mehl verrühren, dass ein flüssiger Vorteig entsteht.
- Zugedeckt an einem warmen Ort eine halbe Stunde gehen lassen, bis sich der Teig verdoppelt hat.
- Nach und nach die restliche Milch, das Öl, Lezithin, Zucker, Vanillezucker oder Zitronenschale und eine Prise Salz dazugeben und zu einem geschmeidigen Teig verarbeiten.
- Aus dem Teig eine Kugel formen, mit Mehl bestäuben, zugedeckt gehen lassen, bis sich der Teig verdoppelt hat.
- Den Teig auf einem gefetteten Backblech gleichmäßig ausrollen und weiterverarbeiten.

Grundrezept:

Hefeteig süß mit Trockenhefe

Zutaten

500 g Weizen- oder
Dinkelmehl Type 1050
1 P. Trockenhefe
80 g Vollrohrzucker oder
100 g Honig
1 P. Vanillezucker oder
Zitronenschale
100 g Butter oder Olivenöl
1 EL Lezithin* flüssig nach
Bedarf
250 ml Milch (Sojamilch)
1 Prise Salz

Arbeitsschritte

- Mehl in eine Schüssel geben.
- Trockenhefe, Zucker (oder Honig), Vanillezucker oder Zitronenschale, die erwärmte (nicht flüssige) Butter (oder das Öl), Lezithin, die erwärmte Milch und Salz dazugeben und zu einem geschmeidigen Teig verarbeiten.
- Aus dem Teig eine Kugel formen, mit Mehl bestäuben, zugedeckt gehen lassen, bis sich der Teig verdoppelt hat.
- Den Teig auf einem gefetteten Backblech gleichmäßig ausrollen und weiterverarbeiten.

Einfacher Hefestollen

Zutaten

Hefeteig nach Wahl
(s. Rez. S. 274 – 275)

zusätzlich:
150 g Rosinen
Butter zum Bepinseln
Puderzucker

Arbeitsschritte

- Hefeteig nach Anleitung vorbereiten.
- Während der Hefeteig aufgeht, die Rosinen überbrühen, abseihen und trocknen lassen.
- Die Rosinen bemehlen und zum Teig geben.
- Einen Stollen oder Zopf formen, auf ein gefettetes Blech legen und nochmals aufgehen lassen.
- Bei 180 – 200 °C 40 – 50 Minuten backen.
- Noch heiß mit zerlassener Butter bepinseln und mit Puderzucker überstreuen.

Bienenstich

Zutaten

Hefeteig nach Wahl
(s. Rez. S. 274 – 275)

Belag:
100 g Butter
200 g Fruchtzucker oder
Honig
1 P. Bourbon-Vanillezucker
200 g Mandelstifte oder
-blättchen
2 – 4 EL Milch

Füllung:
Vanillepudding
von ½ l Milch
oder Rez. Buttercreme
S. 317
oder ½ l Sahne
2 P. Vanillezucker

Arbeitsschritte

- Hefeteig nach Rezept herstellen.
- Auf einem gefetteten Backblech ausrollen, den Teig am Rand etwas hochziehen, nochmals gehen lassen.
- Inzwischen in eine Pfanne Butter und Zucker geben.
- Die Mandelstifte oder -blättchen zufügen, vom Feuer nehmen, mit der Milch verrühren und abkühlen lassen.
- Den Teig gleichmäßig damit bestreichen und bei 190 °C 35 – 45 Minuten backen.
- Den erkalteten Kuchen horizontal durchschneiden.
- Mit Vanillepudding, Buttercreme oder Schlagsahne (mit Vanillezucker aufgeschlagen) füllen.

Tipp: die Mandelschicht lässt sich schwer durchschneiden. So wird's leichter: Schneiden Sie die obere Platte in Kuchenstücke vor und legen diese auf die Creme. Danach die Kuchenstücke gänzlich durchschneiden.

276

Bienenstich mit Äpfeln

Zutaten

Hefeteig nach Wahl
(s. Rez. S. 274 – 275)

zusätzlich:
1 kg Äpfel
400 g Mandeln, gerieben
300 g Honig
½ TL Salz
2 TL Zimt
1 P. Vanillezucker
Saft ½ Bio-Zitrone
2 EL Butter, geschmolzen
etwas Sahne und Milch

Arbeitsschritte

- Hefeteig nach Grundrezept zubereiten.
- Auf ein gefettetes Backblech geben und gehen lassen.
- Während der Aufgehzeit Äpfel schälen, entkernen, in Scheiben schneiden, auf dem Teig verteilen.
- Alle übrigen Zutaten gut vermengen.
- So viel Sahne und Milch zugeben, dass ein geschmeidiger Brei entsteht.
- Über die Apfelscheiben verstreichen.
- Bei 180 °C 50 – 60 Minuten backen.
- Nach dem Auskühlen in rechteckige Kuchenstücke schneiden, mit Schlagsahne servieren.

Butterkuchen

Zutaten

Hefeteig nach Wahl
(s. Rez. S. 274 – 275)

zusätzlich:
50 g Butter
100 g Zucker
1 P. Bourbon-Vanillezucker
200 g Mandeln, gerieben
1 TL Zimt
⅛ l saure Sahne
300 g Crème fraîche

Arbeitsschritte

- Hefeteig auf einem gefetteten Blech ausrollen, nochmals gehen lassen.
- Mit einer Gabel mehrmals einstechen.
- Butter zerlassen und den Teig damit bestreichen.
- Zucker, Vanillezucker, Mandeln und Zimt vermischen und darüber streuen.
- Saure Sahne und Crème fraîche verrühren und darauf verteilen.
- Bei ca. 180 °C 20 – 25 Minuten backen.

Apfelkuchen

Zutaten

Hefeteig nach Wahl
(s. Rez. S. 274 – 275)

zusätzlich:
1,5 kg Äpfel
50 g Rosinen
1 TL Zimt
1 EL Zucker

Arbeitsschritte

- Hefeteig nach Grundrezept zubereiten.
- Während der Aufgehzeit die Äpfel in Scheiben schneiden und auf den aufgegangenen Teig schichten.
- Rosinen auf den Äpfeln verteilen.
- Mit Pergamentpapier abdecken, damit die Äpfel saftig bleiben.
- Bei 200 °C 25 – 30 Minuten backen.
- Mit Zimt und Zucker bestreuen.

Streuselkuchen

Zutaten

Hefeteig nach Wahl
(s. Rez. S. 274 – 275)

für die Streusel:
300 g Mehl Type 1050
200 g Butter oder Margarine
125 g Zucker
1 TL Vanillezucker oder
1 TL Zimt

Arbeitsschritte

- Hefeteig nach Rezept herstellen.
- Mehl mit der kalten, in Flocken geschnittenen Butter (oder Margarine) und dem Zucker verkneten.
- Zu Streuseln bröseln und damit den aufgegangenen Teig belegen.
- Nochmals kurz gehen lassen und bei 200 °C 25 – 30 Minuten backen.

Variante:

- Nur 75 g Zucker nehmen, dafür den Teig mit säuerlicher Marmelade dünn bestreichen.

Vegan:

- Hefeteig vegan und Margarine verwenden.

Zwetschgenkuchen mit Streuseln

Zutaten

Hefeteig nach Wahl
(s. Rez. S. 274 – 275)
Streusel (s. oben
Rez. Streuselkuchen)
ca. 1,5 kg Zwetschgen
Zuckerguss s. Rez. S. 316

Arbeitsschritte

- Hefeteig und Streusel vorbereiten.
- Während der Aufgehzeit die Zwetschgen entsteinen.
- Den Teig auf dem gefetteten Blech ausrollen.
- Einen Rand formen, nochmals gehen lassen.
- Die Zwetschgen darauf verteilen und mit Streuseln belegen.
- Bei ca. 200 °C 25 – 30 Minuten backen.
- Nach dem Erkalten Zuckerguss über die Streusel verteilen.

Kirschkuchen

Zutaten

Hefeteig nach Wahl
(s. Rez. S. 274 – 275)
ca. 1,5 kg Kirschen
Zucker

Arbeitsschritte

- Hefeteig vorbereiten und aufgehen lassen.
- Auf einem gefetteten Blech ausrollen, einen Rand formen und nochmals gehen lassen.
- Indessen Kirschen waschen, entsteinen und den aufgegangenen Teig damit belegen.
- Bei ca. 200 °C 25 – 30 Minuten backen.
- Noch heiß mit Zucker bestreuen.

Schweizer Zimtkuchen nach Großmutters Art

Zutaten

Hefeteig nach Wahl
(s. Rez. S. 274 – 275) mit der
Hälfte des Zuckers, aber
zusätzlich 100 g Rosinen

Belag:
50 g Zucker
1 TL Zimt
50 g Butter

Arbeitsschritte

- Hefeteig nach Anleitung vorbereiten.
- In eine gefettete Kuchenform geben, mit einem feuchten Tuch zudecken und über Nacht gehen lassen.
- Am folgenden Tag Zucker mit Zimt mischen.
- Butterflocken und Zimtzucker auf dem Teig gleichmäßig verteilen.
- Ofen nicht vorheizen.
- Bei 180 °C 40 – 50 Minuten auf unterster Schiene backen.
- Möglichst frisch servieren.

Hefe-Nussring

Zutaten

Hefeteig nach Wahl
(s. Rez. S. 274 – 275)

Füllung:
300 g Haselnüsse
60 g Honig
1 TL Zimt
3 EL Schokolade, gerieben
heiße Milch

Arbeitsschritte

- Einen Hefeteig nach Anleitung zubereiten und gehen lassen.
- Inzwischen die Haselnüsse reiben, mit Honig, Zimt und Schokolade mischen und nur so viel heiße Milch zugeben, dass eine dicke Masse entsteht.
- Teig ausrollen, die Masse darauf streichen und zu einer Rolle formen.
- Die Teigränder mit den Fingern fest zusammendrücken und mit dieser Seite nach unten in eine gefettete Ringform legen.
- Die Oberfläche einige Male schräg einschneiden und bei 180 – 190 °C 45 – 50 Minuten backen.

Variante:
- Mandeln anstelle von Haselnüssen verwenden.

Hefe-Mohnring

Zutaten

**Hefeteig nach Wahl
(s. Rez. S. 274 – 275)**

Füllung:
250 g Mohn
75 g Honig oder Zucker
¼ l Milch
½ Bio-Zitrone (abgeriebene Schale)
½ TL Zimt
Rumaroma
50 g Zitronat
30 g Mandeln oder Semmelbrösel
100 g Rosinen
eventuell Grieß

Arbeitsschritte

- Einen Hefeteig nach Anleitung zubereiten und gehen lassen.
- Mohn frisch mahlen.
- Mohn mit Zucker oder Honig mit der Milch aufkochen und etwas kochen lassen.
- Zitronenschale und Rosinen zufügen und zu einer dicklichen Masse einkochen lassen.
- Abkühlen lassen. Mit Zimt und Rumaroma abschmecken.
- Zitronat fein würfeln und mit geriebenen Mandeln oder Semmelbröseln und Rosinen zur Füllung geben. (Falls die Masse zu flüssig ist, etwas Grieß dazugeben.)
- Teig ausrollen, die Masse darauf streichen und zu einer Rolle formen.
- Die Teigränder mit den Fingern fest zusammendrücken und mit dieser Seite nach unten in eine gefettete Ringform legen.
- Die Oberfläche einige Male schräg einschneiden und bei 180 – 190 °C 45 – 50 Minuten backen.

Feiner Hefe-Napfkuchen

Zutaten

Hefeteig nach Wahl
(s. Rez. S. 274 – 275)

zusätzlich:
10 – 15 g Frischhefe oder
½ P. Trockenhefe
200 g saure Sahne oder
Joghurt
2 EL Lezithin flüssig oder
Lezithingranulat aufgelöst
50 g Rosinen
50 g Zitronat, kleingehackt
50 g gehackte Mandeln
Puderzucker

Arbeitsschritte

- Hefeteig mit der angegebenen plus der zusätzlichen Hefemenge nach Anleitung zubereiten.
- Während der Hefeteig aufgeht, die Rosinen überbrühen, abseihen und trocknen lassen.
- Rosinen, Zitronat und Mandeln bemehlen und zum Teig geben und untermengen.
- Den Teig abdecken und an einem warmen Ort nochmals aufgehen lassen, bis er sich verdoppelt hat.
- Einen Stollen oder Zopf formen, auf ein gefettetes Blech legen und ein zweites Mal aufgehen lassen.
- Nochmals mit einem Kochlöffel durcharbeiten.
- Eine Napfkuchenform mit Butter auspinseln, den Teig hineingeben.
- 15 – 20 Minuten gehen lassen und bei 190 – 200 °C 50 – 60 Minuten backen.
- Noch heiß aus der Form nehmen, auf eine Platte legen und mit Puderzucker bestreut so frisch wie möglich servieren.

Kuchen aus Quark-Öl-Teig

Für Obstkuchen eine gute Alternative zum Hefeteig. Der Quark-Öl-Teig ist länger haltbar, blitzschnell gemacht, wird flaumig-locker und ist auch bestens geeignet für cholesterinarme Kuchen und Tortenböden. Und auch hier gibt es vegane Varianten! Bitte dafür die Zutaten entsprechend wählen.

Grundrezept:

Quark-Öl-Teig für ein Blech oder zwei Springformen

Zutaten

600 g Dinkel- oder
Weizenmehl Type 1050
150 g Zucker
2 P. Backpulver
2 P. Vanillezucker
500 g Schichtkäse, 20%
Fett oder Magerquark
12 EL Olivenöl
12 EL Milch oder
Buttermilch
Obst nach Wahl

Arbeitsschritte

- Das Mehl in eine große Rührschüssel geben.
- Zucker, Backpulver, Vanillezucker, Schichtkäse oder Quark, Öl und Milch zugeben und mit dem Handrührgerät zu einem geschmeidigen Teig verrühren.
- Den Teig auf ein gefettetes Blech oder in gefettete Formen geben.
- Obst nach Wahl (Zwetschgen, Kirschen, Äpfeln, Aprikosen, Rhabarber oder auch Obstmischungen) darauflegen.
- Bei 175 – 200 °C je nach Belag ca. 30 – 50 Minuten backen.

Variante:
- Doppelte Menge Käsekuchenbelag (s. Rez. S. 266) vorbereiten und auf dem Teig verteilen.

Grundrezept:

Quark-Öl-Teig für eine Springform

Zutaten

300 g Mehl
75 g Zucker
1 P. Backpulver
1 P. Vanillezucker oder
Zitronenschale
250 g Quark
6 EL Olivenöl
6 EL Milch oder Wasser

Arbeitsschritte

- Das Mehl in eine Rührschüssel geben.
- Zucker, Backpulver, Vanillezucker, Schichtkäse oder Quark, Öl und Milch oder Wasser zugeben und mit dem Handrührgerät zu einem geschmeidigen Teig verrühren.
- Den Teig auf gefettetes Blech oder in gefettete Formen geben. Weiterverarbeiten wie in den Rezepten angegeben.
- Bei 175 – 200 °C je nach Belag ca. 30 – 50 Minuten backen.

 Variante glutenfrei:
- Anstelle des Mehls 300 g glutenfreies Mehl verwenden.

Grundrezept:

Soja-Quark-Öl-Teig vegan für eine Springform

Zutaten

300 g Mehl
75 g Zucker
1 P. Backpulver
1 P. Vanillezucker oder
Zitronenschale
250 g Seidentofu oder
150 g Tofu mit 50 ml Sojasahne, gemixt
6 EL Olivenöl
6 EL Wasser

Arbeitsschritte

- Das Mehl in eine Rührschüssel geben.
- Zucker, Backpulver, Vanillezucker, Tofu, Öl und Wasser zugeben und mit dem Handrührgerät zu einem geschmeidigen Teig verrühren.
- Den Teig auf gefettetes Blech oder in gefettete Formen geben. Weiterverarbeiten wie in den Rezepten angegeben.
- Bei 175 – 200 °C je nach Belag ca. 30 – 50 Minuten backen.

Landhaus-Pflaumen-Schnitten

Zutaten

500 g Dinkel- oder
Weizenmehl Type 1050
150 g Zucker
2 P. Backpulver
2 P. Vanillezucker
500 g Schichtkäse, 20%
oder Magerquark
12 EL Olivenöl
12 EL Milch oder Butter-
milch
1,5 kg Pflaumen

Streusel (s. Rez. S. 278)

Arbeitsschritte

- Das Mehl in eine große Rührschüssel geben.
- Zucker, Backpulver, Vanillezucker, Schichtkäse oder Quark, Öl und Milch zugeben und mit dem Handrührgerät zu einem geschmeidigen Teig verrühren.
- Die Pflaumen entsteinen, halbieren und mit dem Teig vermengen.
- Ein Backblech mit hohem Rand einfetten (ersatzweise ein normales Backblech verwenden).
- Den Teig darauf verteilen und den offenen Rand mit mehrfach gefalteter Alufolie verschließen.
- Streusel nach Anleitung vorbereiten und auf dem Teig verteilen.
- Bei 175 – 200 °C ca. 40 Minuten backen.

Piña-Colada-Kuchen

Zutaten

Quark-Öl-Teig für eine
Springform (s. Rez. S. 283)

Füllung:
1 Ananas
2 P. Vanillepuddingpulver
1 TL Natron
4 EL Kokosraspel
400 ml Kokosmilch
75 g Zucker
1 Fl. Rumaroma nach
Geschmack

Arbeitsschritte

- Quark-Öl-Teig nach Anleitung vorbereiten. 2/3 des Teiges in eine Springform geben, vom restlichen Teig eine Rolle formen, um den Rand legen und den Teig ca. 2 cm hoch an den Rand der Springform drücken. Zur Seite stellen.
- Die Ananas in kleine Stücke schneiden und die Stückchen auf dem Teig verteilen.
- Für den Belag das Puddingpulver mit Natron und Kokosraspeln mischen.
- In einer zweiten Rührschüssel die Kokosmilch mit Zucker und Aroma verrühren und die vorbereitete Mischung trockener Zutaten zufügen.
- Zu einer dicklichen Creme verrühren. Wenn nötig, Kokosraspel oder mehr Flüssigkeit (Ananassaft, keine Milchprodukte) zufügen.
- Gleichmäßig über die Ananasstückchen verteilen und glatt streichen.
- Bei 180 °C ca. 40 Minuten backen.

Ananas-Pfirsich-Kuchen *upside down*

Zutaten

Quark-Öl-Teig:
150 g Mehl
2 EL Zucker
1 geh. TL Backpulver
1 geh. TL Vanillezucker
150 g Quark
4 – 6 EL Wasser
3 EL Olivenöl

2 EL Sahne zum
Bestreichen

Belag:
5 Scheiben Ananas
6 Weinbergpfirsiche
2 Aprikosen
30 g Butter
4 EL Zucker

Varianten:

- Beliebiges, nicht zu
  saftiges Obst ver-
  wenden: Birnen,
  Aprikosen, Kirschen
  oder frische Beeren.
  Zuckermenge der
  Obstsorte anpassen.
- 50 g Mandelplättchen
  oder -stifte, klein-
  gehackte Walnüsse
  auf dem Karamell ver-
  teilen, dann das Obst
  darauf legen.

Arbeitsschritte

- Alle Zutaten für den Teig in eine Rührschüssel geben.
  Mit dem Handrührgerät kurz durchmixen.
- Den Teig aus der Schüssel nehmen und von Hand einige
  Male durchkneten, zu einer Kugel formen und zur Seite
  stellen.
- Das Obst vorbereiten: Dazu die Ananasscheiben halbie-
  ren, den Strunk herausschneiden. Die Weinbergpfirsiche
  in Spalten schneiden. Die Aprikosen vierteln.
- Butter und Zucker in eine Auflaufform geben und auf
  der Herdplatte bei kleiner Hitze unter ständigem Rühren
  leicht karamellisieren lassen.
- Das Obst dekorativ auf dem Karamell verteilen.
- Den Teig zwischen zwei Lagen Haushaltsfolie auf die
  Größe der Form ausrollen.
- Die obere Folie abziehen, umgedreht auf das Obst legen,
  zurechtrücken und die zweite Folie abziehen.
- Mit Sahne bepinseln.
- Bei 180 °C, am besten Unterhitze und Umluft, ca. 30 Minu-
  ten backen, dabei nach 10 Minuten den Kuchen mit Alu-
  Folie abdecken.
- Einige Stunden auskühlen lassen, damit der Saft in den
  Kuchen einziehen kann. Mit einem Spatel den Kuchen
  rundherum vorsichtig von der Form lösen.
- Zum Stürzen eine Servierplatte auf die Auflaufform legen,
  Platte und Auflaufform gut festhalten und umdrehen, so
  dass die Obstschicht obenauf kommt.

Tipp: Bei Verwendung einer Silikonform kann der
Kuchen in der Form bleiben, bis er völlig abgekühlt ist.
Das erleichtert das Herausnehmen. In diesem Fall Butter
und Zucker in einer Pfanne karamellisieren und nur kurz
etwas abkühlen lassen. Dann in der Form verteilen und das
vorbereitete Obst schnell in den Karamell schichten.

Aprikosenkuchen

Zutaten

Quark-Öl-Teig für eine
Springform (s. Rez. S. 283)

zusätzlich:
500 g Aprikosen
Aprikosenmarmelade
Lavendelblüten

Arbeitsschritte

- Quark-Öl-Teig nach Anleitung vorbereiten und zur Seite stellen.
- Die Aprikosen entsteinen, in kleine Stücke schneiden und unter den Teig rühren.
- Den Teig in eine Springform füllen.
- Bei 180 °C ca. 40 Minuten backen.
- Noch heiß die Aprikosenmarmelade auf dem Kuchen verstreichen, die Lavendelblüten darauf verteilen, abkühlen lassen und erst dann aus der Form nehmen.

Pfirsich-Sahnetorte

Zutaten

Quark-Öl-Teig für eine
Springform (s. Rez. S. 283)

zusätzlich:
1 kg Pfirsiche
¾ l Pfirsich-Maracuja-Saft
2 P. Vanillepuddingpulver
2 EL Zucker
400 ml Sahne
Raspelschokolade

Arbeitsschritte

- Quark-Öl-Teig nach Anleitung vorbereiten. 2/3 des Teiges in eine Springform geben, vom restlichen Teig eine Rolle formen, um den Rand legen und den Teig ca. 2 cm hoch an den Rand der Springform drücken. Zur Seite stellen.
- Die Pfirsiche nach Belieben enthäuten, entsteinen, achteln und auf dem Teig verteilen.
- Puddingpulver mit Zucker und etwas Saft glattrühren.
- Den restlichen Saft zum Kochen bringen, das aufgelöste Puddingpulver zufügen, kurz aufkochen lassen und über die Pfirsiche verteilen.
- Bei 180 °C ca. 60 Minuten backen und über Nacht auskühlen lassen.
- Vor dem Servieren die Sahne aufschlagen, über die Torte verteilen und mit Raspelschokolade verzieren.

Piña-Colada-Kuchen vegan

Zutaten

Soja-Quark-Öl-Teig vegan
(s. Rez. S. 283)

Füllung:
1 Ananas
2 P. Vanillepuddingpulver
1 TL Natron
Kokosraspel nach Bedarf
400 ml Kokosmilch
75 g Zucker
1 Fl. Rumaroma nach
Geschmack

Zum Verzieren:
200 ml Sojasahne
Johannisbeer-Gelee

Arbeitsschritte

- Den Teig nach Anleitung vorbereiten, in eine Springform geben und einen Rand hochziehen.
- Ananas in kleine Stücke schneiden, auf dem Teig verteilen.
- Das Puddingpulver mit Natron vermischen.
- In einer zweiten Rührschüssel die Kokosmilch mit Zucker und Aroma verquirlen.
- Das Puddingpulver-Gemisch und so viele Kokosflocken zufügen, dass eine dickflüssige Masse entsteht.
- Gleichmäßig über die Ananasstückchen verteilen, glatt streichen und bei 180 °C ca. 40 Minuten backen.
- Den Kuchen auskühlen lassen.
- Die Sojasahne nach Vorschrift aufschlagen. 2/3 auf der Torte verteilen, den Rand mit Kokosflocken verzieren, mit der restlichen Sahne großzügige Sahnetupfer aufbringen und mit einem kleinen Tropfen Gelee verzieren.

Aprikosenkuchen vegan

Zutaten

Soja-Quark-Öl-Teig vegan
(s. Rez. S. 283)

zusätzlich:
500 g Aprikosen
Aprikosenmarmelade
Lavendelblüten

Arbeitsschritte

- Quark-Öl-Teig nach Anleitung vorbereiten.
- Die Aprikosen entsteinen, in kleine Stücke schneiden und unter den Teig rühren.
- Den Teig in eine Springform füllen.
- Bei 180 °C ca. 40 Minuten backen.
- Noch heiß die Aprikosenmarmelade auf dem Kuchen verstreichen, die Lavendelblüten darauf verteilen.

Kuchen aus Mürbeteig

Jede/r kennt die Situation, wenn die beste Freundin anruft und sich kurzfristig anmeldet, ein Geburtstag oder ein Hochzeitstag übersehen wurde und die Zeit eigentlich zu knapp ist, um einen Kuchen zu backen: Dann sollte die Wahl auf einen Mürbeteig fallen! Zwei gute Gründe dafür sind: die Zutaten sind meist vorrätig oder können leicht mit etwas anderem ersetzt werden und der Mürbeteig *muss* sogar rasch zusammengeknetet werden, damit er gelingt.

Wann immer es also schnell gehen soll – oder aber weil Mürbeteig einfach so lecker ist – sind die nachfolgenden Rezepte sicher hilfreiche Anregungen.

Grundregeln

Bitte auf alle Fälle folgende Grundregeln einhalten:

- Mehl mit Backpulver mischen. In der Mitte eine Vertiefung machen. Zucker, Joghurt und Geschmackszutaten hineingeben und mit einem Teil des Mehls zu einem dicken Brei verarbeiten. Das kalte Fett in Flöckchen schneiden und auf den Brei legen. Von allen Seiten mit Mehl bedecken und mit den Handflächen und -ballen schnell zu einem geschmeidigen, festen Teig verarbeiten. Zu einer Rolle formen und vor der Weiterverarbeitung idealer Weise 30 – 40 Minuten kalt stellen. Wenn es eilt, geht's auch mal ohne 'ruhen' lassen.
- Bei der Verwendung von Geräten, bitte daran denken, der Teig ist von fester Konsistenz und benötigt Knethaken. Keine Rührbesen verwenden und das Handrührgerät oder die Küchenmaschine nicht überfordern!
- Den Teig zum Ausrollen zwischen zwei Lagen Frischhaltefolie legen. Dabei entfällt das Bemehlen der Arbeitsfläche und der zarte, mürbe Geschmack bleibt noch besser erhalten, da kein Mehl mehr hinzukommt.
- Vor dem Backen mit der Gabel mehrfach einstechen, damit sich keine Luftblasen bilden.
- Mürbeteig für Obstkuchen vor dem Belegen mit Semmelbröseln bestreuen, die einen Teil der Flüssigkeit aufsaugen und das Speckigwerden des Teiges verhindern.

Alle Mürbeteigrezepte können vegan hergestellt werden:

- Die angegebenen Zutaten wie folgt ersetzen: Butter durch Margarine, Joghurt durch Mineralwasser, Honig durch Zucker.

Grundrezept:

Mürbeteig für eine Springform

Zutaten

180 g Weizen- oder
Dinkelmehl
30 g Mehl Type 405
1 gestr. TL Backpulver
60 g Zucker oder Honig
½ P. Vanillezucker
3 EL Joghurt
3 EL Wasser
etwas abgeriebene
Zitronenschale
80 g Butter oder Margarine

Verarbeitung mit der Küchenmaschine:

- Beide Mehlsorten und Backpulver in eine Rührschüssel geben und vermischen, die restlichen Zutaten der Reihe nach zufügen und nur kurz mit der Küchenmaschine oder dem Handrührgerät zu einem geschmeidigen Teig verarbeiten. 30 – 40 Minuten kühl ruhen lassen.

Verarbeitung von Hand:

- Die Mischung auf ein Backbrett geben. In der Mitte eine Vertiefung machen. Zucker, Joghurt und Geschmackszutaten hineingeben und mit einem Teil des Mehls zu einem dicken Brei verarbeiten. Die kalte Butter oder Margarine in Flöckchen schneiden und auf den Brei legen. Von allen Seiten mit Mehl bedecken und mit den Handflächen und -ballen schnell zu einem geschmeidigen, festen Teig verarbeiten, zu einer Kugel formen und 30 – 40 Minuten kühl ruhen lassen.

Weiterverarbeiten für beide Varianten:

- Den Teig zwischen zwei Folienblättern ausrollen, obere Folie abziehen, den Springformrand auf den Teig legen, ringsherum die Größe anzeichnen und eine runde Teigplatte ausschneiden.
- Springform fetten, den Boden mit der Teigplatte belegen.
- Aus dem restlichen Teig eine Rolle formen, um den Teigboden legen, ringsherum andrücken und etwas hochziehen, damit ein Rand entsteht.
- Mit einer Gabel den Teig mehrmals einstechen.
- Bei 190 – 200 °C etwa 15 Minuten backen.
- Weiterverarbeiten, wie in den Rezepten angegeben.

Grundrezept:

Vollwert-Mürbeteig für einen gedeckten Obstkuchen in der Springform

Zutaten

250 g Weizen oder Dinkel
100 g Mehl Type 405
1 geh. TL Backpulver
100 g Agavendicksaft
1 P. Bourbon-Vanillezucker
etwas geriebene
Zitronenschale
1 Prise Salz
4 EL Joghurt
4 EL Wasser
80 g Butter

Arbeitsschritte

- Weizen oder Dinkel fein mahlen.
- Beide Mehlsorten und Backpulver mischen.
- Zucker oder Sirup, Geschmackszutaten, Wasser und Joghurt in die Mitte geben und mit der Hälfte des Mehls zu einem Brei verarbeiten.
- Die gekühlte, in Stücke geschnittene Butter darübergeben, mit Mehl abdecken und möglichst schnell zu einem geschmeidigen Teig verarbeiten, zu einer Kugel formen und 30–40 Minuten kühl ruhen lassen.
- Den Teig halbieren und jeweils zwischen zwei Folienblättern ausrollen, obere Folie abziehen, den Springformrand auf beide Teigplatten legen, ringsherum die Größe anzeichnen und zwei runde Teigplatten ausschneiden.
- Eine Teigplatte zur Seite stellen.
- Für den Boden die Springform einfetten, und mit einer der Teigplatten belegen.
- Aus dem restlichen Teig eine Rolle formen, um den Teigboden legen, ringsherum andrücken und etwas hochziehen, damit ein Rand entsteht.
- Mit einer Gabel mehrmals einstechen und bei 180 °C etwa 15–20 Minuten backen.
- Kurz abkühlen lassen und mit einer Füllung nach Wahl belegen.
- Die zurückbehaltenen Teigplatte auf die Füllung legen und bei 180 °C etwa 15–20 Minuten backen.

Grundrezept:

Vollwert-Mürbeteig für ein Backblech

Zutaten

250 g Weizen oder Dinkel
100 g Mehl Type 405
1 geh. TL Backpulver
100 g Agavendicksaft
1 P. Bourbon-Vanillezucker
etwas geriebene
Zitronenschale
1 Prise Salz
4 EL Joghurt
4 EL Wasser
80 g Butter

Arbeitsschritte

- Weizen oder Dinkel fein mahlen.
- Beide Mehlsorten und Backpulver mischen.
- Zucker oder Sirup, Geschmackszutaten, Wasser und Joghurt in die Mitte geben und mit der Hälfte des Mehls zu einem Brei verarbeiten.
- Die gekühlte, in Stücke geschnittene Butter darübergeben, mit Mehl abdecken und möglichst schnell zu einem geschmeidigen Teig verarbeiten, zu einer Kugel formen und 30 – 40 Minuten kühl ruhen lassen.
- Den Teig auf dem gefetteten Backblech ausrollen, mit der Gabel mehrmals einstechen und bei 180 °C etwa 15 Minuten backen.
- Kurz abkühlen lassen und mit einer Füllung nach Wahl belegen.

Gedeckter Kirschkuchen

Zutaten

Mürbeteig für einen gedeckten Obstkuchen (s. Rez. S. 290)

Füllung:
1 kg Kirschen, frisch, oder
2 Gläser Sauerkirschen
à 700 g
125 g Fruchtzucker für rohe Kirschen
2 geh. EL Speisestärke
Milch oder Sahne zum Bestreichen

Arbeitsschritte

- Mürbeteig mit der Mehlsorte Ihrer Wahl und nach Anleitung vorbereiten.
- Inzwischen die Kirschen entsteinen, mit Fruchtzucker bestreuen und Saft ziehen lassen.
- Bei der Verwendung von eingelegten Sauerkirschen, diese abseihen, den Saft auffangen und zur Seite stellen. Nicht mehr zuckern!
- Aus etwas mehr als der Hälfte des Teiges eine springform- große Teigplatte herstellen, in eine gefettete Springform geben.
- Den restlichen Teig ausrollen und eine Platte in der Größe der Springform schneiden.
- Den übrig gebliebenen Teig, der durch das Ausschneiden entstanden ist, zu einer Rolle formen, an den Springform- rand legen und ringsum einen 2 cm hohen Rand formen.
- In den Boden mehrmals mit der Gabel einstechen.
- Bei 190 – 200 °C 15 – 20 Minuten backen, abkühlen lassen.
- Die Kirschen aufkochen und in ein Sieb geben.
- Den Saft der Kirschen auf ¼ l auffüllen, bzw. von dem Saft der eingelegten Kirschen ¼ l abmessen und diesen zum Kochen bringen.
- Speisestärke kalt anrühren, kurz aufkochen lassen und die abgeseihten Kirschen zufügen.
- Die Füllung auf den Tortenboden geben. Mit der unge- backenen Teigplatte belegen.
- Mit Milch oder Sahne bestreichen.
- Bei ca. 200 °C 20 – 30 Minuten backen.

Gedeckter Pflaumenkuchen

Zutaten

Mürbeteig für einen
gedeckten Obstkuchen
(s. Rez. S. 290)

Füllung:
1 kg Pflaumen
80 g Fruchtzucker
2 geh. EL Speisestärke
¼ TL Zimt
etwas Zitronenschale

Arbeitsschritte

- Wie Kirschkuchen zubereiten.
- Nach dem Erkalten mit Zuckerglasur (s. Rez. S. 316) überziehen.

Variante:

- Äpfel statt Pflaumen verwenden, Zucker durch Bananenmarmelade ersetzen und 200 g saure Sahne über die Äpfel verteilen.

Gedeckter Rhabarberkuchen

Zutaten

Mürbeteig für einen
gedeckten Obstkuchen
(s. Rez. S. 290)

Füllung:
750 g Rhabarber
200 g Fruchtzucker
Sahne zum Bestreichen

Arbeitsschritte

- Während der Teig ruht, Rhabarber waschen und in 2 cm große Stücke schneiden.
- Mit Zucker bestreut 15 Minuten stehen lassen, damit er Saft zieht.
- Ein Drittel des Teiges ausrollen, eine feuerfeste Form auf den Teig stellen und den Rand markieren.
- Rundherum 3 – 4 cm zugeben und eine Platte ausschneiden.
- Die gut gefettete, mit Semmelbröseln ausgestreute Form damit belegen. Einige Male mit der Gabel einstechen, den Rhabarber darauf verteilen.
- Den restlichen Teig ausrollen und etwas kleiner als die erste Teigplatte schneiden.
- Darübergeben und wellenförmig gut mit dem überstehenden Teigrand verschließen.
- Von den Teigresten kleine Herzen oder Sterne formen und den Teig damit verzieren.
- Die Oberfläche mit Sahne bestreichen.
- Bei 200 °C ca. 45 Minuten backen.

In den USA und in England sind aus den gedeckten Obstkuchen die allseits beliebten 'Pies' geworden. Wie Sie ihn auch immer nennen mögen, hier ist ein besonders leckerer Vertreter dieser Spezies.

Aprikosen-Pie

Zutaten

Mürbeteig:
180 g Mehl Type 1050
50 g Butter
50 g Zucker
½ gestr. TL Backpulver
6 EL Sahne
2 EL Wasser

Füllung:
2 Äpfel
5 Aprikosen
20 g Butter
1 Msp. Zimt

Mandelcreme:
150 g Butter
100 g Zucker
50 g Mandeln, gerieben
20 g Mandelblättchen

Arbeitsschritte

- Mehl mit Backpulver mischen, in eine Schüssel geben.
- Zucker zugeben und in der Mitte eine Vertiefung machen.
- Mit Sahne und einem Teil des Mehls zu einem dicken Brei verarbeiten.
- Die kalte Butter in kleine Stücken schneiden, darauf verteilen.
- Mehl darüber decken und rasch zu einem festen, geschmeidigen Teig verarbeiten.
- 30 Minuten kühl stellen.
- Währenddessen Äpfel und Aprikosen in kleine Stücke schneiden und in 20 g Butter leicht andünsten, mit Zimt würzen.
- Für die Mandelcreme Butter und Zucker schaumig schlagen und die geriebenen Mandeln unterziehen.
- Den Teig in eine gefettete Springform geben, etwas am Rand hochziehen. Mit einer Gabel einige Male einstechen.
- 15 Minuten bei ca. 180 °C backen.
- Die Fruchtmasse darauf geben, dann die Mandelcreme.
- Mit Mandelblättchen garnieren und nochmal ca. 20 Minuten backen.

*Köstlich im Geschmack, edel im Aussehen, gut lagerfähig
zeigt sich die 'Linzerin' von ihrer besten Seite.
Einfach zum Anbeißen!*

Linzer Torte

Zutaten

250 g Mehl, Type 1050
1 TL Backpulver
200 g Mandeln, gerieben
120 g Butter
130 g Zucker
4 EL Kakao
6 EL Sahne
1 P. Vanillezucker
2 Msp. Zimt
2 Msp. Nelken
3 Tropfen Bittermandelöl

Füllung:
je 125 g Pflaumen- und
Johannisbeermarmelade

Arbeitsschritte

- Alle Zutaten nach Anleitung für Mürbeteig S. 289 zu einem Teig verkneten.
- Gut zwei Drittel des Teiges in eine gefettete Form geben, einen Rand hochziehen.
- Pflaumen- und Johannisbeermarmelade vermischen und auf dem Teig verteilen.
- Den restlichen Teig ausrollen, in Streifen schneiden oder zu kleinen Rollen formen und die Torte damit gitterförmig belegen.
- Mit Sahne bestreichen.
- Bei 200 °C 30 – 40 Minuten backen.

Tipp: Die Verzierung geht schneller, wenn Sie den Teig in kleinen Stücken zwischen den Fingern platt drücken und auf der Torte verteilen.

Erdbeertorte

Zutaten

1 Tortenboden (s. Rez. für eine Springform S. 289)

Belag:
500 g Erdbeeren
¼ l Schlagsahne
Zucker
Minzeblättchen zum
Verzieren

Arbeitsschritte

- Mürbeteig nach Rezept herstellen und einen Tortenboden backen.
- Nach dem Auskühlen die Schlagsahne auf dem Boden verstreichen. Etwas Sahne zum Verzieren zurückbehalten.
- Mit gezuckerten Erdbeeren belegen.
- Mit der restlichen Schlagsahne und Minzeblättern verzieren.
- Sofort servieren.

Tipp: Mürbeteigboden auf Vorrat backen und in einer großen Dose aufbewahren. Hält sich ca. 14 Tage frisch.

Hier eine wundervolle Torte, die nicht länger als 20 Minuten stehen soll, da sie sonst bitter wird. Ein Enzym der frischen Kiwis (ebenso von frischer Ananas) zersetzt in kürzester Zeit das Milcheiweiß und macht die Torte ungenießbar!

Kiwitorte

Zutaten

1 Tortenboden (s. Rez. für eine Springform S. 289 mit 20 g anstatt 60 g Zucker)

Belag:
3 EL Kiwi- oder Stachel-beermarmelade
¼ l Schlagsahne
2 Bananen
4 Kiwis

Arbeitsschritte

- Mürbeteig kneten, kühl stellen.
- Aus dem Teig zwei dünne Platten herstellen.
- Auf ein Kuchenblech legen, bei 180 °C ca. 15 Min. hellgelb backen.
- Die Marmelade mit 2 EL Wasser verrühren und noch auf den heißen Boden verstreichen, den zweiten Boden darauflegen. Abkühlen lassen.
- Mit Schlagsahne bestreichen und das Obst in beliebigem Muster darauf verteilen.
- Mit restlicher Sahne verzieren, kurz kühl stellen und bald verzehren.

Feiner Mandelkranz

Zutaten

300 g Weizenmehl
2 TL Backpulver
100 g Zucker
1 P. Vanillezucker
4 EL Milch
100 g Butter

Füllung:
200 g Mandeln, gerieben
100 g Zucker
4 Tropfen Bittermandelöl
4 – 5 EL Wasser
Sahne nach Bedarf
Sahne zum Bestreichen

Arbeitsschritte

- Für den Teig aus allen Zutaten einen Mürbeteig nach Anleitung (S. 289) herstellen.
- Für die Füllung die geriebenen Mandeln, Zucker, Bitter-mandelöl, Wasser und je nach Sorte des Mehls mit so viel Sahne verrühren, dass eine geschmeidige Masse entsteht.
- Den Teig zu einem Rechteck von 35 cm auf 45 cm aus-rollen.
- Die Masse darauf streichen, von der längeren Seite her aufrollen.
- Die Rolle auf ein Backblech legen und zu einem Ring for-men. Dabei die Enden fest miteinander verschließen.
- Mit Sahne bestreichen und in den Ring in gleichmäßigen Abständen etwa ½ cm tiefe Kerben einschneiden.
- Bei ca. 180 °C 30 – 35 Minuten backen.

Apfel-Mango-Tarte *upside down*

Zutaten

Mürbeteig:
180 g Mehl Type 1050
100 g kalte Butter
60 ml Wasser
2 EL Sahne zum
Bestreichen

Belag:
1 Apfel
1 Mango
30 g Butter
4 EL Zucker

Puderzucker zum
Bestreuen

Varianten:

- Beliebiges, nicht zu
  saftiges Obst verwen-
  den, Birnen, Ananas,
  Aprikosen, Kirschen
  oder frische Beeren.
  Zuckermenge der
  Obstsorte anpassen.

Arbeitsschritte

- Mehl in eine Rührschüssel geben, die klein geschnittene Butter und Wasser zufügen und mit dem Handrührgerät rasch zu einem geschmeidigen Teig verrühren.
- Den Teig noch mal von Hand durchkneten, zur Kugel formen und kalt stellen.
- Apfel und Mango schälen und in etwa gleich große Schnitze scheiden, zur Seite stellen.
- Eine feuerfeste Form mit etwas Butter auspinseln, den Zucker darauf verteilen, auf der Herdplatte bei kleiner Hitze karamellisieren lassen.
- Restliche Butter in Flöckchen schneiden und darauf verteilen. Gut verrühren.
- Das vorbereitete Obst dachziegelartig daraufschichten.
- Den Teig zwischen zwei Lagen Haushaltsfolie auf die Größe der Form ausrollen.
- Die obere Folie abziehen, umgedreht auf das Obst legen, zurechtrücken und die zweite Folie abziehen.
- Mit Sahne bepinseln.
- Bei 180 °C, am besten Unterhitze und Umluft, ca. 30 Minuten backen und etwa 30 Minuten abkühlen lassen.
- Mit einem Spatel den Kuchen rundherum vorsichtig von der Form lösen.
- Zum Stürzen eine Servierplatte auf die Auflaufform legen, Platte und Auflaufform gut festhalten und stürzen. Jetzt liegt die Obstschicht obenauf.
- Die Tarte mit Puderzucker bestreuen.

Tipp: Gleich die doppelte Menge Teig herstellen und für die nächste Obsttorte im Kühlschrank aufbewahren oder einfrieren.

Kleingebäck

Muffins

Kekse

Weihnachtsgebäck

Glasuren

Cremes & Füllungen

Kleingebäck

Ob zum Kindergeburtstag oder zur festlichen Kaffeetafel oder einfach mal so zwischendurch. Kleingebäck ist immer beliebt.

Wie vielfältig die Varianten auch sein mögen, zugrunde liegen im Allgemeinen zwei Standards:

- Kleingebäck aus Hefeteig, das möglichst frisch serviert werden sollte und
- Kleingebäck aus Mürbeteig, das länger hält und sich deshalb gut vorbereiten lässt.

Von den unterschiedlichsten Zutaten bis zu den Verzierungen ist hier Ideenreichtum gefragt. Zur Besonderheit wird es, wenn das Gebäck vegan und eifrei zubereitet ist. Also, viel Spaß beim Experimentieren!

English Toffee vegan

Zutaten

200 g Mehl Type 1050
100 g Margarine
50 g Puderzucker
1 TL Backpulver

Toffee:
120 g Margarine
130 g Invertzucker oder
Kunsthonig
6 EL Soja Cuisine

Schokoladenguss:
200 g Bitterschokolade
(vegan)

Arbeitsschritte

- Für den Boden Mehl, Margarine, Puderzucker und Backpulver rasch zu einem Knetteig verarbeiten.
- Den Teig ½ Stunde ruhen lassen.
- Auf einem Blech ausrollen, bei 170 °C 15 Minuten backen, abkühlen lassen.
- Inzwischen Margarine in einem Topf erwärmen, Invertzucker und Soja Cuisine zugeben, zum Kochen bringen und 5 Minuten unter Rühren köcheln lassen.
- Noch warm auf dem Boden verteilen. Abkühlen lassen.
- Schokolade im Wasserbad schmelzen und den Boden damit überziehen.
- Kleine Stücke von 5 x 7 cm schneiden, für Weihnachtsgebäck in kleine Stücke von 2 x 3 cm schneiden.
- Ergibt je nach Größe zwischen 25 und 60 Stück.

Altenglische Scones

Zutaten

70 g Butterschmalz
250 g Mehl Type 1050
4 TL Backpulver
1 Tasse saure Milch
(Joghurt)
je 1 Prise Salz und Zucker

Arbeitsschritte

- Butterschmalz sehr weich werden lassen.
- Alle Zutaten zusammen gut verkneten und den Teig zu einer dicken Rolle formen.
- In 1 cm dicke Scheiben schneiden, auf ein gefettetes Backblech geben.
- Bei 200 °C 15 Minuten backen.
- Warm mit Marmelade zum Tee servieren.

Nussecken

Zutaten

50 g Butter
125 g Honig
250 g Mehl
½ P. Backpulver
80 g Rohrohrzucker
1 P. Vanillezucker
1 TL Lebkuchengewürz
1 Bio-Zitrone (abgeriebene Schale)
⅛ l Milch
125 g Nüsse
150 g Kuvertüre

Arbeitsschritte

- Butter weich werden lassen und mit dem Honig verrühren.
- Mehl und Backpulver mischen.
- Zucker und Geschmackszutaten abwechselnd mit Mehl und Milch zur Honigmasse geben und gut verrühren.
- Den Teig auf ein gefettetes Backblech streichen.
- Mit den grob gehackten Nüssen bestreuen und bei 170 °C 30 – 40 Minuten backen.
- Nach dem Auskühlen in 10 x 10 cm große Quadrate schneiden und diese diagonal durchschneiden.
- Kuvertüre erwärmen und dekorativ über die Nussecken träufeln.
- Auf Backpapier legen und abkühlen lassen.

Blätterteig rein vegan und noch dazu ohne Alkohol ist nur im Bio-Bereich erhältlich. Ihn selbst herzustellen ist zwar aufwendig, aber da weiß man dann auch, was man hat!

Grundrezept:

Blätterteig vegan

Zutaten

500 g Margarine
500 g Weizenmehl Type 1050
ca. ¼ l Wasser

Arbeitsschritte

- Margarine mit einem Viertel des Mehls verarbeiten und einen Ziegel formen, kalt stellen (Tiefkühlfach).
- Restliches Mehl mit etwas Salz und Wasser zu einem glatten Teig verarbeiten, ruhen lassen. Ausrollen.
- Margarine-Mehl-Ziegel halbieren und beide Hälften in den Teig einschlagen, etwas flach klopfen.
- 3-teilig übereinanderlegen und 20 Minuten im Kühlschrank ruhen lassen.
- Wieder ausrollen, 4-teilig zusammenlegen, ½ Stunde ruhen lassen und ausrollen.
- 3-teilig zusammenlegen, ½ Stunde ruhen lassen, ausrollen.
- 4-teilig zusammenlegen, ½ Stunde ruhen lassen.
- Zu Gebäck nach Wahl weiterverwenden.

Quarktaschen

Zutaten

Blätterteig (s. Grundrezept oben oder tiefgekühlt)

Füllung:
500 g Quark 40%
1 P. Vanillezucker
½ Bio-Zitrone (abgeriebene Schale)
100 g Rosinen
5 EL Honig

Arbeitsschritte

- Aus den angegebenen Zutaten eine Füllung herstellen.
- Blätterteig in Quadrate schneiden und die Füllung in die Mitte geben.
- Die vier Enden übereinanderschlagen und in der Mitte zusammendrücken.
- Bei mittlerer Hitze 20 – 30 Minuten backen.

Aprikosenhörnchen ✓

Zutaten

Blätterteig (s. Rez. links
oder tiefgekühlt)
Aprikosenmarmelade

Arbeitsschritte

- Blätterteig in Quadrate schneiden.
- Mit Aprikosenmarmelade füllen.
- Zu einem Dreieck zusammenklappen.
- Die Enden ein wenig nach innen biegen, dass es ein Hörnchen ergibt.
- Bei mittlerer Hitze 20 – 30 Minuten backen.

Kartoffelhörnchen

Zutaten

250 g Kartoffeln, am Vortag
gekocht
250 g Mehl
150 g Zucker
1 P. Backpulver
75 g Butter
1 Prise Salz
2 geh. TL Ei-Ersatz (Reformhaus)

Füllung:
Dreifrucht-Marmelade

Sahne zum Bestreichen
Zitronenglasur
(s. Rez. S. 316)

Arbeitsschritte

- Kartoffeln am Vortag kochen, heiß schälen, kühl stellen.
- Am nächsten Tag die Kartoffeln raffeln.
- Zusammen mit den übrigen Zutaten schnell zu einem festen Teig kneten, damit er nicht speckig wird.
- Teig ca. ½ cm dick ausrollen.
- Zu Quadraten von ca. 8 x 8 cm schneiden.
- 1/3 TL Marmelade in die Mitte geben und über Eck zu einem Hörnchen rollen.
- Auf gefettetes Backblech legen.
- Mit Sahne bestreichen.
- Bei 200 °C ca. 20 Minuten backen.
- Nach dem Erkalten mit Zitronenglasur überziehen.
- Ergibt ca. 20 Stück.

Hefeschnecken

Zutaten

**Hefeteig nach Wahl
(s. Rez. S. 274 f.) mit der
Hälfte des Zuckers**

Füllung:
150 g Rosinen
50 g Butter
100 g Mandeln, gerieben
50 g Fruchtzucker
½ TL Zimt

**Orangenglasur
(s. Rez. S. 316)**

Arbeitsschritte

- Einen Hefeteig nach Wahl mit der Hälfte des angegebenen Zuckers vorbereiten, gehen lassen und ½ cm dick ausrollen.
- Inzwischen die Rosinen überbrühen, abseihen und trocken tupfen, zur Seite stellen.
- Den aufgegangenen Teig mit zerlassener Butter bestreichen.
- Rosinen, Mandeln, Zucker und Zimt auf dem Teig verteilen, diesen aufrollen und in 1 cm dicke Scheiben schneiden.
- Die Scheiben auf ein gefettetes Blech legen, 15 – 20 Minuten gehen lassen und bei 200 °C etwa 20 Minuten goldgelb backen.
- Nach Belieben mit Orangenglasur bestreichen.

Böhmische Hefeteilchen

Zutaten

Hefeteig nach Wahl
(s. Rez. S. 274 – 275)
mit nur 20 g Zucker

Mohnfüllung:
250 g fertige Mohnmasse

Quarkfüllung:
250 g Quark, 40% Fett
2 EL Fruchtzucker
½ Bio-Zitrone (geriebene
Schale)

Powidlfüllung:
250 g Pflaumenmus
1 Fl. Rumaroma nach
Geschmack

Streusel (s. Rez. Streusel-
kuchen S. 278)

Arbeitsschritte

▪ Einen Hefeteig nach Wahl mit nur 20 g Zucker vorbereiten.
▪ Den Teig zu einer Stange ausrollen, in kleine Portionen schneiden und zu Kugeln formen.
▪ Diese zu kleinen Fladen von ca. 15 cm Durchmesser ausrollen, auf gefettete Backbleche legen und aufgehen lassen.
▪ Inzwischen die Streusel vorbereiten und zur Seite stellen.
▪ Quark mit Zucker und Zitronenschale mit einem Schneebesen glatt rühren.
▪ Pflaumenmus mit dem Rumaroma verrühren.
▪ In die Tüte der Mohnmasse schräg eine 1,5 cm große Öffnung schneiden.
▪ In die Mitte jedes aufgegangenen Fladens einen Tupfer Pflaumenmus geben. Sternförmig und im Wechsel nebeneinander jeweils 1 TL Mohnmasse, Quark und Pflaumenmus geben. Dabei einen kleinen Rand frei lassen.
▪ Auf diese Weise alle Teigstücke belegen und die Streusel darauf verteilen.
▪ Die Teilchen nochmals gehen lassen und bei 180 °C 25 – 30 Minuten backen.

Muffins

Die mögen nicht nur Kids! Schnell zusammengerührt, in kurzer Zeit gebacken und einfach zum Mitnehmen lieben dieses süße Fingerfood auch die Erwachsenen. Vollwertig und natürlich gesüßt als schnelles Frühstück bis doppelt schokoladig am Nachmittag, vegan oder glutenfrei – hier bleibt keiner außen vor!

Hirse-Muffins zuckerfrei, vegan ✓

Zutaten

200 g Hirse Goldhirse (Reformhaus), keine Minutenhirse!
300 ml Wasser
¼ TL Salz
¼ TL Zimt
150 g entsteinte Datteln, in Stücke geschnitten
150 g Rosinen
2 reife Bananen
2 Äpfel
100 ml Öl nach Wahl (Walnuss-, Sesam-, Oliven- oder Rapsöl)
3 EL Lezithin flüssig*
150 – 200 ml Apfelsaft
150 g Dinkelvollkornmehl
100 g geriebene Haselnüsse oder Mandeln
3 gestr. TL Natron.

*Lezithin (s. Hinweis S. 351)

Arbeitsschritte

- Hirse sorgfältig waschen und abtropfen lassen.
- Wasser mit Salz und Zimt zum Kochen bringen, Hirse, Datteln und Rosinen zufügen und bei kleiner Hitze 25 Minuten ausquellen lassen.
- Die Bananen mit einer Gabel zerdrücken, die Äpfel mit der Schale grob raffeln und beides mit der Hirse vermischen.
- In eine Schüssel zuerst das Öl geben und mit dem Lezithin verrühren, Apfelsaft zufügen, verquirlen und mit der ersten Mischung vermengen.
- Mehl, Nüsse und Natron in einer Schüssel vermischen und untermengen.
- In Muffinförmchen geben und bei 180 °C ca. 30 Minuten backen.
- Ergibt ca. 60 Stück.

Tipp: Wenn's zum Frühstück Hirse geben soll, gleich mehr kochen für diese leckeren Muffins!

Varianten:
- Anstelle von Datteln Trockenfrüchte nach Wahl verwenden.
- Nüsse durch 100 g klein geschnittene Bitterschokolade oder Kokosflocken ersetzen.

Schoko-Kokos-Muffins

Zutaten

600 g Mehl Type 1050
100 g Kakao
1 Msp. Salz
3 gestr. TL Natron
100 ml Öl nach Wahl (Walnuss-, Sesam-, Oliven- oder Rapsöl)
2 EL Lezithin flüssig*
350 g Zucker
700 ml Bananen-Kirschsaft
1 EL Essig

Füllung:
200 g Doppelrahm-Frischkäse
100 ml Kokosmilch
1/8 l Kirsch-Bananensaft
100 g Kokosflocken
200 g Schokoladensplitter
1 TL Natron

Arbeitsschritte

- Mehl mit Kakao, Salz und Natron mischen.
- In eine Schüssel das Öl geben, Lezithin und Zucker zufügen, mit einem Schneebesen schaumig schlagen.
- Unter ständigem Rühren Saft und Essig zufügen.
- Beide Mischungen miteinander vermengen.
- Muffinformen vorbereiten.
- Mit einem kleinen Eisportionierer in jedes Förmchen eine Portion Teig geben. (Die Förmchen sollten zu max. 2/3 gefüllt sein.)
- Für die Füllung Frischkäse mit Kokosmilch und Saft verrühren.
- Kokosflocken und Schokoladensplitter zufügen und vermengen.
- Auf jede Kugel Schokoladenteig einen TL Füllung geben und etwas in den Teig hineindrücken.
- Die Muffins bei 175 °C ca. 20 – 30 Minuten backen.
- Ergibt ca. 50 Stück.

Schoko-Kirsch-Muffins

Zutaten

250 g Mehl Type 1050
2 EL Kakao
1 Msp. Salz
2 gestr. TL Natron
6 EL Olivenöl
1 EL Lezithin flüssig*
150 g Zucker
1 EL Essig
200 ml Kirschsaft
500 g Kirschen

Arbeitsschritte

- Mehl mit Kakao, Salz und Natron mischen.
- In eine Schüssel das Öl geben, Lezithin, Zucker und Essig zufügen, mit dem Handrührgerät schaumig schlagen.
- Nach und nach den Saft zugeben, weiterrühren.
- Beide Mischungen miteinander vermengen, die Kirschen unterheben.
- Muffinformen vorbereiten.
- Mit einem kleinen Eisportionierer in jedes Förmchen eine Portion Teig geben. (Die Förmchen sollten zu max. 2/3 gefüllt sein.)
- Die Muffins bei 175 °C ca. 20 – 30 Minuten backen.
- Ergibt ca. 14 Stück

Bananen-Muffins vegan

Zutaten

200 g Weizen oder Dinkel
200 g Weizenmehl
Type 1050
100 g Braunhirsemehl
1 P. Backpulver
1 TL Natron
2 Tassen Walnüsse, gehackt
100 g vegane Schokolade,
geraspelt
100 g kandierter Ingwer,
klein geschnitten
5 große reife Bananen
10 EL Olivenöl
10 EL Agavendicksaft
300 ml Sojasahne
100 g Zartbitterschokolade,
geraspelt

Arbeitsschritte

- Weizen oder Dinkel fein mahlen, mit Weizenmehl, Braunhirse, Backpulver, Natron, Walnüssen, geraspelter Schokolade und Ingwer vermischen.
- Bananen mit einer Gabel zerdrücken.
- Olivenöl, Agavendicksaft und Sojasahne schaumig schlagen.
- Die Creme über das Mehlgemisch gleiten lassen und zu einem geschmeidigen Teig vermengen.
- Den Teig mit Hilfe eines Eisportionierers oder mit einem großen Löffel in die Muffinformen geben.
- Bei ca. 175 °C etwa 25 Minuten backen.
- Noch heiß mit der geraspelten Schokolade bestreuen, abkühlen lassen.
- Ergibt ca. 60 Stück.

 Tipp: Für glutenfreie Muffins 400 g Weizen und Weizenmehl durch ein Gemisch aus Reis- und Maismehl und 2 P. Puddingpulver ersetzen.

Regenbogen-Muffins vegan

Zutaten

250 g Weizenmehl Type
1050
½ P. Backpulver
2 EL bunte Zuckerstreusel
4 EL Olivenöl
1 EL Lezithin flüssig oder
Lezithingranulat aufgelöst
100 g Zucker
1 TL Balsamico hell oder
Obstessig
300 ml Sojasahne
Apfelsaft nach Bedarf

Arbeitsschritte

- Mehl mit Backpulver und 1 EL Zuckerstreusel vermischen.
- Olivenöl in einer Rührschüssel mit Lezithin, Zucker und Essig verrühren.
- Sojasahne schaumig schlagen.
- Die Mischungen vorsichtig zusammenrühren.
- Sollte sie noch Flüssigkeit benötigen, etwas Apfelsaft unterrühren.
- Den Teig mit Hilfe eines Eisportionierers oder mit einem großen Löffel in die Muffinformen geben (nicht ganz voll füllen).
- Restliche Zuckerstreusel auf den Teig streuen.
- Bei ca. 175 °C etwa 25 Minuten backen.
- Ergibt 12 Stück.

Zitronen-Mango-Muffins vegan ✓

Zutaten

250 g Weizenmehl Type 1050
½ P. Backpulver
1 Bio-Zitrone (abgeriebene Schale)
4 EL Olivenöl
1 EL Lezithin flüssig oder Lezithingranulat aufgelöst
2 EL Zitronensaft
100 g Zucker
1 Mango
300 ml Sojasahne
Apfelsaft nach Bedarf

Tipp: Für glutenfreie Regenbogen-Muffins und Zitronen-Mango-Muffins: Das Mehl durch ein glutenfreies Mehlgemisch (Reform-haus) und 1 P. Pudding-pulver ersetzen.

Arbeitsschritte

- Mehl mit Backpulver und Zitronenschale vermischen.
- Olivenöl in einer Rührschüssel mit Lezithin, Zitronensaft und Zucker verrühren.
- Die Mango schälen und würfeln.
- Sojasahne schaumig schlagen.
- Alle Mischungen vorsichtig zusammenrühren.
- Sollte sie noch Flüssigkeit benötigen, etwas Apfelsaft unterrühren.
- Den Teig mit Hilfe eines Eisportionierers oder mit einem großen Löffel in die Muffinformen geben (nicht ganz voll füllen).
- Bei ca. 175 °C etwa 25 Minuten backen.
- Ergibt ca. 12 Stück.

Varianten:
- Heidelbeer-Muffins: Zitronenschalen weglassen, 150 g frische Heidelbeeren unterheben.
- Apfel-Zimt-Muffins: Zitronenschalen weglassen, 2 Äpfel geraspelt und 1 TL Zimt unterheben.
- Himbeer-Muffins: Zitronenschalen und Zucker weg-lassen. 200 g Himbeermarmelade mit der Ölmischung verrühren und 150 g frische Himbeeren unterheben.
- Knusper-Muffins: Zitronenschalen weglassen, 50 g Knusper-Müsli unterheben.

Kekse

Wer braucht nicht ab und zu ein bisschen Nahrung für die Nerven oder einen Knabberspaß zum Trost? Mit selbst gebackenen Keksen gönnen Sie sich selbst etwas Gutes oder Sie können Ihren Besuch verwöhnen.

Grundrezept:

Vollkornkekse

Zutaten
500 g Weizen oder Dinkel
250 g Butter (Margarine)
2 EL Joghurt (Sojamilch)
200 g Honig (150 g Zucker)
1 TL Bourbon-Vanille
Milch (Sojasahne)

Arbeitsschritte
- Getreide fein mahlen.
- Fett und Honig oder Zucker schaumig schlagen.
- Geschmackszutaten, Mehl und Joghurt unterheben.
- Eventuell einige EL Milch hinzugeben, falls erforderlich.
- Den Teig 30 Minuten kalt stellen.
- Beliebig zu Keksen formen. Bei 175 °C ca. 10 Min. backen.

Tipp: Dieses Grundrezept eignet sich hervorragend für vegane Kekse. (Zutaten in den Klammern wählen.)

Varianten:

- **Kokoskekse:** 300 g Mehl und 200 g Kokosraspel verwenden.
- **Schokokekse:** Ein EL Honig und 3 – 4 EL Melasse. 1 EL Kakao, je ¼ TL Vanille, Zimt, Kardamom hinzufügen.
- **Nusskekse:** 300 g Weizenmehl, 250 g geriebene Haselnüsse oder Mandeln verwenden.
- **Orangenkekse:** Statt Vanille ein EL Orangenschale verwenden (ungespritzte Orangen dünn abschälen, trocknen und mixen).
- **Carobkekse:** 1 EL Honig und 3 – 4 EL Melasse. Ein EL Carob, je ¼ TL Vanille, Zimt, Kardamom hinzufügen.
- **Bananenkekse:** 3 Bananen mixen und zum Grundrezept geben. Milch weglassen.

Verfeinerungen:

- Vor dem Backen mit ganzen oder kleingehackten Haselnüssen, Mandeln, Kürbiskernen, Pistazien oder Cashewnüssen verzieren.
- Einen Tupfer süßsaure Marmelade aufsetzen.
- Runde Kekse nach dem Backen mit Marmelade bestreichen, zusammensetzen und mit Puderzucker bestäuben.

Dattelplätzchen

Zutaten

250 g Datteln, entsteint
50 g Butter
2 EL Honig
100 g Haferflocken fein
50 g Haselnüsse, gemahlen
50 g Haselnüsse, gehackt

Arbeitsschritte

- Datteln klein hacken.
- Die weiche Butter mit dem Honig zu einer Creme verrühren.
- Haferflocken und die gehackten Nüsse rösten, abkühlen lassen.
- Sämtliche Zutaten vermischen.
- Je ein geh. TL der Masse auf ein gefettetes Backblech setzen und bei 150 °C ca. 30 Minuten backen.
- Ergibt etwa 40 Stück.

Sesamplätzchen

Zutaten

400 g Getreidemischung wie Weizen, Gerste, Hafer, Buchweizen
200 g Sesam
½ TL Backpulver
250 g Butter
200 g Rohrohrzucker
4 TL Zimt
2 P. Vanillezucker
1 Fl. Rumaroma oder
¼ TL Kardamom
½ TL Meersalz
1 Bio-Zitrone (abgeriebene Schale)
½ – 1 Tasse Wasser

Arbeitsschritte

- Getreide fein mahlen und mit Sesam und Backpulver mischen.
- Butter mit Zucker und Gewürzen schaumig schlagen, abwechselnd mit Wasser und dem Mehl-Sesam-Gemisch vermengen. Der Teig sollte nicht zu flüssig sein, sondern von einer leicht formbaren Konsistenz.
- Je ein geh. TL der Masse auf ein gefettetes Backblech setzen und bei 180 °C ca. 15 Minuten backen.

Weihnachtsgebäck

Grundrezept:

Mürbeteig für Weihnachtsgebäck

Zutaten

500 g Mehl
2 gestr. TL Backpulver
200 g Zucker
1 P. Vanillezucker
4 – 5 EL Sojamilch
abgeriebene Schale 1 Bio-Zitrone
3 bittere Mandeln, fein gerieben oder einige Tropfen Bittermandelöl
250 g Butter oder Margarine

Arbeitsschritte

- Mehl und Backpulver vermischen. In der Mitte eine Vertiefung machen, Zucker, Vanillezucker, Sojamilch, Zitronenschale und Bittermandeln oder Bittermandelöl zufügen und mit der Hälfte des Mehls zu einem dickflüssigen Brei verrühren. Darauf die kalte, klein geschnittene Butter oder Margarine verteilen und rasch zu einem geschmeidigen Teig verarbeiten.
- **Wichtig:** Die unter Varianten genannten Zutaten mitverarbeiten, Zitronenschale dann weglassen!
- Mehl um die Quantität der Nüsse verringern.
- Den Teig vor dem Ausstechen 30 Minuten kalt stellen.

Varianten:
Spekulatius

- 2 – 3 gestr. TL Spekulatiusgewürz zum Mehl geben. Teig ausrollen, in Größe der Spekulatiusform Rechtecke schneiden, in die bemehlte Form drücken. Überstehenden Rand abschneiden und auf gefettetem Blech backen.

Nussplätzchen

- Teig mit 125 g gehackten Nüssen, 2 gestr. EL Kakao, 1 Fl. Rumaroma, 3 – 4 EL Sahne zubereiten. Zu einer Rolle von etwa 4 cm Durchmesser formen, in Scheiben schneiden, mit Sahne bepinseln, eine halbe Walnuss daraufsetzen und leicht andrücken.

Marmeladekissen

- Teig zu kleinen Kugeln formen, in gehackten Nüssen wenden. Etwas flach drücken, in die Mitte eine Vertiefung eindrücken und mit Marmelade füllen.

Spitzbuben

- 150 g geriebene Haselnüsse und 1 Fl. Rumaroma mit dem Teig verarbeiten. 4 mm dick ausrollen. Kleine, runde Plätzchen (die Hälfte mit einem kleinen Loch in der Mitte) ausstechen. Nach Anleitung backen und noch heiß mit Marmelade, Nougat oder Kuvertüre füllen und zusammensetzen. Mit Puderzucker bestreuen.

Rumherzen

- Teig mit 150 g geriebenen Mandeln und 1 Fl. Rumaroma herstellen, 4 mm dick ausrollen, Herzen ausstechen und backen. Rumaroma mit etwas Zuckerwasser verrühren, die Herzen damit bepinseln. Mit Rumglasur (s. Rez. S. 316) überziehen.

Ingwerhäufchen

Zutaten

500 g Mehl
250 g Butter
200 g Zucker
1 P. Vanillezucker
2 Msp. Ingwer, gemahlen
1 Fl. Rumaroma
1 TL Backpulver
4 EL Joghurt oder Sojamilch
kandierter Ingwer zum
Verzieren

Arbeitsschritte

- Aus allen Zutaten rasch einen Teig kneten. Falls er zu trocken ist, etwas Milch zugeben.
- Je ein geh. TL der Masse auf ein gefettetes Backblech setzen, mit kandiertem Ingwer verzieren und bei 180 – 200 °C 10 – 15 Minuten backen.

Florentiner

Zutaten

¼ l Sahne
100 g Margarine
250 g Zucker
150 g Mandeln, geschält
und gerieben
150 g Mandelblättchen
100 g Orangeat, geschnitten
100 g Zitronat, geschnitten
2 EL Mehl
Kakaofettglasur
(s. Rez. S. 317)

Arbeitsschritte

- Sahne, Margarine und Zucker erhitzen.
- Mandeln, Orangeat und Zitronat dazugeben, aufkochen lassen.
- Zum Schluss Mehl einrühren, beiseite stellen und etwas abkühlen lassen.
- Backblech mit Backpapier auslegen und je einen geh. TL der Masse aufsetzen und glattstreichen.
- Bei 175 °C 20 – 25 Minuten backen.
- Sofort vom Papier lösen, sonst kleben sie fest.
- Den Boden der Plätzchen mit Kakaofettglasur bestreichen.

Kokosmakronen vegan

Zutaten

2 EL Sojasahne
150 g Puderzucker
½ Bio-Zitrone (Saft und Schale)
1 Rumaroma
1 P. Vanillezucker
3 Tropfen Bittermandelöl
100 g Weizenmehl
½ P. Backpulver
250 g Kokosraspel
200 g Soja-Schlagcreme
Oblaten

Arbeitsschritte

- Sojasahne mit Zucker und Geschmackszutaten verrühren.
- Mehl mit Backpulver vermischen und löffelweise einrühren.
- Die Kokosraspel dazugeben und vorsichtig die geschlagene Sojasahne unterheben.
- Oblaten auf ein Blech legen, mit zwei Teelöffeln kleine Haufen daraufsetzen und bei 175 °C ca. 10 Minuten backen.

Nussmakronen

Zutaten

300 g Haselnüsse
50 g Hirse
1 gestr. TL Backpulver
150 g Honig
½ Bio-Zitrone (Saft)
200 g Sahne
Oblaten
Nüsse zum Garnieren

Arbeitsschritte

- Haselnüsse grob reiben, Hirse fein mahlen, mit Backpulver, Honig und Zitronensaft vermischen.
- Sahne steif schlagen und vorsichtig unterziehen.
- Oblaten auf ein Blech legen.
- Mit zwei Teelöffeln kleine Haufen daraufsetzen.
- Jeweils eine Haselnuss in die Mitte der Makronen etwas in den Teig drücken.
- Bei 175 °C 15 – 20 Minuten backen.
- Noch weitere 5 Minuten im Ofen lassen.

Variante:

Walnussmakronen

Arbeitsschritte

- Zutaten und Herstellung wie Nussmakronen, die Haselnüsse durch grob geriebene Walnüsse ersetzen.
- Mit Walnusshälften vor dem Backen garnieren.

Vanillekipferl

Zutaten

125 g Mandeln, geschält
300 g Mehl Type 1050
250 g kalte Butter
125 g Zucker
1 EL Joghurt
2 EL Sahne
2 P. Vanillezucker

Arbeitsschritte

- Mandeln fein mahlen, zur Seite stellen.
- Mehl auf ein Backbrett für die 'Handarbeit' oder in eine Schüssel zur Verarbeitung mit einem Rührgerät sieben. In eine Vertiefung Zucker, Joghurt und Sahne geben und mit der Hälfte des Mehls zu einem dickflüssigen Brei verrühren. Darauf die kalte, klein geschnittene Butter verteilen und rasch zu einem geschmeidigen Teig verarbeiten.
- Den Teig eine Stunde kalt stellen.
- Ein Backblech bebuttern. Kleine Kipferl (Hörnchen) direkt auf das Blech formen und bei 175 °C hellgelb backen.
- Noch heiß im Vanillezucker wälzen.

Lebkuchen

Zutaten

200 g Dinkel
450 g Weizen
400 g Mandeln
625 g Honig
100 g Butter
50 g Lebkuchengewürz
50 g Zitronat
50 g Orangeat
30 g Backpulver
1 Bio-Zitrone
(abgeriebene Schale)
½ l Milch
¼ TL Salz

Arbeitsschritte

- Getreide und Mandeln getrennt mahlen.
- Honig leicht erwärmen und alle Zutatenmischen.
- Sorgfältig durchkneten.
- Auf das Backblech Lebkuchen-Oblaten legen, den Teig mit Hilfe eines Spritzbeutels daraufgeben.
- Über Nacht trocknen lassen.
- Bei 160 °C 20 – 25 Minuten backen.

Varianten:
- Statt 200 g Dinkel die gleiche Menge Mandelstifte verwenden.
- Die Lebkuchen nach dem Backen mit Schokoladenglasur (s. Rez. S. 317) überziehen.
- Mit halbierten Mandeln verzieren.

Ab hier wird's glutenfrei!
Glasuren für Kleingebäck und Kuchen

Grundrezept:

Zuckerglasur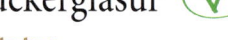

Zutaten

250 g Puderzucker
3 EL Wasser
Geschmackszutaten wie
Zitronensaft, Rumaroma,
Kaffee siehe unten

Arbeitsschritte

- Heißes Wasser mit Puderzucker verrühren, Geschmackszutaten zugeben.
- Kuchen oder Gebäck mit Glasur überziehen.
- Die Glasur muss dickflüssig sein.
- Bei der Verwendung von flüssigen Geschmackszutaten Wasser reduzieren oder gänzlich ersetzen (z. B. bei Zitronenglasur), damit die Glasur nicht zu flüssig wird.
- Sofort auf Kuchen oder Gebäck verteilen und trocknen lassen.

Hinweis:

Für vegane Varianten verwenden Sie bitte vegane Schokolade.

Zitronenglasur

- 3 EL Zitronensaft mit dem Puderzucker verrühren.

Fruchtsaftglasur

- 3 – 4 EL Fruchtsaft (Kirsch-, Johannisbeer-, Orangen-, Himbeer- oder Erdbeersaft) erwärmen und mit dem Puderzucker gut verrühren.

Rumglasur

- 2 EL heißes Wasser mit dem Puderzucker verrühren und 1 EL Rumaroma hinzugeben.

Mokkaglasur

- 2 TL Pulverkaffee in 1 EL heißem Wasser lösen, mit 20 g angewärmtem Nougat zum Puderzucker zugeben.

Rosenglasur

- 1 EL heißes Wasser und 2 EL Rosenwasser zum Puderzucker geben und gut verrühren.

Schokoladenglasur

Zutaten

100 g Zartbitterschokolade
150 g Puderzucker
4–5 EL Wasser oder Milch
15 g Butter oder Kokosfett

Arbeitsschritte

- Schokolade in Stückchen brechen.
- Im Wasserbad auflösen.
- Mit Puderzucker, Wasser oder Milch und Butter oder Kokosfett verrühren, heiß verarbeiten.
- Kann im Wasserbad warm gehalten werden, wenn Kleingebäck verziert werden soll.

Kakaofettglasur

Zutaten

250 g Puderzucker
30 g Kakao
3–4 EL Milch
25 g Kokosfett

Arbeitsschritte

- Puderzucker und Kakao mit der heißen Milch glattrühren.
- Zerlassenes Kokosfett einrühren.
- Sofort verwenden.

Cremes & Füllungen

Grundrezept:

Echte Buttercreme

Zutaten

200 g Fruchtzucker oder Puderzucker
250 g Butter
1 P. Vanillezucker
Geschmackszutaten

Arbeitsschritte

- Fruchtzucker mixen oder Puderzucker verwenden.
- Butter schaumig rühren.
- Nach und nach Zucker und Vanillezucker zugeben.
- Geschmackszutaten zufügen wie: Rumaroma, Arrakaroma, Pulverkaffee (mit etwas heißem Wasser aufgelöst und abgekühlt), Kakao, zerlassene Schokolade oder Kuvertüre, Marzipan-Rohmasse, Nougat, geriebene evtl. geröstete Nüsse oder Mandeln.
- Wenn Geschmackszutaten verwendet werden, die sehr süß sind, wie z. B. Schokolade, Nougat, Marzipan, dann die oben angeführte Zuckermenge reduzieren oder ganz weglassen.

Grundrezept:

Verlängerte Buttercreme

Zutaten

½ l Milch
1 P. Puddingpulver (Sahne-
oder Vanillegeschmack)
oder 50 g Speisestärke
250 g Butter
200 g Fruchtzucker

Arbeitsschritte

- Puddingpulver mit etwas kalter Milch anrühren.
- Restliche Milch mit Zucker zum Kochen bringen, angerührtes Puddingpulver einrühren und aufkochen.
- Den Pudding erkalten lassen.
- Butter bzw. Margarine schaumig rühren.
- Den Pudding löffelweise unterrühren, darauf achten, dass Pudding und Butter die gleiche Temperatur haben, sonst gerinnt die Creme.

Grundrezept:

Verlängerte Buttercreme vegan

Zutaten

½ l Soja- oder Reismilch
1 P. Puddingpulver (Sahne-
oder Vanillegeschmack)
oder 50 g Speisestärke
250 g Pflanzenmargarine
200 g Fruchtzucker

Arbeitsschritte

- Puddingpulver mit etwas kalter Soja- oder Reismilch anrühren.
- Restliche Milch mit Zucker zum Kochen bringen, angerührtes Puddingpulver einrühren und aufkochen und den Pudding erkalten lassen.
- Margarine schaumig rühren.
- Wenn beide Zutaten die gleiche Temperatur haben, den Pudding löffelweise unter die Creme rühren.

Aus den Grundrezepten für Buttercremes können nach Belieben folgende Torten-cremes hergestellt werden (für vegane Varianten Zutaten entspr. auswählen):

Vanillecreme

- 1 Päckchen Bourbon-Vanille zum Puddingpulver geben.

Schokoladencreme

- Entweder 100 g Kuvertüre, Zartbitter- oder Blockschokolade in der heißen Milch lösen, dann das Puddingpulver wie gewohnt einrühren, kurz aufkochen. Zucker beim Grundrezept halbieren.

Nougatcreme

- 100 g Nougat in der heißen Milch lösen. Zucker beim Grundrezept halbieren.

Nusscreme

- 100 g geriebene, angeröstete Haselnüsse oder Mandeln mit dem fertigen, noch warmen Pudding verrühren.

Mokkacreme

- 3 TL Pulverkaffee mit dem etwas abgekühlten Pudding verrühren.

Mokka-Schokoladencreme

- 2 TL Pulverkaffee und 30 g Kakao mit dem etwas abgekühlten Pudding verrühren.

Aprikosencreme

- 200 g Aprikosenkonfitüre mit dem fertigen, heißen Pudding verrühren. Zucker beim Grundrezept weglassen.

Ananascreme

- 200 g Ananaskonfitüre mit dem fertigen, heißen Pudding verrühren. Zucker beim Grundrezept weglassen.

Rum-Buttercreme

- Grundrezept mit zusätzlich 1 Fl. Rumaroma herstellen.

Karamellcreme

- 200 g Zucker in der Pfanne hellbraun rösten, mit 3 – 4 EL Milch löschen. Diesen Sirup zur (Soja-)Milch geben und statt Vanillepudding Karamellpudding verwenden.

Zitronencreme

- Zitronenpudding von knapp ½ l Wasser kochen. 5 EL Zitronensirup und etwas Zitronensaft mit dem heißen Pudding verrühren.

Erdbeercreme

- 150 g Erdbeermark mit dem heißen Pudding verrühren. Statt Vanillepudding Erdbeerpudding verwenden.

Rezeptübersicht

Pralinen, Schokolade, gesunde Naschereien

Der Mensch liebt von Natur aus Süßes.

Wie man auch immer dazu stehen mag, es gibt gute Gründe, sich das Leben zu versüßen. Das muss auch gar nicht ungesund sein. Mit den folgenden Rezepten möchten wir Ihnen Appetit auf selbst hergestellte Süßigkeiten machen. Es sind einfache und aufwendigere Rezepte dabei. Wozu Sie sich auch entscheiden, Sie machen sich und anderen bestimmt eine große Freude! Für vegane Varianten achten Sie bitte darauf, vegane Schokolade zu verwenden.

Viel Spaß beim Zubereiten und Naschen!

Pflaumen-Zimt-Kugeln

Zutaten

250 g weiche
Trockenpflaumen ohne
Stein
100 g Mandeln, gehackt
1 – 2 EL Pflaumenmus
1 TL Zimt
1 EL Rumaroma
50 g Mandeln, gerieben
zum Rollen

Arbeitsschritte

- Pflaumen mixen oder sehr klein schneiden.
- Mit Mandeln, Pflaumenmus, Zimt, Rumaroma verkneten.
- Geriebene Mandeln in einen Teller geben.
- Mit zwei Teelöffeln Portionen abstechen, in die geriebenen Mandeln fallen lassen, in den Mandeln wälzen und zu Kugeln formen.
- Trocknen lassen.
- Ergibt ca. 30 Stück.

Aprikosenkugeln

Zutaten

200 g Aprikosen, getrocknet
Zitronensaft
1 – 2 EL Honig
100 – 150 g Kokosraspel
1 EL Rumaroma

Arbeitsschritte

- Aprikosen mit Zitronensaft beträufeln und im gut verschlossenen Behälter über Nacht weich werden lassen.
- Die Aprikosen klein schneiden oder mixen.
- Mit Honig, Kokosraspel, Rumaroma und Wasser vermengen. Kleine Kugeln formen.
- Trocknen lassen.
- Ergibt 25 – 30 Stück.

Täglich zwei Mandeln mit Butter und Honig zu essen ist eine ayurvedische Empfehlung. Hier der Wochenvorrat für eine Familie mundgerecht vorbereitet:

Butter-Honigmandeln

Zutaten

100 g Mandeln, gerieben
100 g Mandeln, gehackt
80 g Butter
3 – 4 EL Honig

Arbeitsschritte

- Von den fein geriebenen Mandeln einige EL in einen tiefen Teller geben.
- Die gehackten Mandeln in etwas Butter anrösten.
- Fein geriebene und geröstete Mandeln mit Honig und Butter vermischen.
- Kühl stellen.
- Kleine Kugeln formen und in den zurückbehaltenen Mandeln wälzen.
- Kühl gelagert 14 Tage haltbar.
- Ergibt ca. 30 Stück.

Energiebollen

Zutaten

250 g Weizen
$1/8 - 1/4$ l Mineralwasser
200 g Trockenobst
1 EL Honig
1 Msp. Meersalz
1 EL Zitronensaft
1 EL Mandelmus
geriebene Mandeln

Arbeitsschritte

- Weizen auf einem Blech im Backofen bei 100 °C goldbraun rösten und abkühlen lassen.
- Mittelgrob schroten und etwa 2 Stunden einweichen.
- Trockenobst fein schneiden oder mixen und mit den übrigen Zutaten gut verkneten.
- Kleine Kugeln formen in den geriebenen Mandeln wälzen.
- An der Luft trocknen lassen.

Variante:
- Statt Weizen dieselbe Menge Kokosraspel dazugeben (Wasser reduzieren).

Tipp: Diese gesunde Schleckerei hält sich etwa 10 Tage und eignet sich besonders gut für den kleinen Hunger zwischendurch. Sei es zu Hause oder unterwegs.

Kokoskonfekt aus frischer Kokosnuss

Zutaten

1 Kokosnuss
200 g Schokolade
1 P. Vanillezucker
5 EL Dosenmilch
200 g Kokosraspel

Tipp: Die fertigen Kugeln sehr dicht auf ein Backpapier legen und mit flüssiger Schokolade schräge Linien über die Kugeln ziehen. Trocknen lassen, umdrehen und ebenso die zweite Seite dekorieren.

Arbeitsschritte

- An einem der drei Punkte in die Kokosnuss mit einem spitzen Messer ein Loch bohren.
- Die Kokosnuss mit der Öffnung auf ein Glas stellen und die Kokosmilch auffangen und anderweitig verwenden.
- Die Kokosnuss in ein Tuch einwickeln und mit einem Hammer in kleine Teile schlagen.
- Die äußere Schale abtrennen und die dünne braune Schale entfernen. Kokosstücke waschen.
- Mit einer elektrischen Reibe fein reiben.
- Schokolade, Vanillezucker und Dosenmilch in einen Topf geben und auf kleiner Stufe erwärmen.
- Die frischen und die getrockneten Kokosraspel dazugeben und verkneten.
- Eine Rolle formen und in kleine Teile portionieren.
- Diese zu Kugeln formen und in Pralinentütchen geben.
- Das Kokoskonfekt ist kühl gelagert ca. 1 Woche haltbar.

White Coco

Zutaten

40 g Kokosraspel
4 EL Sahne
200 g weiße Schokolade
15 g Kokosfett
1 EL Rumaroma
2 EL heißes Wasser

Arbeitsschritte

- Kokosraspel goldgelb rösten und abkühlen lassen.
- Sahne aufkochen, vom Herd nehmen.
- Schokoladenstücke und Kokosfett darin schmelzen.
- Rumaroma, heißes Wasser und Kokosraspel (1 TL zum Garnieren aufheben) unterrühren.
- Etwas abkühlen lassen.
- Mit Spritzbeutel in Konfektmanschetten füllen.
- Mit Kokosraspel garnieren.
- Kühl stellen.

Früchtetrüffel

Zutaten

2 St. kandierter Ingwer
100 g Walnusskerne
200 g Aprikosenkonfitüre
1 TL Zitronensaft
150 g Kokosraspel
Kakao

Arbeitsschritte

- Ingwer und Walnüsse klein hacken.
- Alle Zutaten (außer Kakao) verkneten.
- Masse eine Stunde kalt stellen.
- Walnussgroße Kugeln formen, in Kakao wälzen.
- Die Trüffel in Papiermanschetten setzen.

Mokkatütchen

Zutaten

1 EL Pulverkaffee
1 EL heißes Wasser
150 g Margarine oder Butter
200 g Puderzucker
1 EL Rumaroma
je 100 g Vollmilch- und Zartbitterschokolade
Konfekttütchen

Arbeitsschritte

- Pulverkaffee in heißem Wasser auflösen.
- Fett und Puderzucker schaumig rühren.
- Rumaroma zufügen.
- Schokolade in Stücke brechen, schmelzen lassen.
- Abgekühlten Kaffee und Schokolade zur Creme geben und verrühren. (Wichtig: Creme und Schokolade müssen die gleiche Temperatur haben!)
- Mit einemSpritzbeutel in Konfekttütchen füllen.
- Kühl stellen.

Omas Butterbonbons

Zutaten

50 g Butter
100 g Zucker

Arbeitsschritte

- Butter in der Pfanne erhitzen.
- Zucker darin bräunen.
- Beim Abkühlen wird die Masse hart.
- Sie kann zuvor beliebig geformt oder erkaltet in Stücke gebrochen werden.

Walnusstoffee

Zutaten

125 g Zucker
¼ l Sahne
30 g Margarine
1 TL Honig
1 P. Vanillezucker
100 g Walnusskerne, gehackt
Öl für die Form

Arbeitsschritte

- Zucker erhitzen, bis er schmilzt, jedoch noch keine Farbe annimmt.
- Sahne zufügen, unter ständigem Rühren weiter köcheln lassen, bis die Masse anfängt, dicklich zu werden (ca. 10 Minuten).
- Restliche Zutaten zufügen und die Bonbonmasse ein-kochen, bis sie sich vom Boden zu lösen beginnt.
- In eine geölte Kastenform füllen.
- Ein Messer in kaltes Wasser tauchen und die halbfeste Masse in Würfel schneiden.

Marzipan

Zutaten

250 g Mandeln, geschält
250 g Puderzucker
2 EL Rosenwasser
2 Tropfen Bittermandelöl

Arbeitsschritte

- Mandeln mit einer Mandelmühle sehr fein reiben.
- Mit Puderzucker, Rosenwasser und Bittermandelöl gut vermengen.
- Nach Bedarf kann noch etwas geschmacksneutrales Öl, am besten Mandelöl, mit verknetet werden.

Honig-Marzipan

Zutaten

250 g Mandeln, geschält
250 g Honig
2 EL Rosenwasser
2 Tropfen Bittermandelöl

Arbeitsschritte

- Mandeln mit einer Mandelmühle sehr fein reiben.
- Mit Honig, Rosenwasser und Bittermandelöl vermengen.
- Nach Bedarf kann noch etwas geschmacksneutrales Öl, am besten Mandelöl, mit verknetet werden.

Mozartkugeln einfach

Zutaten

pro Stück:
20 g Marzipan aus der
Packung oder Rezept siehe
oben
10 g Nougat*

Kuvertüre oder
gehackte Walnüsse

Variante:

Statt Nougat kann eine
Frucht-Schoko-Masse
verwenden. Dazu ge-
raspelte Schokolade mit
sehr klein geschnittenen
Aprikosen, Ingwer,
Pflaumen, Ananas etc.
vermengen.

Arbeitsschritte

- Marzipan zwischen zwei Lagen Haushaltsfolie ½ cm dick ausrollen.
- Mit einem Glas oder Plätzchenausstecher kleine runde Formen von ca. 5 cm Durchmesser ausstanzen.
- Nougat in Würfel von 1 cm Kantenlänge schneiden.
- Je einen Würfel in die Mitte der Kreise setzen, Marzipan von allen Seiten andrücken und zu Kugeln formen.
- Mit Kuvertüre überziehen oder in gehackten Walnüssen wälzen.

Marzipan-Früchtekugeln

Zutaten

800 g Marzipan-Rohmasse
50 g Aprikosen, getrocknet
50 g Pflaumen, getrocknet
50 g Rosinen
150 g Mandeln, geschält
und geröstet
100 g Schokolade*
1 EL Zitronensaft
1 EL Rumaroma
Kuvertüre
Raspelschokolade oder
Kakao oder Schokostreusel

* Bei Bedarf vegane
Schokolade verwenden.

Arbeitsschritte

- Marzipanmasse zwischen zwei Lagen Haushaltsfolie ½ cm dick ausrollen.
- Mit einem Glas oder Plätzchenausstecher kleine runde Formen von ca. 5 cm Durchmesser ausstanzen.
- Die Schokolade schmelzen, die Früchte und Mandeln zusammen mixen oder klein schneiden.
- Mit Zitronensaft und Rumaroma beträufeln und mit der Schokolade zu einer festen Masse verkneten.
- Mit zwei Teelöffeln kleine Kugeln ausstechen, je eine Kugel in die Mitte der Marzipankreise setzen.
- Marzipan von allen Seiten andrücken und zu Kugeln formen.
- Nach Belieben die Kugeln mit Hilfe eines Zahnstochers in Kuvertüre tauchen oder in Kakao, Raspelschokolade oder Schokoladenstreusel wälzen.
- Ergibt 40 Stück.

Schokolade als Grundrezept für Pralinen und Tortenguss

Grundrezept:

Schokolade

Zutaten

30 g Kokosfett
100 g Kakao
4 – 5 EL Dosenmilch
50 g Trockenmilch oder
Coffeecreamer*
¼ TL Zimt
¼ TL Bourbon-Vanille
100 g Puderzucker

*auch bekannt als
'Kaffeeweißer', Pulver als
Ersatz für Kaffeesahne

Arbeitsschritte

- Kokosfett schmelzen.
- Kakao mit Dosenmilch, Milchpulver und Geschmackszutaten verrühren und dazugeben.
- Sollte die Masse zu flüssig sein, noch etwas Puderzucker und Milchpulver zugeben.
- Weiterverwenden wie in den Rezepten angegeben.

Varianten:

Carobschokolade

- Den Kakao durch die gleiche Menge Carob ersetzen.

Mokkaschokolade

- Grundrezept Schokolade, statt Zimt 1 geh. TL Pulverkaffee, in 1 EL warmem Wasser aufgelöst, zugeben.

Orangenschokolade

- Grundrezept Schokolade, statt Zimt geriebene Orangenschale verwenden.

Kokosschokolade

- Grundrezept Schokolade ohne Zimt herstellen und zum Schluss 2 EL Kokosraspel unterrühren.

Weihnachtsschokolade

- Grundrezept Schokolade plus je ½ TL gemahlener Kardamom und Zimt.

Weiße Schokolade

Zutaten

60 g Kokosfett
200 g Milchpulver
5 EL Dosenmilch
100 g Puderzucker
1 TL Bourbon-Vanille

Arbeitsschritte

- Kokosfett schmelzen.
- Alle Zutaten gut verrühren. Sollte die Masse zu flüssig sein, etwas Milchpulver zugeben.
- Dieses Rezept ist genau so weiter zu verwenden wie Rez. Schokolade S. 327.

Mandelsplitter

Zutaten

1 Grundrezept Schokolade
oder 250 g gekaufte
100 g Mandelstifte

Arbeitsschritte

- Schokolade schmelzen, mit gerösteten Mandelstiften mischen und längliche Häufchen auf ein Pergamentpapier setzen und trocknen lassen.

Buttertoffee

Zutaten

Schokolade (s. Rez. S. 327)
100 g Butter
2 EL Tsampa* oder Soja-
mehl für glutenfreie Diät
4 EL Sahne

geraspelte Schokolade zum
Rollen

Arbeitsschritte

- Die weiche Butter mit Tsampa vermengen.
- Mit der Schokolade und der Sahne verrühren.
- Die Masse in eine Tortenspritze geben und damit Konfekttütchen füllen oder kleine Portionen mit zwei Teelöffeln in die Schokolade geben und von allen Seiten mit der Schokolade umhüllen.

* Nach tibetischer Tradition geröstetes Gerstenmehl, Näheres unter 'Wissenswertes' S. 339

Aprikosenkonfekt

Zutaten

100 g ungeschwefelte
Aprikosen
75 g Marzipan mit Honig
gesüßt
1 EL Orangensaft
1 Bio-Orange

Dekoration: Datteln und
Pistazien ganz, Pistazien
grob gemahlen, Kakao

Arbeitsschritte

- Aprikosen mixen und mit Marzipan, Orangensaft und der abgeriebenen Orangenschale verkneten.
- Die Masse zu einer 30 cm großen Rolle formen, 1 cm dicke Scheiben schneiden.
- Die Scheiben auf drei Teile aufteilen und verzieren:
- Ein Drittel in entsteinte Datteln füllen und jeweils eine Pistazie in die Masse drücken.
- Ein Drittel zu kleinen Stangen formen und in den grob gemahlenen Pistazien wälzen.
- Ein Drittel zu Kugeln formen und in Kakao wälzen.

Mandelsplitter mit Ananas

Zutaten

100 g getrocknete Ananas
1 Fl. Rumaroma
1 Prise Ingwer, gemahlen
250 g Mandelstifte
300 g Schokolade nach
Geschmack (vegan)

Arbeitsschritte

- Getrocknete Ananas in einem Sieb kurz mit heißem Wasser überbrausen, trockentupfen und in dünne Streifen schneiden.
- Rumaroma und Ingwer zufügen, mischen und zugedeckt etwa 30 Minuten quellen lassen.
- Schokolade im heißen, aber nicht kochenden Wasserbad unter gelegentlichem Umrühren schmelzen lassen.
- Die Mandelstifte und die aufgeweichten Ananasstückchen zur Schokolade geben und vermengen.
- Ein Backblech mit Backpapier belegen, mit zwei Teelöffeln kleine, längliche Portionen formen und auf das Blech legen.
- Das Blech an einen kühlen Platz stellen, damit die Schokolade fest werden kann.
- Die Splitter kühl und trocken aufbewahren.

Pralinen-Torte Nougat

Zutaten

Marzipan:
350 g Marzipan-Rohmasse
1 P. Orangenschalenpulver
1 gr. Fl. Rosenwasser
125 g Schokofettglasur

Pistazienmasse:
50 g Pistazienkerne
50 g Puderzucker
1 Fl. Rumaroma
Mandelöl
5 EL Walnüsse, gehackt

200 g Nougat

zum Verzieren:
125 g Kuvertüre
Schokoblättchen, Silberkugeln

Arbeitsschritte

- Marzipan und Pistazienmasse wie bei Praline Sweet Remembrance beschrieben herstellen. Die Pralinen-Torte wie folgt gestalten:
- 120 g Marzipan für den Boden. Die Walnüsse kurz in einer trockenen Pfanne rösten, abkühlen lassen und auf dem Marzipanboden verteilen.
- Die Pistazienmasse darüber, jedoch zur Mitte hin höher schichten, damit es eine Halbkugel ergibt.
- 80 g Marzipan, zu einer runden Platte geformt, darauf legen.
- Nougat darüber schichten, wieder zur Mitte hin dickere Scheiben schneiden.
- Mit 150 g Marzipan bedecken.
- Mit Kuvertüre überziehen und nach Belieben mit Schokoblättchen oder Silberkugeln garnieren.

Versuchen Sie diese 'Riesenpraline' in Halbkugelform als Geburtstagtorte, Hochzeitstorte oder wenn sehr viele Gäste erwartet werden. Sie lässt sich gut vorbereiten, wunderbar dekorieren und wird als besondere Nascherei unvergessen bleiben.

Pralinen-Torte 'Sweet Remembrance'

Zutaten

Marzipan:
350 g Marzipan-Rohmasse
1 P. Orangenschalenpulver
100 ml Rosenwasser

Frucht-Schokomasse:
150 g Trockenfrüchte, gemischt
3 – 4 EL Zitronensaft
100 g Mandeln
100 g Zartbitter-Schoko-lade*
1 Fl. Rumaroma
Öl und Zitronensaft nach Bedarf

Pistazienmasse:
50 g Pistazienkerne
50 g Puderzucker
1 Fl. Rumaroma
Mandelöl

150 g Nougat*

Zum Verzieren:
200 g je nach Anlass weiße oder Vollmilch-Schoko-lade*, Marzipanrosen, Schokoblätter etc.

ev. Zimt und Delifrut = Gewürzmischung für Süß-speisen

* nach Wunsch vegane Schokolade und Nougat verwenden.

Arbeitsschritte

- Zur Vorbereitung: Trockenfrüchte mit Zitronensaft ca. 3 Stunden einweichen.
- Mandeln schälen, trocknen lassen. Grob hacken und in einer Pfanne mit wenig Butter hellbraun rösten, zur Seite stellen.
- Pistazienkerne mixen, Puderzucker, etwas Mandelöl und die Hälfte des Rumaromas nach und nach zugeben. Die Konsistenz sollte so wie bei der Marzipan-Rohmasse sein.
- Die eingeweichten Trockenfrüchte mixen, die erwärmte Schokolade, gerösteten Mandeln und Rumaroma zugeben und zu einer festen Masse verkneten, bei Bedarf etwas Öl zufügen. Zur Seite stellen.
- Marzipan-Rohmasse mit Orangenschalenpulver und Rosenwasser verkneten, wie folgt portionieren und jeweils zu einer Kugel formen:
- Damit die Torte ihre Halbkugelform erhält, benötigen Sie 3 Portionen: 120 g für den Boden, 80 g für die Mittel-schicht und 150 g zum Bedecken.
- Für den 'Pralinenboden' die Portion von 120 g zwischen zwei Haushaltsfolien legen und zu einem Kreis von ca. 17 cm Durchmesser ausrollen.
- Obere Folie abnehmen, Frucht-Schokomasse zur Mitte hin leicht gewölbt darauf geben, kleinen Rand freilassen!
- Die Pistazienmasse zu einer Kugel formen. Diese ebenso wie das Marzipan zwischen zwei Haushaltsfolien legen. Mit dem Nudelholz einen Kreis von etwa 22 cm Durch-messer ausrollen und auf die Schokomasse legen. Mit einem befeuchteten Messer den Rand glatt streichen. Zur Mitte hin mit leichtem Druck die Masse vergrößern. So erhalten Sie eine leichte Halbkugelform.

- Die 80-g-Portion Marzipan ebenfalls zwischen zwei Folien auf ca. 15 cm Durchmesser ausrollen.
- Über die Pistazienmasse legen.
- Nougat in Streifen geschnitten so darauf verteilen, dass die Mitte noch höher wird.
- Die letzte Marzipankugel zwischen zwei Lagen Haushaltsfolie zu einem Kreis von ca. 28 – 30 cm Durchmesser ausrollen. Sie bildet den letzten Teil der Halbkugel.
- Obere Folie abziehen und die Marzipandecke von der Mitte aus locker über die Halbkugel legen und noch mit der Folie festdrücken.
- Folie abziehen und den überstehenden Rand abschneiden.
- Die beiden Marzipanschichten (Boden und Decke) fest miteinander verbinden.
- Kuvertüre im Wasserbad erwärmen, die Praline überziehen, nach Belieben mit Kakao überstäuben.
- Je nach Anlass und nach Belieben garnieren (Figuren, Marzipanrosen, Blätter, Silberkugeln etc.).

Weihnachtliche Variante:
- Die Frucht-Schokomasse mit 2 TL Zimt und 1 TL Delifrut* vermischen und 1 TL Zimt in die Schokoladenglasur einrühren und die Pralinen-Torte damit überziehen.

Tipp: Statt einer großen kann man auch mehrere kleine Pralinen formen. Sie sind bestens für ein Mitbringsel oder weihnachtlich dekoriert als Weihnachtsgeschenk geeignet.

Anhang

Wissenswertes aus der vegetarischen Küche

Was ist eigentlich…?

Agar-Agar: pflanzliches Geliermittel aus Rotalgen. Für Tortenguss und schnittfeste Geleespeisen wird 1 geh. TL auf ½ l Flüssigkeit benötigt. Halbfeste Geleespeisen gelingen mit 1 gestr. TL Agar-Agar. Kochzeit 1 – 2 Minuten.

Ajwar: eine milde oder scharfe Paprika-Gemüsepaste mit oder ohne Auberginen. Sie wird als Brotaufstrich, aber auch zum Würzen für vielerlei Speisen verwendet. Ajwar ist in ganz Südeuropa sehr beliebt, aber auch darüber hinaus weit verbreitet.

Algen (Süßwasser-)

Spirulina: eine Süßwasseralge, stammt aus Freilandkulturen und spielt eine wichtige Rolle bei den Nahrungsergänzungsmitteln. Sie besitzt alle essentiellen Aminosäuren, enthält sehr gut verwertbares Eisen und kann auch als Appetitzügler funktionieren.

Chlorella wird ebenso kultiviert und weist ähnliche Inhaltsstoffe wie die Spirulina auf. Ihre Stärken sind der hohe Gehalt an Chlorophyll und ihre entgiftende Wirkung. Sie soll auch in der Lage sein, Amalgam aus dem Körper auszuleiten.

Algen (Meeres-)

Es gibt eine große Artenvielfalt. Vitamin- und mineralstoffreiches Meeresgemüse, welches Küstenbewohnern, direkt aus dem Meer geerntet, als (Haupt-)Nahrung dient. Meeresalgen sind eine unersetzliche, natürliche Jodquelle im Gegensatz zum chemischen Jod, das vielfach unerkannt gesundheitliche Probleme aufwirft. Binnenländern stehen die getrockneten Algen zur Verfügung. Folgende Arten werden hierzulande am meisten verwendet:

Arame: eine pazifische Braunalge mit mildem Meeresaroma und hohem Jodgehalt. Im Handel vorgekocht und in feine Streifen geschnitten erhältlich. Nach kurzer Einweich- und Kochzeit ergänzt sie Gerichte mit Meeresgeschmack, Salate und Suppen. Sie gilt als Stärkungsmittel für Haare, Haut und Nägel.

Dulse: eine Rotalge aus dem Atlantik mit geringem Jodgehalt. Reich an Eisen, Fluor, Vitamin B 6 und B 12. Verwendung: Als Flocken über Salate, auf Brot und über Gemüsegerichte gestreut oder nach kurzer Einweichzeit zu Suppe und Salat.

Hijiki oder auch Hiziki: eine Braunalge mit mittlerem Jodgehalt und sehr hohem Kalziumgehalt. Mit kurzer Einweichzeit ist sie bestens geeignet für klare oder Gemüse-Suppen, herzhafte Eintöpfe oder zu Salaten. Zusammen mit Zwiebeln und Möhren kommt die bissfeste, dickfleischige, glänzend schwarze Alge am besten zur Geltung.

Kombu: Braunalge, auch Kelp genannt, mit sehr hohem Jodgehalt, ursprünglich aus Japan. Nahe Verwandte (L. digitata und L. saccharina) werden aber auch an der europäischen Atlantikküste erfolgreich kultiviert. Sie enthält die meisten Mineralstoffe und Vitamine aller Speisealgen und ist als natürlicher Weichmacher in Hülsengerichten beliebt. Ihr Gehalt an Glutaminsäure, die in synthetischer Form als Glutamat bekannt ist, zeichnet sie als natürlichen Geschmacksverstärker aus.

Nori: eine Rotalge mit sehr niedrigem Jodgehalt. Sie wird seit Jahrhunderten vor den Küsten Japans kultiviert. Die zerkleinerten und getrockneten hauchdünnen Algen werden zu Noriblättern im Format von 19 x 21 cm gepresst und geröstet. Sie sind zur Herstellung der Sushis weltweit bekannt und geschätzt. Zerkrümelt eignen sie sich als Nahrungsergänzung und Dekoration zugleich auf Salaten und in kräftigenden Gemüsebrühen.

Wakame: eine Braunalge und neben der Nori die wichtigste japanische Speisealge. Sie gilt als Delikatesse, die schon länger auch erfolgreich in der Bretagne kultiviert wird. Sie gedeiht im strömungsreichen Wasser unterhalb der Gezeitengrenze. Wakame oder Mekabu mit intensivem Meeresgeschmack benötigt eine lange Kochzeit. Wakame ist aber auch als Instantprodukt erhältlich. Damit wird es leicht, die Vorzüge wie Entgiftung und Reinigung des Darmes zu fördern, zumal ihr Jodgehalt eher mäßig ist.

Arrowroot oder Pfeilwurzelmehl ist eine aus der Wurzel der Maranta arundinacea gewonnene Stärke. Das echte Arrowroot ist relativ teuer und wird gerne in der Makrobiotik verwendet. Es wird wegen seiner entgiftenden und darmpflegenden Wirkung sehr geschätzt.

Biobin: ein natürliches Bindemittel aus Johannisbrotkern- und Guarkernmehl hergestellt. Als Alternative zu Bindemitteln wie Weizenstärke eignet es sich zum Andicken von glutenfreien Speisen.

Braunhirse: Kleines Korn mit großer Wirkung. Die ganze Braunhirse lässt sich keimen, wird jedoch meist als Braunhirsemehl angeboten. Ihr hoher Anteil an Mineralstoffen, besonders der Kieselsäure, macht die Braunhirse so wertvoll. Braunhirseliebhaber essen sie roh oder streuen sie über Speisen. Menschen mit empfind-

lichem Magen wird empfohlen, sie entweder eingeweicht oder auf niedriger Temperatur verarbeitet zu sich zu nehmen. Wie die geschälte Hirse eignet sich die Braunhirse 'Wildform' bestens für glutenfreie Speisen und Backwaren.

Bulgur: grob zerkleinerter, mittels Dampf vorgequollener Weizen

Carob: nahrhafte Hülsenfrucht, die sowohl roh als auch im getrockneten Zustand verzehrt werden kann. In südlichen europäischen Ländern wird die zuckerhaltige Frucht zu Saft, Sirup und 'Kaftanhonig' verarbeitet. Ihr Gehalt an Mineralstoffen, besonders Kalzium und Eisen, wertvollem Eiweiß und Vitamin A und B macht sie zum perfekten Süßungsmittel. Das Fruchtfleisch wird zu Carobpulver vermahlen. Es ist als Pulver erhältlich und wie Kakao zu verwenden. Daneben werden im Handel auch Schokolade und Brotaufstriche mit hohem Carobanteil angeboten. Ein weiterer Vorzug besteht in seiner Unterstützung zur Fettverbrennung und kann möglicherweise dazu beitragen, Blutfettwerte zu senken. Carob ist auch unter dem Namen Johannisbrotkernmehl bekannt.

Delifrut: blumig-zarte Gewürzmischung für Süßspeisen, Mehlspeisen und Gebäck. Enthält Zimt, Sternanis, Koriander, Ingwer, Kardamom, Nelken, Bourbon-Vanille.

Fruchtzucker: wie Zucker reines Kohlenhydrat; meist aus Maisstärke gewonnener Zuckeraustauschstoff 'Sorbit'. Er wird vom Körper langsamer aufgenommen und günstiger verwertet als gewöhnlicher Zucker.

Ghee: traditionelles indisches Butterreinfett. Es wird aus dem Rahm gesäuerter Milch hergestellt. Deshalb auch die weiße Farbe. In der ayurvedischen Lehre ein beliebtes Heil- und Nahrungsmittel.

Gluten pur: reines Weizenglutenpulver, zur Herstellung von Seitan und Tofu-Gluten-Produkten. Daneben findet es als Teigzusatz für Brote, Brötchen, Pizzen und Kuchen zur Verbesserung der Backeigenschaften Verwendung

Gluten (Seitan): pflanzliches Eiweißprodukt. Mittels Wasser wird dem Weizenmehl die Stärke entzogen. Zurück bleibt das Gluten.

Gomasio: gerösteter, grob zerkleinerter Sesam mit oder ohne Salz

Guarkernmehl: ein Verdickungsmittel aus dem Samen der Guarbohne gewonnen. In der EU als Lebensmittelzusatzstoff unter E 412 für Lebensmittel allgemein (auch für Bio-Produkte begrenzt) zugelassen.

Hefeflocken: Edelhefe, Vitamin-B-reiches Nahrungsergänzungsmittel. Es gibt Milchhefeflocken für Süßspeisen und Hefeflocken für pikante Speisen. Mit Weizen (-produkten) zusammen verzehrt ergän-

zen Hefeflocken die essentiellen Aminosäuren (Eiweißbausteine)

Johannisbrotkernmehl ist unter der Nummer E 410 als unbeschränkt einsatzfähiges Lebensmittel erlaubt. Es wird häufig in Süßwaren, Soßen, Suppen, Puddings und Speiseeis verwendet. Bei der glutenfreien Ernährung kommt es als Backzusatz zum Einsatz. Es sollte zu hohen Cholesterinspiegel senken und der Fettsucht entgegenwirken. s. auch Carob

Lezithin flüssig: siehe Information auf S. 351

Kuzu: Bindemittel aus der Wurzel des Kuzustrauches. Es wird in den östlichen Ländern sehr geschätzt, besonders in der Makrobiotik. Wichtig: Kuzu ist sehr ergiebig und sollte in etwas Wasser restlos aufgelöst und nur erhitzt, aber nicht gekocht werden.

Miso: eine salzhaltige, japanische Sojapaste, nach jahrtausendealter Überlieferung hergestellt. Zur Fermentation wird der Schimmelpilz Koji zugesetzt. Die wichtigsten Bestandteile von Miso sind Eiweiß, Vitamin B 2, Vitamin E, Enzyme, Isoflavone, Cholin und Lezithin. Besonders bekannt und beliebt ist die Misosuppe.
Es gibt drei Sorten Miso:

> *Mame Miso:* ausschließlich aus gedämpften Sojabohnen

> *Kome Miso:* aus gedämpften Sojabohnen und Reis

> *Mugi Miso:* aus gedämpften Sojabohnen und Gerste

Pfeilwurzelmehl: siehe Arrowroot

Sago (Tapioka): aus der Sagopalme gewonnenes Bindemittel, gut geeignet für Kaltschalen und Fruchtsoßen

Schabzigerklee: eine Gebirgspflanze, auch Brotklee oder Blauer Steinklee genannt, deren Kraut als Würze in der Küche dient und z. B. dem 'Schabziger Käse' zugesetzt wird.

Soja-(Trocken-)produkte: ernährungsphysiologisch wertvoll, wenn sie schonend und natürlich verarbeitet und nicht 'texturiert' sind. (Beim Kauf darauf achten!) Soja-Trockenprodukte gehören zur 'Grundausstattung' im vegetarischen Haushalt. Sie sind fettarm, lange haltbar und lassen sich zu (mindestens) 1001 Gerichten verarbeiten. Sie enthalten ca. 40 % Eiweiß, mehrfach ungesättigte Fettsäuren, Mineralstoffe, Isoflavone, Ballaststoffe und Vitamine. Interessant ist, dass inzwischen in Deutschland fast ausschließlich Sojabohnen aus dem europäischen Anbaugebiet stammen und somit vertrauenswürdig sind, was Schadstoffe anbelangt.

> *Sojagranulat* oder auch Sojahack genannt, ist ein vorgefertigtes Granulat

aus Soja (s.o.). Vor dem Verarbeiten benötigt es eine Quellzeit von ca. 15 Minuten.

Sojaschnetzel: ein Sojatrockenprodukt in verschiedener Größe (grob und fein) erhältlich. Es benötigt je nach Größe 20 bis 30 Minuten Einweichzeit.

Texturiertes Soja ist wegen der ungesunden, umweltbelastenden Herstellungsmethode nicht zu empfehlen (s.o.).

Sojasoße: Shoyu und Tamari sind die bekanntesten Begriffe für Sojasoße und sind weltweit als solche bekannt. Darunter versteht man eine salzhaltige Soße aus milchsauer vergorenem Soja und Weizen. Ursprünglich eine japanische Tradition, später in China eingeführt, ist die Sojasoße fester Bestandteil östlicher Esskultur. Es gibt inzwischen verschiedene Herstellungsverfahren mit unterschiedlichen Reifezeiten und Zutaten. Die meisten Sojasoßen sind aus Sojabohnen und Weizen hergestellt. Da nach der Gärung kein Gluten mehr nachzuweisen ist, können Menschen mit Glutenintoleranz meist Sojasoßen verwenden. Japanische Sojasoßen, die traditionell hergestellt werden, sind generell ohne Weizen. Leider sind auch billige Sojasoßen auf dem Markt, die neben Zucker-Couleur und Zuckerrohr-Melasse auch chemische Produkte enthalten. Eine gute, vegetarische (Bio-)Sojasoße besteht ausschließlich aus Soja, (evtl. Weizen), Wasser, Salz und Koji.

Speisestärke: Kartoffel- oder Maisstärke. Sie eignet sich zum Andicken von Speisen allgemein, besonders geeignet für glutenfreie Gerichte und Backwaren.

Succanat wird aus unraffiniertem Zuckerrohrsaft gewonnen und ist somit ein anderer Name für Vollrohrzucker. Mit Ausnahme der hitzeempfindlichen Vitamine sind fast alle Inhaltsstoffe des Zuckerrohrsaftes enthalten. Dadurch entsteht auch ein leichter Karamell- oder Melasse-Geschmack.

Tofu: das wohl bekannteste, aber auch das vielseitigste Sojaprodukt in der vegetarischen Ernährung. Zur Tofuherstellung werden die Sojabohnen eingeweicht, zerkleinert und mit Wasser aufgekocht. Die Flüssigkeit (Sojamilch) wird von den festen Bestandteilen (Okara) getrennt. Danach wird die Sojamilch mit Nigari (Magnesiumchlorid) oder Kalziumsulfat 'gefällt', d. h. das Eiweiß flockt aus. Die quarkähnliche Masse wird zu Blöcken geformt und beschwert, um die Restflüssigkeit auszupressen. Je stärker die Molke ausgepresst wird, desto bissfester wird der Tofu. Er ist völlig neutral im Geschmack und kann nun beliebig weiterverarbeitet werden. Im Handel gibt es inzwischen eine große Palette an Tofuprodukten und Tofu-Fertiggerichten. Eine der genialsten Erfindungen ist wohl der Räuchertofu.

Topinambur: eine sonnenblumenartige Pflanze, deren Wurzelknollen primär für den Verbrauch genutzt werden. So reich

an Vitaminen und Mineralstoffen, wie die Topinambur ist, so vielseitig sind die Namen, die man ihr gab. Beheimatet in Nord- und Mittelamerika wurde sie in Mexiko heimisch. Sie gilt als Kulturpflanze der Indianer. Nach Europa kam sie gegen 1600 durch Überlebende einer Hungersnot von französischen Auswanderern, die einige der Knollen, die ihr Leben gerettet hatten, in die Heimat und zum Vatikan als Wunderknollen schickten. Daraufhin wurde sie zu einem wichtigen Nahrungsmittel, später wurde sie auch zur Tierfütterung verwendet. Mit dem Einzug der Kartoffel wurde sie jedoch von dieser ertragreicheren Spezies verdrängt. Auf Biomärkten oder im gut sortierten Fachhandel kann man sie heutzutage noch finden. Sie enthält keine Stärke, sondern Inulin, welches die Insulinwirkung, aber auch die Anwesenheit des Bifidus-Bakteriums im Darm unterstützt. Topinambur wird seit langer Zeit erfolgreich für Diabetiker empfohlen. Aus Topinambur hergestellte Kautabletten oder Saft, die durch Aufquellen mit Wasser das Hungergefühl verdrängen, sind im Reformhaus erhältlich.

Tsampa: ein tibetisches Grundnahrungsmittel aus geröstetem Weizen oder Reis, am häufigsten jedoch aus Gerste. Traditionell wird es zusammen mit Tee und Yakbutter vermischt und mit den Fingern gegessen. Sherpas und Nomaden war und ist es noch ein unverzichtbares Nahrungsmittel auf der Reise. Tsampa ist im Handel erhältlich und kann sowohl roh als auch als Mehl verwendet werden.

Umeboshi: mit Shisoblättern in Meersalz eingelegte unreife Pflaumen. Sie müssen einige Monate reifen, damit die gewünschte Milchsäuregärung erreicht wird. Sie sind unerlässlich bei der Sushi-Herstellung für den typisch fruchtig-salzigen Geschmack, aber auch als magen- und darmfreundliches Hausmittel geschätzt.

Vegavita: Fertigprodukt aus Weizeneiweiß zur Herstellung von vegetarischen Schnitzeln, Braten, Würstchen etc.

Kleine Getreidekunde

Unser Getreide hat eine zentrale Bedeutung für die menschliche Ernährung und kulturgeschichtliche Entwicklung. Seit Jahrtausenden bilden Getreide und Getreideerzeugnisse eine wichtige Nahrungsgrundlage. Zum Getreide zählen Weizen, Roggen, Gerste, Hafer, Dinkel (Grünkern), Reis, Mais, Hirse, Amarant.

Von Getreide allein könnten wir uns nicht vollständig ernähren. Es hat jedoch einen wichtigen Ergänzungswert für die lebensnotwendigen Eiweißbausteine in der Pflanzenkost. Es sollte daher so oft wie möglich zusammen mit Hülsenfrüchten gegessen werden. Getreide ist eine gute Quelle für die Aufnahme von Mineralstoffen und Vitaminen, die mit vernünftigen Portionen Obst und Gemüse leicht ergänzt werden können.

Ganze Getreidekörner sind lange ohne Wertverlust lagerfähig, wenn sie kühl, trocken und luftig aufbewahrt werden. In Holzkisten, Papiertüten und Leinensäcken hält das Korn mindestens zwei Jahre. Wichtig: Regelmäßig auf Schädlinge überprüfen und ab und zu durchmischen. Niemals in Plastiktüten lagern! Alle Mehlprodukte (Schrot, Mehl) am besten frisch verwenden. Wärmebehandelte Produkte wie Thermogetreide oder Flocken sind etwas länger haltbar, sie verlieren jedoch durch Luft und Licht an Vitaminen und sollten möglichst frisch, aber zumindest innerhalb des Haltbarkeitszeitraumes aufgebraucht werden. Für die Zubereitung des ganzen Korns eignen sich alle Getreidearten. Dazu werden sie sorgfältig gewaschen. Dinkel, Gerste, Roggen, Weizen werden mit der 2- bis 3-fachen Wassermenge 5 – 10 Stunden eingeweicht. Dadurch verringert sich die Garzeit häufig um die Hälfte. Je nach Sorte wird das Getreide im Einweichwasser aufgekocht, nach 10 Minuten Gewürze und eventuell Salz oder Gemüsebrühe zufügen, dann 30 – 60 Minuten köcheln lassen. Anschließend eine halbe Stunde oder länger auf ausgeschalteter Herdplatte oder in Decken gehüllt ausquellen lassen. Grünkern, Hafer und Hirse sollten überhaupt nicht, Reis kann eingeweicht werden. Goldhirse, Maisgrieß und Hafer sind auch ohne Einweichzeit schon nach 10 – 20 Minuten gegart. Reis, benötigt je nach Sorte 10 – 45 Minuten Kochzeit. Die Minutenhirse benötigt dagegen nur 5 Minuten muss aber dann noch auf der warmen Platte 15 – 20 Minuten ausquellen. Die Kochzeiten für gemahlenes Getreide (Mehl, Grieß, Grütze, Schrot) betragen je nach Feinheit oder Körnung zwischen einer Minute und 10 Minuten plus Nachquellen. Diese Produkte benötigen in der Regel die doppelte Menge an Flüssigkeit.

Amarant ist eine aus Mittelamerika stammendes Fuchsschwanzgewächs und damit ein sog. Pseudogetreide. Vor etwa 3000 Jahren war es die Nahrungsgrundlage der Inkas und Azteken. Amarant enthält mehr lebensnotwendige Eiweißbausteine als andere Getreidearten. Das Fettsäurespektrum weist hohe Anteile an ungesättigten Fettsäuren auf, darunter Linolsäure und Alpha-Linolensäure, eine Fettsäure vom wertvollen Omega-3-Typ. Das in unserer Ernährung unzureichend vorhandene Magnesium erreicht Spitzenwerte. Kalziumgehalt wie in Milch und hohe Eisengehalte wie in Hülsenfrüchten oder Ölsamen machen Amarant zu einem diätetisch wertvollen Nahrungsmittel auch für Sportler. Die Körner des Amarant sind vielseitig verwendbar und entfalten beim Kochen ihren typisch nussigen Geruch. Viele verschiedene Speisen lassen sich mit den Körnern einfach und schnell zubereiten, beispielsweise Suppen, Gemüsepfannen, Aufläufe und Süßspeisen. Die Körner können auch geschrotet oder gemahlen werden. Die Garzeit beträgt 20 Minuten inklusive Quellzeit. Mit ihrem nussartigen Geschmack eignen sich die kleinen Körnchen, kombiniert mit anderen Getreidesorten, für Müsli, Gebäck, Aufläufe und vieles mehr.

Buchweizen ist eigentlich kein Getreide, er gehört zu den Knöterichgewächsen. Er wächst noch in Höhenlagen bis zu 3500 m, ist anspruchslos, was den Boden betrifft, und verträgt keinen Kunstdünger. Sein hoher Gehalt an Lysin, einer essenti-

ellen Aminosäure, macht ihn zur idealen Nahrungsergänzung mit anderen Getreidearten. Erwähnenswert ist der hohe Kalziumanteil. Er gilt generell als wertvolles Nahrungsmittel mit viel Eiweiß und Stärke. Da Buchweizen glutenfrei ist, kann er als Diätnahrung bei Zöliakie (Sprue, glutensensitive Enteropathie) verwendet werden. Das Pseudogetreide wird sogar von Diätrichtungen wie der 'Steinzeiternährung' als unbedenklich akzeptiert.

Dinkel war schon vor 15.000 Jahren als Kulturpflanze im südwestlichen Teil Asiens bekannt. In der Jungsteinzeit wurde Dinkel in Mittel- und Nordeuropa (vor allem im Alpenraum) angebaut. Ab 1700 v. Chr. kam er in der heutigen Deutschschweiz vor. Pilger nahmen ihn als haltbare Frucht überallhin mit, daher ist er heute weltweit verbreitet. In neuerer Zeit erlebt der Dinkel eine gewisse Renaissance, insbesondere im Biobereich, da er nicht gedüngt werden kann und wohl auch, weil er von vielen Allergikern geschätzt wird. Insbesondere bei Baby- und Kindernahrung bildet Dinkel mittlerweile eine beliebte Alternative zu Weizen. Dinkel ist außerdem fester Bestandteil der modernen Hildegard-Medizin.

Gerste ist zu Unrecht ein etwas vernachlässigtes Getreide. Sie eignet sich hervorragend für süße, aber auch pikante Gerichte. Sie ist leicht verdaulich. Da sie nur wenig Klebereiweiß enthält, wird sie kaum zum Backen verwendet. Wir kennen zwei Ar-

ten: Spelzgerste und Nacktgerste. Spelzgerste muss nach dem Ernten entspelzt werden. Zum Keimen eignet sich daher die Nacktgerste besser.

Grünkern: Aus früheren Zeiten stammt die Tradition, einen Teil des Dinkels als 'Grünkern' zu ernten und zu darren. Grünkern ist nicht backfähig. Durch das Darren wird das Korn fest und mahlfähig und bekommt ein würzig-rauchiges Aroma. Es wird gern zu Suppen oder Grünkernbratlingen verwendet.

Hafer nimmt unter den Getreiden eine Spitzenstellung ein. Er hat die höchsten Kalorien- (364/100 g), Fett- (7 %) und Eiweißwerte (14 %) unter den Getreiden. Auch ist er eine gute Quelle für B+E-Vitamine, Kalzium, Eisen, Phosphor. Haferflocken am besten frisch quetschen, gekaufte rasch verbrauchen! Sehr beliebt ist Hafersuppe bei Magen-Darmstörungen.
Tipp: Zum Keimen Nackthafer verwenden! Entspelzte Haferkerne sind teilweise nicht mehr keimfähig, da beim Enthülsen der Keimling leicht verletzt werden kann. Verwendung: gekocht für Salate, pikante und süße Getreidespeisen, gekeimt schmecken sie im Müsli.

Hirse ist das mineralstoffreichste Getreide und hilft gegen Übersäuerung. Um die Gesundheit und Kraft zu stärken, empfahl bereits der griechische Philosoph Pythagoras die Hirse. Reich an Fluor, Schwefel, Phosphor, Magnesium, Kalium, Eisen und besonders viel Silizium (Kieselsäure wichtig für das gesunde Wachstum von Haaren und Nägel) ist sie ein wahrer Jungbrunnen. Im Handel üblich ist die von Schalen befreite Goldhirse oder die wesentlich kleinere Minutenhirse. Braunhirse ist die ungeschälte Version, die noch wesentlich mehr Mineralstoffe und Spurenelemente enthält. Wegen des Blausäuregehalts sollte jedoch maximal 1 EL rohe Braunhirse pro Tag gegessen werden. Kurzgebackene Hirsetaler, Plätzchen oder Pfannkuchen sind für viele Menschen wesentlich leichter zu verdauen als rohe Braunhirse. Hirse eignet sich gut zur Herstellung glutenfreier Backwaren.
Tipp: Mit nicht mehr als der doppelten Wassermenge kocht Hirse körnig wie Reis. Hirse schmeckt sehr mild, eignet sich damit auch gut für Süßspeisen.

Mais wächst in zahlreichen Variationen (Hartmais, Zahnmais, Mehlmais, Süßmais u.a.). Die Körner sind goldgelb, in Amerika gibt es auch Sorten mit dunkelroten, blauen und violetten Körnern. Mais ist heute in erster Linie Futterpflanze, hat aber auch Bedeutung in der Diätetik bei Allergie gegen Klebereiweiß. Für Allergiker dieses Typs ist Mais erlaubt, da er gluten- und gliadinfrei ist. Süßmais wird gewöhnlich frisch als Gemüse serviert. Dazu werden die Kolben 10 Minuten im Wasser gegart, dem Milch und etwas Rohrzucker zugefügt wurde. Anschließend in Butter oder Öl schwenken und nach Geschmack salzen und mit Zitronensaft beträufeln. Süßmais enthält statt Stärke einen hohen

Zuckeranteil. Mais enthält weniger für den Menschen nutzbares Eiweiß als die meisten anderen Getreide, dafür jedoch u. a. reichlich die essentiellen Aminosäuren Leucin und Lysin. Wird Mais allerdings mit Hülsenfrüchten kombiniert, liefern sie zusammen alle essentiellen Eiweißbausteine in ausreichender Menge. Mexikanische Gerichte bieten häufig die Kombination von Mais und Bohnen (z. B. mexikanische Tortillas und Kidneybohnen). Die indische und mexikanische Ernährungsweise bieten viele dieser Kombinationen, weshalb sie als sehr ausgewogene vegetarische Ernährungsweisen gelten.

Quinoa: auch Inkareis genannt, ist wie der Amarant ein sog. Pseudogetreide. Er ist eine der ältesten Kulturpflanzen der Menschheit. Sie dient den Ureinwohnern der südamerikanischen Anden schon seit 6000 Jahren als wichtige Nahrungsgrundlage. Sein Fettgehalt (5 – 6 %) entspricht in etwa dem von Hafer, 99 % der Fettsäuren sind jedoch ungesättigt und rund die Hälfte davon entfällt auf die essentielle Linolsäure. Quinoa ist außerdem reich an Kalzium, Magnesium, Eisen und Zink, enthält verschiedene Vitamine der B-Gruppe und viel Vitamin E. Quinoa enthält jedoch auch Saponine, die bitter schmecken, und muss vor dem Kochen so lange gewaschen werden, bis sich auf dem Wasser kein Schaum mehr bildet. Seine Kochzeit beträgt 10 Minuten. Danach sollte Quinoa noch mindestens 10 Minuten ausquellen können.

Reis ist heute neben Weizen das wichtigste Getreide für die Welternährung. Bio-Reis wird in Europa in Italien und Frankreich angebaut. Gewöhnlich wird Reis nach drei Grundsorten eingeteilt: Langkorn- (Patna, Basmati), Kurzkorn- (Carolina) und Mittelkornreis. Langkornreis bleibt auch nach dem Kochen kernig, Kurzkornreis gibt während des Kochens Stärke ab und zerfällt. Er wird vorwiegend als 'Milchreis' verkauft. Mittelkornreis entspricht in Konsistenz und Geschmack mehr dem Rundkorn. Reis zählt auch zu den Spelzgetreiden und muss deshalb geschält werden. Naturreis ist entspelzter Reis, bei dem Silberhäutchen, Aleuronschicht und Keimling voll erhalten sind. Er enthält ca. 7 – 8 % Eiweiß, 77 %, davon essentielle und semiessentielle Aminosäuren, Kohlenhydrate, 1,5 % Fett, Mineralstoffe (Kalzium, Eisen, Zink). Die Reisfrucht enthält vor allem im Silberhäutchen die Vitamine B 1 und B 2. Die Vitamine A, B 12, C und D fehlen. Reis ist natriumarm und wirkt deshalb entwässernd. Daneben gibt es noch den Wildreis (botanisch gesehen kein Reis, sondern eine Wasserpflanze). Größtes Anbaugebiet ist Kanada. Wildreis hat sehr lange, dunkle Körner und entwickelt beim Kochen einen wunderbaren, nussigen Geschmack. Von Hand geernteter Wildreis ist sehr teuer und gilt allgemein als Gourmet-Reis. Seine Inhaltsstoffe können je nach Anbaugebiet und Anbauart wesentlich höher ausfallen als beim Naturreis. Meist wird er mit Langkornreis gemischt, was sehr dekorativ aussieht.

Weißer Reis wird geschält, geschliffen und poliert. Er ist nahezu unbegrenzt haltbar, besteht jedoch fast nur noch aus Stärke und ein wenig Eiweiß. Ein Kompromiss ist 'parboiled Reis'. Durch dieses Verfahren bleibt ein gewisser Vitaminanteil erhalten trotz nachfolgenden Schleifens und Polierens. Der Reis wird mit Wasser unter Druck angekocht, anschließend wieder getrocknet. Dadurch dringt ein Teil der Vitamine in das Stärkekorn ein. Aber auch parboiled Reis ist nicht mehr vollwertig.

'Halbgeschälter' oder 'halbpolierter' Reis ist entspelzt, aber nur vorsichtig geschält. Dadurch geht wenig an Nährwert verloren. **Tipp:** Naturreis vor dem Kochen einige Stunden in Wasser einweichen, kurz aufkochen und in der Kochkiste oder in Decken eingehüllt ausquellen lassen.

Roggen wird besonders in Mittel- und Osteuropa als Brotgetreide für Roggenbrot oder Mischbrote verwendet. Darüber hinaus ist diese Getreideart aber kaum verbreitet, so dass ihr Anteil an der Weltgetreideerzeugung bei nur bei einem Prozent liegt. Er enthält weniger Eiweiß (11,2 %) und Fett (1,6 %), aber auch weniger B-Vitamine und Eisen als Weizen. Wirklich wertvoll wird er durch seinen hohen Anteil an der Aminosäure Lysin. Dadurch kann Roggen ein wichtiger Bestandteil einer ausgewogenen Ernährung sein. Ein Linsengericht mit Roggenbrot versorgt z. B. den Organismus mit allen essentiellen Eiweißbausteinen.

Weizen ist neben Mais das am zweithäufigsten angebaute Getreide der Welt. Das im Weizen reichlich enthaltene Weizengluten enthält alle essentiellen Aminosäuren. Allerdings hat es für sich allein genommen eine geringe biologische Wertigkeit. Durch Kombination mit anderen Lebensmitteln, insbesondere mit Hülsenfrüchten, entsteht dagegen ein Gesamteiweiß mit einer sehr hohen biologischen Wertigkeit.

Es ist ernährungsphysiologisch von großer Bedeutung, dass das ganze Korn verarbeitet wird, da sich Vitamine, Mineralstoffe, Eiweiß und Fett insbesondere in den Randschichten und im Keimling anreichern. Die Verwendungsmöglichkeiten in der Küche sind vielfältig. Weizen steht uns als ganzes Korn, Grütze, Grieß, Schrot, in verschiedenen Mehlsorten und Flocken für eine unüberschaubare Reihe von Gerichten zur Verfügung. Am wertvollsten sind gekeimter Weizen, Weizengrassaft und Weizenkeimöl. Das aus gekeimtem Weizen hergestellte 'Essener Brot', das bei niedrigen Temperaturen gebacken wird, ist ernährungsphysiologisch jedem anderen Brot vorzuziehen.'Weizengras' wird in der Alternativmedizin zur Vorbeugung gegen diverse Krankheiten empfohlen und wird als Nahrungsergänzung in getrockneter, pulverisierter Form angeboten. Man kann es sich jedoch auch selbst ziehen und mit einem geeigneten Entsafter frisch pressen. Das aus den Randschichten und dem Keimling gewonnene Weizenkeimöl ist der bedeutendste pflanzliche Vitamin-E-Lieferant.

Gewürze und Kräuter

Richtiges Würzen gehört zur Hohen Schule des Kochens. Patentrezepte und exakte Mengenangaben können die eigene Erfahrung nicht ersetzen. 'Probieren geht über Studieren'. Verlassen Sie sich auf Ihr Fingerspitzengefühl und vor allem auf Ihre Geschmacksnerven. Sie weisen Ihnen den Weg durch den 'Gewürz-Dschungel'. Folgende allgemeine Regeln sollten Ihnen den Einstieg in die hohe Kunst des Würzens erleichtern:

- Das Gewürz soll den Eigengeschmack einer Speise hervorheben, es darf ihn nicht überdecken.
- Traditionsbewusst, den Gegebenheiten eines Landes angepasst würzen.
- Speziell auf ein Gericht abgestimmt würzen. Nicht 'eines für alles' nehmen. Wobei einige sinnvoll zusammengestellte Gewürzmischungen durchaus ihre Berechtigung haben.
- Kenner halten eine Speise dann für vorbildlich gewürzt, wenn kein einzelnes Gewürz mehr 'durchschmeckt' und die Gewürzkomposition nur mit Mühe einzeln definiert werden kann.
- Frische Kräuter werden den Speisen fein gehackt erst nach dem Garen zugefügt.
- Trockenkräuter in gut verschließbaren Gläsern oder Dosen aufbewahren und vor dem Verwenden zwischen den Fingern zerreiben oder im Mörser zerstoßen.
- So sparsam wie möglich salzen, anstelle von Salz lieber Gewürze oder Kräuter verwenden.
- Niemals den Kochlöffel zum Abschmecken nehmen, sondern einen frischen, eigenen Löffel.

Lexikon der Gewürze

Anis: Die besten Sorten kommen aus Spanien. Verwendet werden neben den Samen der 'Pimpinella Anisum' vor allem die Früchte des Sternanisbaumes. Anis wird meist als Backgewürz verwendet. Als Hausmittel wird Anis bei Husten und bei Magen-Darm-Beschwerden eingesetzt: Ein heißer Aufguss von Anis wird wegen seiner schleimlösenden Wirkung als Hustenmittel geschätzt. Wegen seiner krampflösenden, blähungstreibenden Wirkung wird er als Tee bei Magen-Darm-Beschwerden verwendet. Anistee: Für Erwachsene etwa 1 TL Anis mit 1 Tasse kochendem Wasser übergießen und die Mischung 10 Minuten ziehen lassen. Für Babys reicht jedoch ½ TL pro Tasse. Sehr beliebt ist eine Mischung aus Anis- und Fencheltee. Diese beiden Stoffe zusammen findet man auch in Salben gegen Blähungen.

Backgewürz gehört zu den Gewürzmischungen, von denen verschiedene Zusammenstellungen vor allem für die Honig- und Lebkuchenbäckerei im Handel sind. Sie bestehen aus ca. 6 Gewürzen wie Anis, Ingwer, Kardamom, Muskat, Nelken und Zimt.

Basilikum: Küchenkraut aus dem Mittelmeergebiet, das meist getrocknet und pulverisiert, aber besonders gut frisch als ganzes Blatt zu Nudelgerichten oder gehackt zu Suppen, Soßen und Salaten schmeckt und in der italienischen Küche häufig zusammen mit Salbei und Rosmarin verwendet wird. Basilikum ist der Hauptbestandteil von Pesto, das gerne zu Nudelgerichten, besonders Spaghetti verwendet wird. Pesto selbst herzustellen lohnt sich sehr. Veganes Pesto besteht ausschließlich aus Basilikum, leicht gerösteten Pinienkernen, Salz und nativem Olivenöl mit oder ohne Knoblauch.

Bohnenkraut: ein Lippenblütler aus dem heimischen Kräutergarten, der meist als getrocknetes Gewürz bzw. Küchenkraut besonders für Bohnengerichte verwendet wird. Die feingehackten Blätter vom frischen Bohnenkraut sind sehr aromatisch und finden in Füllungen, Suppen und Salaten Verwendung.

Borretsch: Zu Gurkengerichten und einigen Salaten passt dieses nur frisch zu verwendende Würzkraut, das auch als Gurkenkraut bekannt ist. Die Pflanze stammt aus dem Orient und ist heute in fast jedem Kräutergarten zu finden. Borretschblüten sind essbar und daneben sehr dekorativ an Salaten und kalten Platten.

Curryblätter: Blätter des Currybaumes oder -strauches. Diese haben allerdings mit dem Currypulver nichts gemeinsam. Curryblätter sind obligatorisch für alle indischen Currys (scharf gewürzte, soßenartige Gemüsegerichte). Erst dieser Gebrauch hat sowohl den Blättern als auch dem Gewächs den Namen gegeben. Curryblätter sind mit Lorbeerblättern ver-

gleichbar, allerdings sind sie zarter im Geschmack wie auch in der Konsistenz und können mitgegessen werden.

Estragon: eine heimische Gewürzpflanze, deren frische Zweige überwiegend bei der Herstellung von Kräuteressig und Kräuterölen Verwendung findet. Sie verfeinert aber auch frisch oder getrocknet Marinaden und Suppen.

Gartenkresse zeichnet sich durch einen hohen Gehalt an Vitamin C, Eisen, Kalzium und Folsäure aus. Außerdem enthält sie Vitamin B. Leicht zu kultivieren, eignet sich die Gartenkresse zur Nahrungsergänzung vor allem im Winter, wenn frisches Obst und Gemüse rar sind.

Kapern: Blütenknospen des rings um das Mittelmeer vorkommenden Kapernstrauches. Die Kapern haben eine unterschiedliche Größe, je kleiner, desto delikater ihr Geschmack. In Essigsalzlösung eingelegt sind sie ein mildes Gewürz für Suppen, Soßen und Salate. Sie passen aber auch gut zu Käse oder Brotaufstrich oder zur Dekoration kalter Platten. Am bekanntesten ist die klassische Kapernsoße.

Kerbel: Neben dem ätherischen Öl enthält die Pflanze noch Bitterstoffe, Glykoside, Carotin, Vitamin C sowie relativ viel Eisen und Magnesium. Sie wird ausschließlich frisch für Suppen, Soßen und Salate verwendet.

Knoblauch ist in weiten Teilen der Welt als Gewürz und Gemüse bekannt und verbreitet. Einen besonderen Stellenwert genießt er in der Küche des gesamten Mittelmeerraums, des Nahen Ostens und in weiten Teilen Asiens. Er kommt in Gerichten mit ausgeprägtem Knoblauchgeschmack, wie etwa dem italienischen Spaghetti aglio e olio, Knoblauchbrot, verschiedenen Würzsoßen oder Dips wie Aioli und Zaziki vor, wirkt jedoch auch allgemein geschmacksverbessernd oder -verstärkend und wird deshalb zu den verschiedensten Gerichten hinzugefügt. Beim Anbraten darf er nicht zu braun werden, weil er sonst bitter schmecken kann. Der oft als unangenehm empfundene Geruch nach dem Genuss von Knoblauch rührt von den Abbauprodukten schwefelhaltiger Inhaltsstoffe wie dem Alliin, das zu Allicin umgewandelt wird, her. Knoblauch ist eine wichtige Selenquelle. Er wirkt antibakteriell und soll der Bildung von Thromben vorbeugen.

Liebstöckel: auch als 'Maggikraut' bekannt, ist für viele Gerichte nicht wegzudenken. Die gefiederten tiefgrün glänzenden Blätter der bis zu zwei Meter hohen Liebstöckelstaude sollten am besten frisch verwendet werden. Liebstöckel aromatisiert Getreidegerichte, Suppen, Eintöpfe, Salate, Burger und Tofugerichte. Interessant schmeckt er auch auf belegten Broten. Ganz besonders köstlich schmeckt Liebstöckel zusammen mit Spinat und Bärlauch im Frühjahr. Auch Power Shakes mit viel Petersilie, Gurke und etwas Lieb-

stöckel sind eine unübertroffene Mineralstoffquelle.

Lorbeer: Der Echte Lorbeer wird als Gewürzpflanze verwendet: Die aromatischen Blätter des Lorbeerbaums passen zu Suppen, Eintöpfen und speziellen Tofugerichten. Sie dienen zur Würzung von Sauerkraut, eingelegten Gurken und zur Essigaromatisierung. Lorbeerblätter sind Bestandteil des Bouquet garni in der französischen Küche. Getrocknete Lorbeerblätter sollen noch grün aussehen und sind unentbehrlich zu Marinaden, Sauerkraut und eingelegtem Gemüse.

Majoran passt besonders zu Bratlingen, pikanten Soßen und Brotaufstrichen. Überall wo es deftig schmecken soll, darf Majoran nicht fehlen. Auch manchen Kartoffelgerichten gibt er das 'gewisse Etwas'. Frischer Majoran unterstützt in vielen Gerichten den mediterranen Geschmack. Einige Rezepte verlangen jedoch getrockneten Majoran. Verwendbar sind abgestreifte Blätter und Blütenstände.

Nelkenpfeffer: siehe Piment

Orangeat: kandierte und glasierte Schalen der bitteren Orangen und Pomeranzen. Für Kuchen und Gebäck besonders geeignet.

Petersilie ist das am meisten verwendete einheimische Küchenkraut. Die Blätter der Petersilie werden als Gewürzkraut meist roh oder nur kurz erhitzt verwendet, da sie sonst ihr typisches Aroma verlieren, Petersilie stellt einen festen Bestandteil verschiedener Mittelmeerküchen dar. Als Bestandteil des Bouquet garni der französischen Küche wird die Petersilie nicht nur kurz mitgegart, sondern schon zu Anfang der Garzeit hinzugegeben, sie gibt dann Brühen und Soßen einen typischen würzigen Grundgeschmack. Auch in der Küche Westasiens ist die Petersilie häufig zu finden, so werden beispielsweise in der türkischen Küche fast alle kalten Gerichte mit gehackter Petersilie garniert. Beim Tabaulé, einem Salat aus der Küche der Levante, ist Petersilie neben Minze und Weizengrieß die Hauptzutat. Auch im Kaukasus, auf der arabischen Halbinsel und im Iran wird Petersilie häufig verwendet. Petersilie zeichnet sich durch einen sehr hohen Kalziumgehalt aus und unterstützt die Abwehrkraft.

Piment: auch Nelkenpfeffer genannt, da der Geschmack dieses mittelamerikanischen Gewürzes zwischen Pfeffer und Nelken liegt. Bei gleicher Würzwirkung weniger scharf als Pfeffer. Für Soßen, Suppen, Aufläufe, Marinaden, Süßspeisen und Gebäck.

Pimpinelle: nur noch selten verwendetes einheimisches Küchenkraut, wird frisch zum Würzen von Soßen und Suppen benutzt.

Pistazien: Früchte einer am Mittelmeer vorkommenden Pflanze, die bis zu 2 cm lang werden und mandelähnlich schmecken, werden für Gebäck und Pralinen sowie in der indischen Küche verwendet.

Rosmarin: südeuropäisches Gewürzkraut, dessen Blätter aus der italienischen Küche nicht wegzudenken sind. Der Rosmarintee ist kreislauf- und nervenstärkend. Rosmarin wird gerne auch als anregender Badezusatz verwendet.

Salbei: Der Name Salvia stammt vom lateinischen Wort 'salvare' für heilen und deutet auf dessen Heilkraft hin. Salbei war bereits im Altertum bekannt und wurde im Mittelalter von Mönchen über die Alpen gebracht. Durch den hohen Anteil ätherischer Öle in diversen Salbeiarten gibt es unterschiedliche Verwendungen. So wird der Echte Salbei (S. officinalis) einerseits als Küchengewürz und andererseits auch in der Heilkunde verwendet, etwa bei Halsschmerzen als Kräutertee oder gegen übermäßiges Schwitzen. Außerdem soll der Salbeitee auch bei Magen- und Darmschmerzen Linderung bewirken.

Schnittlauch mit zwiebelähnlichem Geschmack gehört zu den Lauchgewächsen. Zu Suppen, Soßen, Gemüse, Quark und vielen anderen Gerichten verwendbar.

Thymian: Küchenkraut aus Südamerika, für viele Tofu,- Gemüse- und Getreidegerichte geeignet. Frische Thymianblättchen auf Tomaten gestreut sind dekorativ und schmackhaft zugleich. Getrocknet passt Thymian auch gut zu Hülsenfrüchten. In der Medizin wird er als hustenlösend geschätzt.

Vanille ist ein Gewürz, das aus den fermentierten Kapseln der Orchideenart Vanilla gewonnen wird. Der Name bedeutet im Spanischen 'kleine Hülse oder Schote'. Vanille in Stangenform wird auch als Königin der Gewürze bezeichnet und ist nach Safran das zweitteuerste Gewürz.

Die die Samenkörner umgebende ölige Flüssigkeit innerhalb der Schote enthält einen großen Anteil des Aromas und des Geschmacks. Dies ist der Grund, warum man für eine besonders intensive Aromatisierung der Speisen die Schote der Länge nach aufschneiden und die Samen nebst dem anhaftenden Öl, das Vanillemark, herauskratzen sollte. Als Hauptaromaträger gilt jedoch die Schote (Kapselhülle) selbst. Die darin enthaltenen Aromastoffe können durch Aufkochen in Milch, Sahne oder anderen Flüssigkeiten gewonnen und so z. B. für die Zubereitung einer Vanillesoße nutzbar gemacht werden. Die abgewaschene und getrocknete Schote kann mehrfach verwendet werden. Zum Aromatisieren von Zucker genügt es, diesen zusammen mit einer Schote für einige Wochen in einem luftdicht verschlossenen Glas aufzubewahren. Das Glas sollte zur Durchmischung von Zeit zu Zeit geschüttelt werden.

Zitronat: kandierte Schalen der im Mittelmeerraum geernteten Zitronenfrüchte. Zitronat ist meistens grün. Wird zum Backen verwendet.

Zitrone: Die Schale der Zitrone ist dünn geschält oder abgerieben ein beliebtes Gewürz für Kuchen, Süßspeisen, Getränke, aber auch bestens für Soßen, Getreide- und Tofugerichte geeignet. Zitronensaft ist ein wesentlicher Bestandteil von Dressings und Salatsoßen

Zitronenmelisse: einheimisches Küchenkraut mit kräftig grünen Blättern, die würzig und zitronenartig riechen. Zum Anrichten und Dekorieren von Süßspeisen, Salaten beliebt. Klein geschnitten würzt sie Suppen und Soßen. Tee und Badezusatz wirken beruhigend.

Zwiebel: häufig verwendetes Küchengewürz mit hohem Vitamin-C-Gehalt. Die Verwendung von Zwiebeln ist reine Geschmackssache. Leichter verdaulich wird die Zwiebel, wenn sie einige Male mit kochendem Wasser überbrüht und sofort abgeseiht wird. In der italienischen Küche wird die Gemüsezwiebel für bestimmte Gerichte über Nacht in kaltem Wasser eingeweicht, abgeseiht und erst dann verwendet. Die Frühlingszwiebel ist milder im Geschmack und wesentlich leichter verdaulich.

Es gibt folgende Sorten:
- Sommerzwiebel (gewöhnliche Küchenzwiebel)
- Winterzwiebel (auch Zipolle genannt, selten im Handel)
- Perlzwiebel (haselnussgroß, hauptsächlich für Mixed Pickles verwendet)
- Schalotte (ist klein und mild im Geschmack)

Weitere Gewürze finden Sie im Kapitel 2 *Indische Küche*, ab S. 95.

Informationen über Soja-Lezithin flüssig

Der 'Urstoff' des Lebens

Lezithin wird sowohl zum Zellaufbau als auch zur Reparatur geschädigter Zellen benötigt. Fehlt es, sind die Nervenzellen, das Knochenmark und das Zentralnervensystem am meisten betroffen.

Am wirksamsten ist das flüssige Lezithin, da es völlig frei von Zusatzstoffen ist. Sollten Sie das jedoch nicht zur Verfügung haben, können Sie Lezithingranulat (im Handel erhältlich) verwenden. Auch wenn es nicht mehr ganz im natürlichen Verbund ist, bietet es dennoch viele Vorzüge.

Lezithinreiche Lebensmittel:

Hülsenfrüchte, Nüsse und Samen sind von Natur aus reich an Lezithin. Sie sollten in der einen oder anderen Form in den täglichen Speiseplan eingebaut werden. Ebenso der 'Bio-Partner' Leinöl, dessen essentielle Fettsäure Omega 3 unterstützt die Aufnahme und Verwertung des Lezithins.

Gehirn- und Nervennahrung

Die Vorteile einer ausreichenden Lezithinversorgung sind eine Top-Reaktionsfähigkeit und rasche Auffassungsgabe, auch erhöhte Lernfähigkeit und bessere Konzentration sowie starke Nerven, gutes Gedächtnis und heilsamer Schlaf.

Die wichtigsten Stoffe im Lezithin sind Cholin und Inosit. Sie schützen Herz und Gefäße, indem sie Fettablagerungen in Organen und Blutgefäßen verhindern. Sie helfen, vorhandene Ablagerungen aufzulösen und transportieren die Fettsäuren dahin, wo sie gebraucht werden. Aus Cholin wird der Neurotransmitter Acetylcholin gebildet, der entscheidend bei der Übertragung von Nervenimpulsen mitwirkt.

Hilfe und Unterstützung bei vielen Krankheiten

Neben der medizinischen Betreuung sind zusätzliche Lezithingaben ratsam bei: Arteriosklerose, erhöhtem Cholesterinspiegel und erhöhtem Blutdruck, Herz-, Leber- und Nierenverfettung, Gallenleiden, Leberzirrhose, Hör- und Sehstörungen, Alzheimer- und Parkinsonkrankheit, Hautleiden und Verdauungsstörungen.

Wer benötigt sonst noch zusätzlich Lezithin?

Lezithin wird bei ungesunder Ernährung und Lebensweise, bei schwacher nervlicher Konstitution, im Alter, bei schlechter Verdauung, erhöhter geistiger Tätigkeit und bei Stress benötigt.

Dosierung

Die Dosierung richtet sich nach den eigenen Bedürfnissen und Lebensumständen. Als Richtlinie gilt: Bei den oben genannten Krankheiten und bei Lezithinmangel anfangs 1 – 2 EL Lezithin täglich, als Erhaltungsdosis reicht täglich ein TL Lezithin oder weniger, je nach Gesundheitszustand, Ernährung und Belastung.

Nährwerte – 1 EL enthält:

62 % Phosphatide

450 mg Choline

250 mg Inosit

130 Kilo-Kalorien

7 g ungesättigte Fettsäuren

2 g gesättigte Fettsäuren

25 mg Kalium

1 EL Lezithin flüssig deckt vom Tagesbedarf: Phosphor 30 %, Eisen 6 %, Magnesium 6 %. Es bietet geringe Mengen an Vitamin E, Kalzium und Spuren der Vitamine A, C, B 1, B 2, B 3.

Verwendungsmöglichkeiten

Lezithin flüssig kann grundsätzlich jeder Speise zugefügt werden, am leichtesten verbindet es sich jedoch mit trockenen Zutaten.

Tipp: Mehl und Lezithin zu gleichen Teilen vermengen und im Kühlschrank lagern. Damit können Sie ohne Aufwand Gemüse, Suppen oder Saucen andicken.

Lezithin als Ei-Ersatz

Für eifreie Kuchen, Gebäcke, Pizza, Nudeln und Brot werden 1 TL Lezithin für je 250 g Mehl zugefügt.

Bei herkömmlichen Rezepten mit Ei-Angaben ersetzen Sie diese pro angegebenem Ei mit 1/2 TL Lezithin und 2 EL saurer Sahne, Joghurt oder Sojamilch.

Lezithin zur äußerlichen Verwendung

Bei kleinen Wunden, Insektenstichen, rauen Händen, Füßen, Ellbogen oder Knien, bei spröden Lippen oder Akne Lezithin flüssig sehr dünn auftragen und möglichst gut verreiben oder abdecken.

Hinweis:

Die Zugabe von Lezithin ist neben der ernährungsphysiologischen Wirksamkeit ein hilfreicher Ei-Ersatz, besonders beim Backen.

Natürlich gelingen die Kuchen und Gerichte aber auch ohne diese Zutat.

Buchtipp

Ratgeber "Soja-Lezithin, Gesundheit für die Zellen" von Brigitta Klingel, Südwest Verlag, 96 S., € 5

Bezugsquelle

Lezithin flüssig, aus kontrolliertem Anbau, Gentechnik-frei, hochkonzentriert, naturbelassen, ohne Alkohol

Flasche mit 250 ml € 16 zzgl. Versandkosten (ab € 60 Bestellwert portofrei)

Kennenlernangebot:

Lezithin flüssig, 250 ml *plus* Ratgeber "Soja-Lezithin"

(Gesamtwert € 21) für nur € 15 zzgl. Versandkosten

Kontakt: Tel. 0621 / 75 64 06 oder E-Mail: BKgesundheit@hotmail.com

Alle Bilder: www.fotolia.com

Stichwortregister

Fettdruck = Grundrezept
Fettdruck kursiv = Seiten mit Rezeptübersichten

Stichwortregister

Empfehlenswerte Bücher
aus dem Programm der
SK-Publikationen

2. Auflage

3. Auflage

ENTDECKE DEINEN INNEREN REICHTUM

Rajinder Singh

In uns existieren Welten voller Leben, in die unsere Seele fliegen kann. Fantastische Welten - aber wir sind uns nur der äußeren Welt bewusst. Wer durch Meditation diese Bereiche des Jenseits betritt, findet dort bedingungslose Liebe, die alle Liebe dieser Welt übertrifft, die uns mit Wärme, Freude und Glückseligkeit umarmt.

224 S., Hardcover, ISBN 978-3-936868-11-1

SPIRITUELLE PERLEN

Rajinder Singh

Mit viel Einfühlungsvermögen und Verständnis für den modernen Menschen stellt uns Sant Rajinder Singh diese Lektüre zur Verfügung. Die anschaulichen Geschichten dieses Buches bieten neue Einsichten, um mit dem vielschichtigen und oft schwierigen Leben zurechtzukommen und die spirituelle Sichtweise zu vertiefen. Sant Rajinder Singh reiht die verschiedensten Geschichten zu 52 Perlen für ein ganzes Jahr aneinander. Jede dieser Geschichten enthält eine wertvolle Lektion für ein spirituell erfülltes Leben und stellt somit eine leuchtende Perle der Weisheit dar.

176 S., Hardcover, ISBN 978-3-936868-10-4

3. Auflage

2. Auflage

DIE WEISHEIT
DER ERWACHTEN SEELE

Durch Meditation die unbegrenzte Kraft der Seele entdecken

Rajinder Singh

Mit diesem Buch möchte Sant Rajinder Singh den Menschen eine praktische Anleitung geben, wie sie die Seele wieder zu ihrer ganzen Stärke erwecken können. Denn das Gemüt, die Sinne, der Körper und die Anziehungskräfte der physischen Welt haben die Seele in einen Zustand der Vergessenheit versetzt.

212 S., Hardcover, ISBN 978-3-908653-03-5

HEILENDE MEDITATION

Der Weg zum inneren und äußeren Frieden

Rajinder Singh

Das große spirituelle Lebenshilfebuch über Bedeutung und Praxis der Meditation, die uns ermöglicht, in Kontakt mit unserem unsterblichen, göttlichen Wesensanteil zu kommen.

180 S., Hardcover, ISBN 978-3-86826-119-6

Das Programm der SK-Publikationen
umfasst neben Büchern auch Audio CDs, Musik CDs, Video DVDs

SK-Publikationen Verlags-GmbH, Schleißheimer Str. 22a, D-80333 München, ☎ 089-847974, Fax 84006262
info@skp-verlag.de
Vertrieb: ☎ 09281/ 87412, Fax 142663, vertrieb@skp verlag.de
www.skpshop.com

Notizen

Notizen

Notizen

Notizen